本书获“暨南大学研究生教材建设项目”资助

高等院校新闻传播学研究生教材

国际传播学

International Communication

侯东阳　著

暨南大學出版社
JINAN UNIVERSITY PRESS

中国·广州

序　言

由暨南大学新闻与传播学院主编的新闻传播学研究生系列教材——《新闻传播学》、《媒介经营管理》、《国际传播学》、《新闻报道学》、《广播电视新闻研究》、《传播学研究方法》、《传播学专业英语》等，即将陆续出版。这是一种尝试和探索，我们没有足够的经验，质量如何、价值如何，有待实践检验。

为什么说是一种探索？研究生毕竟不是本科生，更不是中小学生，他们在课堂上无须使用正正规规的教材，尤其是新闻传播学专业更不需要这样做。媒体自身的变革日益加快，决定媒体生存和发展的生态环境变化也很大，尤其是当今新媒体、泛媒体时代，技术、形态、内容、产品、营销方式变幻莫测，有些技术甚至一年一个样。在这样的环境下，别说硕士生、博士生，就是本科生也不会守着课本或教材死读书、读死书；老师绝不照本宣科，而是会尽量脱离课本讲授新鲜活泼的内容。也许有人会问：出版新闻传播学研究生教材还有意义吗？

现实的情况是，即便没有固定的教材，作为老师、学生也需要看一些有价值的辅导教材和书籍，哪怕有些观点并不一定为大家认同，但若能引发思考、探索、争议，那也是好事。如果从这个角度来考虑，就不应该把出版新闻传播学研究生教材看成多余的事。

其实，出版教材的事情不是不能做，而是要出版有一定借鉴意义、有自己特色的教材。

与北京、上海等高层次的新闻院校相比，暨南大学新闻与传播学院的研究条件和能力显然有较大差距，但我们有自己的优势。广东地处改革开放前沿，又是传媒大省，我们沐浴在领风气之先的环境中，享受着优质的业界资源，这些资源对新闻教育的发展起到了支撑作用。我们已清醒看到，学界与业界结合所发挥的对传媒教育发展的巨大作用。我们已通过建立“训练营”、“特训营”等，在广东业界建立创新基地。我们坚持通过举办“传媒学术大讲坛”、“传媒领袖讲习班”等方式，请传媒精英上课，吸取学术前沿和创新实践的营养。因此，我们的教材应该有较强的针对性和实用性。当然仅此还不够，还应该有宽阔的视野，包括具有一定的国际视野。尽管随着时间的推移，未必能适合将来变化的情况，但期待能做得更具前瞻性一些，以延伸教材的生命力。即便将来不太适合了，其作为历史阶段的认识也有存在的历史价值。本系列教材力求做到这一点。就现阶段来说，也尽量做到像侯东阳老师在写作《国际传播学》时所说：“本教材结合一些热门的理论和现象，根据一个个专题进行深入研究，在体例和内容方面有别于其他著作和教材，有助于更深入、更系统的研究。”如果整个系列教材都能做到这一点，则既具有一定的前瞻性，又具有一定的时代价值。

范以锦
暨南大学新闻与传播学院院长、教授、博士生导师

目　录

第一章　国际传播概述

全球化是当今世界的发展趋势，任何一个国家、民族都不可避免地受到世界其他国家的影响，其本身的任何举动也会在全球产生广泛的反应。在政治、经济全球化的共同作用下，不同制度的国家在政治、经济、军事、外交、社会等多个领域的共同利益不断扩大，特别是在诸如能源、人口、环境、粮食、毒品、核扩散等关乎全人类生存与发展的全球性问题方面，必须进行广泛的国际合作，才能使社会良性发展。信息科学技术的发展为各个国家相互之间的联系架设了桥梁，互联网、现代通信技术使得信息迅速在全球传播，国际传播比任何时候都更加方便、快捷，任何一个国家都不可能置身于国际舆论的范围之外。国际传播在促进各国相互沟通和理解、加强合作等方面发挥着不可替代的作用。

国际传播是我们日常生活中的一个重要组成部分，它通常默默无闻，不引人注意，又不为人知晓，但我们常常在不知不觉中就使用了国际传播的成果，例如，在国际信息的传播方面，我们可以收听国际广播、收看境外的电视或电影、阅读外国的报纸杂志，拿起电话就可以与世界各地的人通话，通过互联网与世界各地的人即时交流，等等。然而，我们很少去思考这些图像和信息如何从遥远的异国来到我们面前，或者在这些信息传播的背后存在着什么样的斗争等。国际传播是如此精彩，可是一般人只是想当然地享用，而很少或很难去了解其背后的机制和斗争。

在中国，有关国际传播的研究尚处于初级阶段，还没有形成公认的内容框架，学者们都是从不同的角度去研究，各有自己的体系。目前，中国对西方的国际传播理论尚缺乏系统的认知，或者虽然对个别理论耳熟能详，却不是从国际传播体系的角度来理解的。本书从专题的角度研究国际传播的主要内容和理论，有助于我们快速、系统、深刻地了解国际传播，更好地理解国际传播的实质。

第一节　国际传播的界定

一、国际传播的定义

要研究国际传播（International Communication），首先要对国际传播进行科学的界定。国际传播是一个宽泛的概念，要想准确地论述它是一项极其困难的工作。

福特纳认为，国际传播就是超越各国国界的传播，即在各民族、各国家之间进行的传播。[①] 但是这个定义既太宽泛又太狭隘。说它宽泛，是因为根据这个定义，国际传播可以包括报纸杂志等印刷媒介，广播、电视等电子媒介，卫星电视及互联网等新科技媒介，电影、录像带等影音媒介，邮件、电报、电话等电信媒介，跨国旅游、留学和移民，国际会议和体育赛事，外交与国际政治交流八个方面。说它狭隘，是因为根据这个定义，两个不同国籍的人站在各自国界上进行的交谈也属于国际传播；一封由中国寄往美国的信件，或一个从英国打到法国的电话也都属于国际传播。

日本学者鹤木真认为："国际传播是以国家社会为基本单位，以大众传播为支柱的国与国之间的传播。"[②]

中国学者对国际传播的定义主要有：

《国际传播与国家形象》的作者认为，国际传播作为传播的一种形态，它的定义可以从传播的广义概念中推导出来：国际传播就是指国家与国家之间的信息流动。所以国际传播的定义是指特定的国家或社会集团通过大众传播媒介面向其他国家或地区受众所进行的跨国传播或全球范围传播。[③]

程曼丽认为，国际传播是指以民族、国家为主体而进行的跨文化信息交流与沟通。国际传播有广义和狭义之分。广义的国际传播是指国与国之间的外交往来，包括首脑互访、双边会谈以及其他相关事务；狭义的国际传播是指以大众传播为支柱的国与国之间的传播，它是随着大众传媒的出现以及信息全球化的逐步展开而兴起的。[④] 程曼丽的《国际传播学教程》一书就采用了狭义的国际传播概

---

① ［美］罗伯特·福特纳．国际传播："地球都市"的历史、冲突及控制．刘利群译．北京：华夏出版社，2000．5～6．

② 刘继南，周积华，段鹏等．国际传播与国家形象．北京：北京广播学院出版社，2002．112．

③ 刘继南，周积华，段鹏等．国际传播与国家形象．北京：北京广播学院出版社，2002．1～2．

④ 程曼丽．信息全球化时代的国际传播．国际新闻界，2000（4）．

念，并将研究重点放在以大众传媒为传播手段的跨越国家的信息传播方面。

《国际传播学导论》作者郭可认为，国际传播主要是指通过大众传播媒体（即国际媒体）并以民族国家和国际组织为主体的跨越民族国家界限的国际信息传播及过程。①

国际传播不可能包括所有的国际信息流动，事实上，只有利用广播、电视、报刊以及国际互联网等功能强大的大众传播媒介进行的国际传播才是国际传播研究的主要内容。国际传播研究是传播学研究的一个分支，马特拉指出，在1952—1953年出版的美国《舆论季刊》（冬季号）上，洛温塔尔宣告了“国际传播新学科”的诞生，拉扎斯菲尔德也提议大的研究方向是“国际传播”这一新的研究领域。② 这标志着国际传播成为正式的学科。

本书讨论的国际传播是指以大众传播媒介为主体的国与国之间的信息传播及过程。人们经常将国际传播与跨文化传播、全球传播等名词混淆，其实从专业角度来讲，这三个概念既相互联系又相互区别。

二、国际传播与跨文化传播

跨文化传播的英文有 intercultural communication、cross-cultural communication 或 trans-cultural communication 等，1972年萨姆瓦和波特（Samovar & Proter）合著的《跨文化传播读本》对这些名词进行了辨析，并将 intercultrual communication 固定为跨文化传播的通用语。中国早期将其翻译为跨文化交流、跨文化交际等。

有学者将跨文化传播分为跨文化人际传播（intercultural communication）和跨文化国际传播（international communication），这实际上反映了跨文化传播的广义和狭义两个概念。跨文化传播的广义概念是指属于不同文化体系的个人、组织、国家之间的信息传播与文化交流活动。③ 跨文化传播学研究的是文化与传播以及它们之间的关系，其中尤为注重文化对传播的影响，旨在消解文化传播与交流中各种层面的阻碍，同时为跨文化传播行为提供借鉴与对策。跨文化传播的广义概念包括了国际传播，国际传播实质上也是跨越文化的新闻信息传播，涉及文化背景的差异。跨文化传播的狭义概念就是跨文化人际传播，是以不同文化背景下的文化主体——人或族群的相互作用作为研究的核心和重点，主要是使用人际传播手段，如跨境旅游、留学、移民等。美国学者将跨文化传播的研究对象界定

---

① 郭可．国际传播学导论．上海：复旦大学出版社，2004. 6.

② ［法］阿芒·马特拉．世界传播与文化霸权．陈卫星译．北京：中央编译出版社，2005. 103.

③ 童兵．试析跨文化传播中的认识误区．新闻大学，2004（3）.

为来自不同文化背景的人面对面的交流；而中国学者对跨文化传播的界定更宽泛，是指来自不同文化背景的个人、组织、国家之间的交流，其中就包括了国际传播。

学者姜飞、黄廓①对跨文化人际传播和跨文化国际传播进行了比较，认为跨文化人际传播似乎映射着跨文化传播研究的“正统血脉”，将文化宏大话语叙事作为背景，将承载并传达着这个叙事逻辑的文化个体作为焦点，相对于跨文化国际传播研究，体现出某种战线的收缩，做着有的放矢的朴实工作；而跨文化国际传播脱胎于跨文化比较研究（cross-cultural communication），但从研究领域上来看，已经大大扩展，其中借助媒体所进行的跨国跨文化传播是其研究的核心和重点之一。从研究特点来看，跨文化国际传播长于叙事，尤擅宏大叙事，探究基于不同文化背景的组织、国家之间的相互作用；同时，又探索这种作用的来龙去脉，其中偶或征引人际层面，比如心理、社会、文学层面的个案以为佐证，但最终目的还是用来拱卫其宏观判断分析。跨文化人际传播则长于探幽索隐，通过可能是某个个体的人生经历的个案研究，为研究者和听众创造一个小语境，作为个体与“社会”、“国际社会”接轨的缓冲。

实际上，国际传播与跨文化传播有着密切的联系，国际传播的环境明显是在跨文化的领域内进行的，其受众具有不同的文化背景，因此要加强国际传播的效果，必然要研究不同文化背景下受众的接受习惯和接受心理，跨文化传播的理论为其提供了相应的研究基础。

三、国际传播与全球传播

全球传播（global communication）是随着全球化的发展在20世纪末出现的新名词。美国传播学者H. H. 弗里德利克认为，“全球传播是研究个人、群体、组织、民众、政府以及信息技术机构跨越国界所传递的价值观、态度、意见、信息和数据的各种学问的交叉点”②。在传播学中，一个国家社会系统内部的传播称为国内传播；不同国家社会系统间的传播称为国际传播；而将国内传播与国际传播融为一体，以整个世界为范围的传播则称为全球传播。

国际传播与全球传播的概念既有联系又有区别，全球传播研究的范围比传统的国际传播研究要大得多，它是国际传播的扩大与发展，无论在概念的含义、传播的手段、研究的领域范围等方面都有所区别。

---

① 姜飞，黄廓．对跨文化传播理论两类、四种理论研究分野的廓清尝试．新闻与传播研究，2009（6）．

② 刘继南，周积华，段鹏等．国际传播与国家形象．北京：北京广播学院出版社，2002. 111.

第一，全球传播更立足于全球性，强调范围的扩展；国际传播强调国与国之间的“国际性”，强调的是一些国家通过大众传播系统对另一些国家施加的影响。

第二，国际传播的主体主要是国家、各种政府间国际机构；而全球传播的主体出现了多元化的趋势，除了政府机构外，也包括各种跨国活动团体、企业和个人。

第三，全球传播的主要媒介虽然也是广播、电视、报刊、网络等大众传媒，但具有跨国传播功能的个人媒介如国际电话、电子邮件、博客、数据库、传真等正在全球传播活动中发挥越来越重要的作用。

第四，在传播的内容方面，全球传播涉及的大多是有关全世界、全人类的问题，如和平与发展、环境问题等；而在传统的国际传播中，人们关注的是不同国家之间的双边关系和多边关系。

第五，全球传播和国际传播一样，具有很强的政治性，国际政治和国际关系依然占据着核心地位，但是由于跨国界、跨文化的交流和信息传播日益频繁，不同国家民族之间在经济、文化层面上的交流、摩擦、碰撞和融合以及由此产生的世界影响等问题，占据越来越重要的位置。①

国际传播以政治宣传和教育为主要目标和手段，指向特定对象国的受众；而全球传播则以文化为外包装，以意识形态为核心，向全球范围的受众进行思想价值观念的推广。

也有人用世界传播代替全球传播这一概念，马特拉曾经对此进行过词源学意义上的分析，他认为“国际化”（international）一词出现于19世纪末期，是英语文化概念的表达，后来演变成“全球化”（globalisation）。而在拉丁语系的表达中则是“世界化”（mondialisation）②，所以他使用了“世界传播”这个名词。

实际上，以国家、民族为主体的国际传播正在被更具广泛性、包容性的全球传播所代替，我们正在经历一次从国际传播到全球传播的变迁，所以这两个概念可以在某些特定情境中互换。

第二节 国际传播的形式

西方学者在研究国际传播的过程中叙述了国际电报、国际电话、光纤电缆、

---

① 郭庆光．传播学教程．北京：中国人民大学出版社，2002. 238.

② ［法］阿芒·马特拉．世界传播与文化霸权．陈卫星译．北京：中央编译出版社，2005. 9.

卫星传输等技术的发展情况，离开这些技术，国际传播不可能实施。在现代社会，国际传播的主要手段和工具是大众传播媒介及卫星、光纤技术。

一、印刷媒介

印刷媒介是指以纸张为物质载体、通过印刷手段传播文字、图片信息的传播媒介，其基本形态包括书籍、报纸和杂志。广义的印刷媒介还包括标语、传单、海报等印刷品。

在电子媒介出现之前，印刷媒介是国际传播的主要途径。在电子媒介出现并成为国际传播的主要途径以后，印刷媒介仍然发挥着不可替代的作用，原因在于：

（1）印刷媒介具有真实的力量，是文字材料最理想、最方便的载体，人们更信任白纸黑字，而且长期培养形成的阅读习惯使人们仍然钟情于通过印刷媒介获取信息。

（2）由于印刷媒介时效性较差，因而在深度报道和背景报道方面更有优势。印刷媒介对国际事务所作的深度报道和背景报道仍是其他媒介所无法比拟的。

（3）印刷媒介具有悠久的历史，长期以来形成了强大的舆论引导力量，而且在所有媒介中具有较强的权威性，使其很容易成为媒介、公众甚至决策层的舆论引导者。

国际传播中的印刷媒介以英、美两国的英语媒介为主，如比较著名的《纽约时报》、《华盛顿邮报》、《国际先驱论坛报》、《泰晤士报》等报纸和《新闻周刊》、《时代周刊》等杂志；两国的书籍也在全球发行，美国的书籍畅销排行榜甚至成为其他国家的流行书指南。

二、国际广播

国际广播又称对外广播，是指专门以外国听众为对象而进行的广播。由于广播的时效性强、接收设备简单、成本较低、覆盖面广、可以穿越国界等特性，决定了对外广播具有传播速度快、范围广、不受国界限制、渗透力强、接收方便等优势。对外广播还可以针对不同语种的受众同时使用多种语言进行传播，因而更具有针对性。在世界性大战时期或者局部地区冲突中，只有国际广播可以冲破封锁，直达听众耳中。冷战时期，美国政治家认为它可以穿透“铁幕”，相当于几十万军队的力量，成为西方颠覆社会主义国家的重要宣传武器。虽然现在卫星电视、互联网也正在成为国际传播的主要力量，但是在便携、价廉、移动性强、易于接收方面，国际广播仍然占有优势。所以在各种新闻媒介中，由于国际广播的优势，无论在硝烟弥漫还是没有硝烟的战场中，它都受到格外的重视。

以办台宗旨划分，国际广播电台可以分为以下五类：

（1）各国政府开办和直接控制的国际广播电台，如美国之音、英国 BBC、中国国际广播电台、德国之声、法国国际广播电台等，都旨在宣传本国政策、树立本国形象、增进国与国之间相互了解。此类广播电台规模最大、影响最广泛。

（2）以赢利为目的的商业性国际广播电台，如欧洲的卢森堡广播电台、非洲的“非洲第一”广播电台。

（3）旨在传教的宗教国际广播电台，如远东广播公司、环球广播电台、梵蒂冈广播电台、安第斯之声。

（4）有意跨越国界对邻国人民进行广播的“对内广播电台”，这在中东以及巴尔干等地区均存在。

（5）一些反政府组织从境外向其国进行针对性广播的秘密电台。

从技术上来说，短波是国际广播的主要手段，但是短波发送的质量经常因为各种原因受到影响。当前技术先进的国家主要利用通信卫星将信号传送到某些调频广播电台，再由这些调频台发射出去，逐渐取代了短波。

三、卫星电视

卫星电视是通过通信卫星跨越国界并以其他国家观众为主要对象的一种强大的全球化国际传播媒介。1982 年 7 月，美国发射“电星一号”通信卫星，将远隔重洋的北美与欧洲大陆连接起来，在人类历史上第一次成功实现电视节目的跨国、跨洲传播。从此，卫星电视充分利用其声形并茂、视听合一的强大优势，成为国际传播媒介中的一支新军。不过由于卫星电视的合法落地需要得到落地国政府的许可，而各国政府一般是限制具有新闻性的境外电视的，因此大部分落地的境外电视都是休闲娱乐类频道。卫星覆盖区域国家居民的非法接收经常受到所在国的查禁，而且也需要特殊的接收设备，这些都限制了卫星电视的国际影响力，实际上大部分境外电视频道仍仅限于被大饭店和有线电视系统接收。

卫星电视具有以下三个特点：

（1）传播范围广泛。理论上卫星信号的覆盖面能够实现全球同步传播，不受距离的限制。但是在实际传播中受到多种因素的制约，传播范围难以界定，如特定的接收设备、传播对象国通过立法或行政手段实施不同程度的限制或禁止，所以卫星电视并不是无远弗届的。

（2）传播速度快捷。即时传送甚至是同步传送，视听兼具，具有强烈的现场感。

（3）媒介运作独到。[①] 一是商业性较强。与国际广播的性质不同，它更注重获取商业利益，从商业角度考虑它的目标受众、节目定位和人员配置等；而国际广播主要作为国际政治斗争的舆论武器。二是竞争意识较强。由于对外开放国的国际电视频道众多，要想脱颖而出必须与众不同。三是更多地与其他媒介结合。通常通过与当地有线电视的结合来扩大其实际收视群体，如今也越来越多地与互联网联系。专业频道的发展也使它更多地与当地电视公司、报业集团、音像出版业、娱乐业等往来，有的甚至组成新的媒介集团，为卫星电视的落地和本土化提供了有力的保障。

四、互联网

互联网是多个计算机网络通过一定的通信协议和技术连接在一起的网络。互联网始于 1969 年，当时美军将几台计算机连接起来形成了网络；1995 年 10 月，联合国网络委员会通过一项决议，认定“互联网是全球性的信息系统”；1998 年 5 月，联合国新闻委员会年会正式将互联网认定为继报纸、广播、电视之后的第四大传播媒介。互联网现在已经发展成为仅次于电话网的全球第二大通信网络。它的出现打破了传统的地域政治、经济、文化的概念，形成了以信息为中心的跨国界、跨文化、跨语言的全新虚拟空间。其特点主要有以下四点：

（1）传播主体多元化。以互联网为平台的媒介包括新生的网络媒介、上网后的传统媒介、政府网站以及形形色色的个人媒介（如电子邮件、电子论坛、个人主页、个人网站、博客、微博等）。

（2）传播方式多媒体。多媒体是指“对声音、影像、文字、数据等进行一元化信息高速处理并提供给用户的双向信息系统”，它集传统三大媒介的特长于一身。[②]

（3）传播内容的广泛性。互联网由超链接而导致的海量信息使得人们基本可在网上搜寻到任何需要的信息，从政治、经济、文化到家居生活等不一而足。

（4）传播范围的全球化。网络传播不受时间、地点、频道、国界、气候的影响，只要有网络的连接，就有信息的传达。

互联网的这些特点使其在国际舆论中的强大作用越来越突出，成为各国政府非常重视的国际传播手段。

---

① 刘继南，周积华，段鹏等．国际传播与国家形象．北京：北京广播学院出版社，2002. 6.

② 董天策．网络新闻传播学．福州：福建人民出版社，2005. 152.

五、通讯社

通讯社是一种以采集、加工和提供新闻信息，为其他新闻媒介和各类用户服务的新闻机构。台湾李瞻认为“新闻通讯社是出售新闻的批发公司，是新闻事业的总枢纽。如果没有新闻通讯社，新闻事业将难以进行”①。通讯社不是一种终端传播媒介，不直接向公众提供新闻，而是各种媒介所需的新闻信息产品的提供者；它不直接为广大的个体受众服务，而是为各种新闻媒介服务，所以其覆盖面和影响力超过了任何一个单独的个体媒介。

从服务范围而言，通讯社分为世界性通讯社、国际性通讯社、地区性通讯社和国内通讯社。世界性通讯社在全世界范围采集和发布新闻，对世界舆论有重大影响。根据联合国教科文组织 1989 年出版的《世界交流报告》，美联社、合众国际社、法新社、路透社、塔斯社、新华社和埃菲社被列为世界性通讯社。一般来说，国际性通讯社采集和发布新闻的范围超过了某个国家或地区，但尚未达到覆盖全球的程度，其中影响较大的包括意大利的安莎社，德国的德新社，日本的时事社、共同社，埃及的中东社等。地区性通讯社是由某个地区的通讯社组成的合作性质的通讯社，也可以称为“通讯社的通讯社”，如泛非通讯社和亚太通讯社组织等。

就所有性质而言，通讯社又可以划分为私营通讯社（如美国道·琼斯新闻社、合众国际社）、官方通讯社（如各国的国家通讯社）、半官方通讯社（如法新社）和合作性质的通讯社（由许多家报社共同出资组成但独立经营，如美联社）。

就提供的产品而言，通讯社又可以分为综合性通讯社和专业性通讯社两种。综合性通讯社同时提供文字、图片等产品，范围包括社会生活的方方面面，世界上大多数通讯社属于这一类；专业性通讯社只提供某一类产品或某一领域的新闻，如电视新闻社、图片新闻社、经济特稿社、宗教新闻社等。

通讯社是大规模的信息批发商，从一开始就必然尽力扩大它的势力范围，因而在国际传播方面是最早的开拓者，也是最先使用先进的技术手段进行国际传播的媒介形式。世界上大多数通讯社都与政府有着密切的联系，它们在国际传播中有意无意地充当着政府的舆论工具。

---

① 李瞻．国际传播．台北：三民书局，1986. 1.

第三节　国际传播的特点

一、福特纳对国际传播特点的归纳

福特纳认为，国际传播不仅由跨国传播的广播和电视节目构成，还包括电影、书籍、杂志、国际声讯、国际传真或电传的活动；国际传播的内容既包括国际新闻传送，也包括非新闻性内容以及信息交流带来的经济影响。国际传播的特点体现在以下六个方面：

（1）目的。国际传播既可以是有意的，也可以是无意的，如美国之音或俄罗斯电台等一些以外国听众为目标受众的国际广播电台显然是有意的国际传播，而加拿大或墨西哥接收到美国电台和电视台的溢波（spillover）信号，或加勒比海地区接收到美国国内通信卫星的溢波信号虽也属于国际传播，但这种溢波信号是无意接收到的，而对无意接收溢波信号的国家来说，其文化、政治和经济等各个方面都将受到深刻影响。

（2）频道。国际传播频道既可以是公共的，也可以是私有的。公共传播是指大众可以接收到的传播，其频道可以是公共的，也可以是私有的，广播电视显然就是公共传播。国际高频短波（shortwave，SW）广播电台使用公共频道，这些频道不会分配或保留给私人使用。私人传播指的是特定的个人或组织面对特定的人或群体的传播，也可以使用公共频道或私有频道。通过公共频道进行的私人传播，如通过海底电缆或跨国通信卫星而收发的电报和电话；通过私有频道（或为非公共使用而保留的频道，如某些需要特定解码器或可以调谐特定频率的接收器的专用频道）进行的私人传播活动，如美国的跨国公司为了使公司本部与国外制造工厂或各个销售部门取得联系，专门租用卫星转发器；各国使馆也通过卫星与其祖国保持联系。但是，由于私有传播可达到的受众有限，通常情况下，为了防止目标受众以外的人士了解其内容，这种传播需要经过加密处理（encrypted）。通过私有频道也可以进行公共传播，只是目前尚未具备广泛的用途。使用国际直播卫星（direct broadcast satellites）传送信号是比较合适的国际传播方法，国际直播卫星是20世纪80年代出现的以转发电视为主的通信卫星。

（3）传输技术。在国际传播系统中，信息的传播渠道可以是无线电波、电线电缆，也可以是影碟、录音带和录像带。无线电波和电线电缆的本质区别是传送的信息种类不同，无线电波用于广播、电视等大众传播，电线电缆多用于点对点传播。公司和政府机构则多利用船只或飞机运送录制的资料，以便在其他国家进行非法或合法的复制和再传播。

（4）内容形式。国际传播可采用多种形式，包括娱乐、公共事务和由国际广播机构传播的新闻节目；由国际电信机构（如美联社或路透社）传送的新闻原始稿；由国际数据处理和数据库公司提供的计算机数据和软件；由电报电话公司等传送的声讯和电报业务；通过军事频率为诸如北大西洋公约组织传送的加密信息；使馆之间交换的外交信息等。国际传播形式还包括需要经过特殊收发设备和电子地址进行的传真和电传业务。

（5）文化影响。一些学者认为，强国可以通过国际传播系统将它们的文化价值观念（包括新闻价值、社会道德和政治经济理念）强加给比较落后的国家。国家之间的争议在于有些国家试图保护其自以为源远流长的文化习俗及交流方式，有的国家则认为这些习惯不利于跨文化价值观的形成和发展，阻碍了信息的自由流通和交流的权利。

（6）政治本质。从某种意义上讲，所有国际传播都带有政治色彩，即使某些特殊组织，如国际宗教广播电台，虽然通常不以针对政权为传播目的，但仍具有其政治性，这是因为政治因素跨越了国家和民族的界限，不加控制的信息威胁到了知识垄断这一政权统治的基础。政治传播又可分为公开的政治传播和隐含的政治传播两种。公开的政治传播是显而易见的，如美国之音、莫斯科广播电台的节目都带有明显的政治动机，其宗旨是以美国或苏联的官方观点来进行所谓的宣传。隐含的政治传播对联合国举办的各种活动和讨论产生的影响较多，这些活动包括和平利用外层空间委员会就有关缔结条约进行的讨论、国际电信联盟会议所进行的讨论等。隐含的政治因素还会影响到联合国各专门组织（如联合国教育、科学及文化组织）的其他活动。通过这些讨论和协商，国际组织才能为诸多通讯社分配电磁频率，为卫星轨道或卫星信号溢波（spillover）确定管理规则，为新的传播服务［如高清晰度电视（high-definition TV）或改进型电视（advanced TV）］制定技术参数，并且为信息与传播时代的国家主权保护论提供保障。

二、中国学者对国际传播特点的概括

郭可的《国际传播学导论》认为，实际上目前国际传播的最大特征可以概括为多元化，其主要体现在国际媒体种类的多元化和国际媒体的市场化整合两方面，具体表现在国际传播目的的多元化、范围的扩大化、方式的多样化、主体的多元化。这些只能说是国际传播的发展趋势和当前的特点，并未全面描述国际传播与其他传播相比的特殊之处。

程曼丽在其《国际传播学教程》中认为，国际传播是大众传播的国际化过程，是对传播技术高度依赖的传播形态、国内传播的向外延伸部分，是多重控制下的传播和更为复杂的过程。程曼丽的思路是从大众传播研究延伸到国际传播研究，从国际传播的本质来谈其特点，这比较符合国际传播的基本研究。

关世杰的《国际传播学》坚持国际传播的广义概念，他认为国际传播与国内传播相比有以下七个特点：

（1）在传播意图和信息内容上，国际传播与国家战略和政治更为密切。

（2）在信息发出者和接收者的关系上，国际传播是一种跨文化传播。

（3）在传播效果上，国际传播会引起入境信息国文化的变异。

（4）在游戏规则上，目前对国际传播活动无立法、司法和执法机构。

（5）在传播渠道上，国际传播需要更先进的传播硬件。

（6）在信息发出者的人员素质上，国际传播需要素质更高的工作人员。

（7）在信息反馈方面，国际传播获得反馈的难度较大。

三、国际传播的一般特点

相比一般的大众传播，国际传播的特点可以总结为以下五个方面：

（1）国际传播的主体一般是政治组织或大型的跨国媒介集团。由于跨越国境的信息传播不是一件容易的事情，以往的国际传播都是由有实力的组织来进行，包括国家、国际机构和企业、公司等一些非政府组织。如今由于互联网的普及与广泛使用，虽然个人也可以通过网络成为国际传播的信息发出者，但是个人仍然是借助大众传播媒介进行的，而且如果没有其他国际传播媒体的转播，其影响较小，因而不是一般意义上的国际传播主体。总体上，就国际信息的正常传播渠道来说，政治组织和跨国媒介集团是主流传播主体。

（2）国际传播的媒介具有很强的技术要求。跨境传播需要具有远距离甚至越洋传播的技术，包括运送报纸、书籍、杂志的跨国交通运输工具，电报、越洋电话、海底电讯电缆，以及更先进的激光传真、国际通信卫星、海底光缆等技术。随着高新科技的发展，国际传播更加快捷、方便。

（3）国际传播的传送受到国际规则和各国政策的严格限制。在电磁波频谱和卫星轨道等方面由专门的国际电信联盟（International Telecommunication Union，ITU）制定世界最权威的标准和分配方案，报纸、书籍、杂志、电影的跨境传播以及卫星电视的异国落地等都会受到接收国的各种限制，广播频率也会受到政策性的干扰，各个国家对互联网的传输也有不同的限制。这些限制都是出于各种政治、法律、经济甚至文化利益的考量，因而各国对国际传播的开放度不一。

（4）国际传播的受众具有很强的不确定性，而且由于文化背景的差异，更容易对传播内容产生误解或分歧。国际传播的受众群体更加分散，难以界定，需求更加不一，因而需要了解不同受众群体的文化特征，更加讲究针对性。

（5）国际传播目的的政治性更强。国际传播的目的一直都具有强烈的政治性，在两次世界大战和冷战期间尤其突出。和平时期的国际传播具有更多的经济利益和文化交流的特性，国际传播的内容更加多样化，但是这些经济和文化活动的背后都有隐性的政治目的，传播的各方都竭力宣传有利于本国的意识形态，为本国或本区域的政治、经济利益服务。因而国际传播体现的是国与国之间的竞争，具有重要的战略地位。

虽然目前国际传播在传播主体、传播目的、传播手段等方面呈现多元化、多样化的趋势，各国对国际传播的限制也逐渐放宽，但是上文所说的五个主要特征仍然没有根本性的改变，国际传播比国内传播更宏观、复杂。

第四节　国际传播的功能

随着国际媒介的不断发展，国际传播的重要性日益凸显，国际传播的功能也因此大幅增强，主要体现在以下五个方面：

一、国际传播是一个国家主权独立的象征

国际传播是一种特殊的跨越国界的传播与交流，是在主权国家之间进行的、以国家利益为出发点和落脚点的传播。主权是国家独立存在的最重要属性，国家主权在国际传播方面表现为信息主权，是指一个国家在维系国家安全的信息技术、信息产业、信息资源和信息设施等方面拥有独立的管辖、使用、研发等不可侵犯的权利。国家主权在国际传播方面表现为对本国信息资源拥有完全的管辖权和对其领土范围内的传播活动拥有完全的管辖权。冷战结束后，技术、信息等因素在国际竞争中的作用日益增强，国家主权概念受到了来自多方面的冲击和挑战。西方报刊指出："鉴于卫星在大陆和海洋上空传送差不多几百个频道，国家对信息越过它们的边界失去了控制权，思想、图像和文化不受阻挡地传播，侵犯了现代意义上的国权。"[①] 这充分说明，随着科技的发展，国际传播使世界各国尤其是第三世界国家面临着如何维护主权、如何维护国家利益的重大课题。简单

---

① 参考消息，1992－12－18.

地说，一个国家的国际传播媒介如果受制于国外势力，那么这个国家就不能成为完全意义上的独立国家。就这个层面而言，发展本国的国际传播、改变当前国际传播信息流向不平衡的态势和规避不良信息的入侵已经成为第三世界国家追求完全独立自主权的重要手段之一。

二、国际传播促进各国人民之间的了解与沟通

在国际传播中，印刷媒介、国际通讯社、广播、电视、互联网等多种传播方式互相结合、补充，使各种信息在更广的范围内传播和扩散，使人类的知识和信息财富在很大程度上得到共享，促进了不同文化背景下的人们相互间的理解，从而尽可能地减少种族隔阂和文化误读，所以国际传播是一个国家对外信息交流的重要渠道和组成部分。

三、国际传播立足于宣扬本国的意识形态

在国际传播中，传播的信息大多符合本国的意识形态，为本国的政治、经济、文化利益服务，当今世界国际传播更是通过意识形态宣传进行和平演变的重要手段，苏联和东欧社会主义国家解体的原因除了其本国的政治腐败和政策失误以外，主要是由于西方的国际媒体大力宣传其政治经济制度，宣传资产阶级的意识形态、生活方式和价值观念，并且对这些国家的社会主义制度进行造谣、攻击，导致这些国家的人民人心涣散，对西方资本主义生活方式充满了幻想，要求变革，造成政局动荡。如2010—2011年中东、非洲此起彼伏的“颜色革命”，也是由于本国长期的独裁腐败统治和西方国际传播的强大煽动力量联合造成的。当然，正常情况下，各国的国际传播都是致力于宣传本国的良好形象，加强与其他国家的合作交流，提高本国在国际上的地位。

四、国际传播是主权国家实施国际战略的重要手段

在国际传播中，国家政府组织是主要的信息发出者之一。主权国家借助国际传播报道和宣扬外交活动的成果，向世界发出自己的声音；依靠国际传播充当国际舆论的测风标，调整和实施自己的国际战略；通过有目的的宣传对他国受众施加影响，进而引导国际舆论朝着有利于本国的方向发展。1983年，苏联击落了一架韩国民航客机，美国政府利用其国际传播媒介成功地组织了一场“世界性

的谴责运动”[①]；而在此之前的1973年，以色列击落利比亚一架民航客机时则听不到任何强烈的抗议声音。这种巨大的反差只能通过美国的国际战略、外交政策和美苏、美以关系去理解。

五、国际传播是一个国家综合实力的展现

国际传播不仅是一个国家对外信息交流的重要渠道和组成部分，而且已经成为一个主权国家软实力的重要标志。软实力这一概念是美国哈佛大学政治学教授约瑟夫·奈在20世纪90年代初提出的，是与硬实力（指一个国家的军事力量、自然资源和其他有形物质的力量）相对立的一个概念，指的是作为国家软实力的文化，包括一个国家的政治体系、民族士气和精神、国际形象、国际战略、确定国际体制的能力和科学技术等要素。2006年他在《外交》杂志上发表的《重新思考软实力》，将硬实力和软实力的巧妙结合称为“巧实力”。传播学家施拉姆认为，传播与社会是相互影响的，不发达国家的传播系统一定也是不发达的。大众传播与一个国家的政治、经济、文化、生活等方面有着密切的联系，其本身属于一种文化软实力；国际传播相对于国内的传播而言，其传播范围的推广、影响力的强弱等，都体现了一个国家的整体实力，包括硬实力和软实力。

在今天这个走向多极化的世界中，科技的进步使得国际社会正在变为一个信息社会。然而，政治与意识形态方面的斗争以及经济、文化领域的竞争与渗透却更加深入、激烈和复杂。国际传播虽然朝着多元化的方向发展，但仍然是一个非常重要的舆论传播工具和一种国际战略手段。

---

① 凤凰资讯网. http://news.ifeng.com/history/1/midang/200902/0218_2664_1021452_1.shtml.

第二章　国际传播的起源与流变

国际传播的起源并不十分明确，公元 11 世纪，在现代民族国家形成、国与国之间开始交流之际，国际传播就已经存在了。国际传播甚至可以追溯到古罗马、古埃及和古代中国时期，因为这些帝国幅员辽阔，其领国包含了不同的国家和民族，具有不同的政治、语言及文化实体，中央权力集团必须通过快速的远距离信息传送才能进行交流，维持有效的统治。伊尼斯在《帝国与传播》中认为，这些帝国的传播方法包括刻有文字的泥板和碑文、纸草卷、青铜器、羊皮卷、图章戒指、道路等，其中中国的青铜器、石刻碑文等是属于时间性的媒介，比较笨重、不容易流动，却可流传数十年甚至数百年，适合于将帝国的传统传承、延续下去。纸草是属于空间性的媒介，难于保存，但是便于携带、质地轻、可丢弃，适合于流通，有利于统治者扩张其地盘，从而形成帝国主义。

各帝国之间的传播主要依靠人、车船、马匹、烽火、官文等，如汉代张骞出使西域，历时十几年；明代的郑和下西洋组成了当时世界上最庞大的船队。除了官方的信息传递渠道外，当时的旅行者和商人的活动也是非正式的信息传播渠道，国与国之间的主要交往方式有商贸活动和文化交流，如开拓丝绸之路、鉴真东渡。丝绸之路连通了中国、印度、波斯（今伊朗）和欧洲各国之间的国际传播，不但使各国之间贸易得到发展，促进了各国的共同繁荣和发展，也使佛教、基督教和伊斯兰教广为流传，对人类历史发展产生了重大影响。当然，战争也是一种交往形式，是一种非和平的交往形式，如中国的印刷技术最先传到中东，十字军东征又将中东的印刷工人带回了欧洲。

人类社会主要经历了四种社会发展形态：前农业社会、农业社会、工业社会和信息社会。在前农业社会，人类以群居生活为主，靠狩猎为生，以口头传播为主要交流方式，一代代传承文化。在农业社会，人类的生活方式变得更为有序、复杂，人们开始关注读书识字和传播交流，并有专门的人从事书信、史料记载和手抄书本等与传播有关的行业。工业社会到来的标志是托马斯·纽科门 1712 年发明的蒸汽机，实际上工业大生产的理念早在 1453 年德国人古登堡运用活版印刷技术出版《圣经》时就出现了。活版印刷技术可以用低廉的成本批量地印刷书籍，极大地提高了书本的大众化程度。一般认为 14—16 世纪在欧洲出现的“手抄新闻”是近代报纸的萌芽，古登堡发明的印刷机标志着大众传播时代的到来，出现了大众媒介的先驱——“便士报”。信息社会的形成是以工业社会的高度信息化为基础的，信息开始主导工业社会的生产力，如美国是在20世纪60年代开始转变的，从事信息行业的劳动力开始超过总劳动力的一半。信息社会对人类的影响超越了国家的界限，从某种角度讲，全球化浪潮是信息社会化的必然结果。随着信息社会的全球化和国际化程度越来越高，国际传播也越来越重要，成为人们关注的焦点。

人类社会发展过程中的前两种社会形态里，国际传播作为一种传播形式，更多是利用非大众媒体开展的广义的国际传播，真正意义上的现代国际传播只有到了工业社会才逐步出现。

福特纳将国际传播的历史大致分为三个时期：1835—1932 年，国际会议时期；1933—1969 年，政治化和宣传时期；1970 年至今，多元复杂时期。

第一节 1835—1932 年：国际会议时期

国际会议时期又可以分为以下两个阶段：

一、现代国际传播的诞生（1835—1913 年）

这个阶段是从 1835 年第一个通讯社成立到 1913 年第一次世界大战前夕。

按照福特纳的说法，他认为应该将 1835 年作为追溯国际传播史的起始年代，因为 1835 年世界上第一个通讯社——法国的哈瓦斯通讯社成立，其后美国的美联社、德国的沃尔夫通讯社和英国的路透社相继诞生。通讯社的出现大大促进了新闻报道的时效性，加快了信息流通的节奏，使信息生产过程中的分工更加明确，信息生产逐渐形成一项系统工程。而随着大众传播的发展，大众对媒介的依赖程度也不断加深。通讯社不但提高了国际传播的速度，而且改变了国际传播的方式，开启了电子传播时代，扩大了国际传播的影响力。

此后国际传播技术相继出现，进入了初期发展阶段：电报（1837 年）、海底电缆（1866 年）、电话（1876 年）、无线电（1897 年）、广播（1907 年）纷纷出现，同时蒸汽机、火车等发明的广泛应用极大地加快了国际新闻及金融的流通步伐，增加了跨国人际交流的频次。

在此期间，许多公司和政府部门引进并采用了电报、电话和无线电这三项重要的国际传播技术手段，从另一方面而言，这些技术的出现导致了第一批跨国公司的产生，如英国的马可尼联合公司，德国的西门子公司，法国的塔姆逊公司，美国的西部联盟、电报电话公司和联合无线电公司，荷兰的飞利浦公司，以及后来的英国有线和无线公司、美国的通用电子和无线电公司。但是由于缺乏国际统一的技术标准和行业规范而引起的许多传播问题，严重影响了国际传播的有效性，于是，第一批有关国际传播的国际协议应运而生，现代国际传播的理念初步形成并逐步得以确立。世界各国之间虽然也有摩擦，但更多的是国际上的合作和协调。具体体现在以下五个方面：

1. 有关电报的国际协议

1865 年，拿破仑在巴黎召集会议，起草了一份关于消除德奥电报同盟和西欧电报同盟这两个欧洲电报集团在电报税费政策上的差异的协议，巴黎会议建立了国际莫尔斯电码（一种标准版本），并把它作为国际电报业务的基础；此外还就欧洲主要城市之间的联络、收发电文的时间、传递来源于其他国家的信息的多重责任以及应用于国际电报传输的网络电路能力等方面达成了协议；创建了欧洲内部的电报网，尤为重要的是创建了一个国际机构——国际电报联盟（International Telegraph Union，ITU），这是第一个国际公约，也是第一个与传播相关的组织。

由于国际传播新技术的发明与应用往往牵涉到国家或个人利益，所以达成国际协议就变得相当复杂，其中既有国家政府部门和私人公司之间的斗争，也有相互竞争的私人公司之间为了各自的利益而展开的斗争，最典型的事例就是英国政府同马可尼公司及其发展中的国际传播系统的用户之间的关系。

2. 国际通讯社联盟

全球第一个通讯社是成立于 1835 年的法国哈瓦斯通讯社，第二个是成立于 1848 年的美联社，其后沃尔夫通讯社、路透社相继成立。这些通讯社控制了欧洲的信息市场，并力图将业务扩展到世界各地，从 1856 年到第一次世界大战开始期间，欧洲的通讯社之间连连爆发争端，导致各通讯社通过签订新的协议来确立垄断范围，于是，欧洲各大通讯社和美联社一起建立了通讯社的行业联盟——卡特尔，并于 1870 年签订了“三边四社”协议，确定了各社的活动势力范围。库伯认为：“在 19 世纪，最早的、最伟大的，也是最有力量的国际垄断联盟由此开始。……它们实际上掌握了各国人民相互了解的决定权，同时也控制了解释新闻意义的权力。”[①] 美联社不在联盟之列，且只能接受哈瓦斯通讯社提供的欧洲报道，但美联社并没有遵守协议，最终导致了卡特尔的终结。

---

① ［美］罗伯特·福特纳．国际传播：“地球都市”的历史、冲突及控制．刘利群译．北京：华夏出版社，2000. 88 ~ 89.

3. 国际海底电缆

1851 年，英国铺设了第一条海底电缆，穿过多佛尔海峡到达法国，英国铺设跨越大西洋的海底电缆，并且相继铺设连接孟买和澳大利亚的电缆。各帝国都想控制本国的通讯电缆，导致电缆铺设出现重复和平行的情况，其中尤以通往非洲、穿越中东直到东南亚的电缆线路最为拥挤。到 1898 年，穿越大西洋的电缆线路达 12 条。“一战”期间，拥有大批殖民地的欧洲各国，特别是英国、法国和德国都积极规划和实施本国的帝国电报系统。1914 年，大英帝国控制了海底电缆长度的 40%。在两次世界大战中，每当冲突刚起，英国就立即切断德国的电缆，德国因此无法将本国的舆论观点传送到美洲。“一战”中的痛苦经历使德国人在 20 世纪 20 年代萌发了避开英国对电缆控制的想法，于是在世界各地建立起一连串的大功率无线电站，其中包括两个位于美国东海岸的无线电站，但是“二战”一开始，美国政府就没收了这两个无线电站。

4. 无线电的国际协议

无线电是古列尔莫·马可尼发明的，他设想将其应用于诸如船只对海岸等有线电缆无法进行的通讯领域中，但由于意大利政府对他的发明不感兴趣，1896 年他前往英国，并开始走运。英国当时正处于海上势力最强大的时期，迫切需要马可尼的无线电通讯。1899 年 3 月，马可尼成功发送了跨越英吉利海峡的信息，1902 年首次成功进行了跨越大西洋的信息传送。马可尼成立了马可尼无线电报公司，为了保护发明，扩大业务，并避免与英国邮政局的电报垄断发生冲突，马可尼禁止其所属的无线电操作员与使用非马可尼公司设备的无线电站进行联系。

1903 年，德国政府在柏林召开国际会议，此次会议规定了三大国际通讯原则：为特殊服务保留频率（188 千赫到 500 千赫之间的频率供政府的无线电站使用，不传递任何公共信息）、避免互相干扰和进行频率登记（各国必须将其所使用的特殊频率登记到国际电报联盟的秘书处），此外还决定以 SOS（原来是 CQD）作为国际求救信号，有记载的 SOS 信号的首次使用是在 1909 年。这些内容成为国际通讯规则的基础，但是也有着各种争论的焦点。

1912 年 4 月，“泰坦尼克号”远洋巨轮撞到了冰山，三个小时之内沉没，船上 1 500 名旅客和船员遇难。“泰坦尼克号”附近的船只，或因为无线电系统装置在半夜无人操作，或因为半夜关闭了引擎，所以没有对“泰坦尼克号”发出的遇险信号作出回应。当时只有一艘船作出了回应，拯救了 700 多人，显示了无线电的价值，引起了全世界的关注。灾难过后，由于公众的义愤，美国政府对 1910 年无线电法案进行了修订，规定凡是用美国港口的船只必须保证船上有两名以上的无线电设备操作人员。其他国家包括英国也通过了类似的法律条文。

“泰坦尼克号”的沉没还引发了另一个重大而有益的结果：在1912年伦敦召开的无线电会议上，马可尼公司终于同意结束其不与使用非马可尼式无线电设备的船只通讯的做法。此次会议还拟定了新的有关船只和海岸之间的通讯规则，规定所有船只的无线电设备都必须由有经验的操作员专职管理。那些跨国传播的电台必须在国际无线电联盟的国际秘书处登记，获得特定的波长范围。但是在分配频率资源方面采用的是“先到者先得”的原则，资本及技术雄厚的公司和国家在有限的频谱空间分配中占有优势。因此在“一战”中，马可尼公司仍然垄断了海上的无线电装置，直到1924年才同意将位于英格兰的无线电站的所有权和经营权交给英国邮政局。

5. 电话的国际管理系统

从1885年起，许多国家开始讨论把电话纳入国际管理系统之中。电话在北美洲各国国内率先使用，其范围在商业界迅速扩展，报业也开始用电话取代电报来采集新闻，到“一战”前夕，美国的电话占全世界电话总量的2/3，欧洲也有相当的数量。但是，和铁路、电报的情形一样，电话在欧洲也面临相互连接、费用、技术标准等复杂问题，因此，有必要进一步规定国际管理规则。但是，发展电话国际通信方式所面临的最大难题是：欧洲主要国家的电信管理机构已经在电报上花费了大笔的投资，自然不愿意看到其投资受到另一种新的、花费更多的国际通信方式的威胁。另外，这些欧洲国家认为，电话机不能使用国际通用语言，又无法提供文字记录，实在看不出该媒介的价值。语言成为沟通中一个严重的问题。所以在欧洲发展最初的20年中，电话仅仅应用于各国国内地区或城市，跨国电话线的连接问题一直被拖延着。直到1925年的巴黎会议上，才通过了关于鼓励创建一个欧洲电话网络的提案。

二、“一战”及其后新的竞争和合作（1914—1932年）

这一阶段是从1914年第一次世界大战爆发至1932年希特勒上台。主要包括以下三个方面：

1. 宣传战

第一次世界大战造成了国际传播系统联合过程中的一次间歇，国际传播的发展步伐明显放慢，但又因战争期间宣传的需要，各国的国际传播其实也有一定的发展。第一次世界大战是第一场利用现代传播手段作为宣传工具的战争，这里的宣传主要是指一国政府导演的针对另一国人民所进行的宣传。交战国尽可能地利用已有的国际传播媒介向敌国人民进行宣传，瓦解敌人的士气。其手段主要有无线电广播、新闻影片、报刊等。英国充分掌握了宣传的艺术，到战争结束时，英国已拥有发达的足以在战争期间影响公众舆论的官方宣传机构，印制了数百万的海报、传单、小册子、明信片和邮票，制作了幻灯片并配以解说，在剧场向观众放映；拍摄了电影，出版了书籍等；报纸和通讯社特别是路透社提供了大量的新闻和广告。美国也成立了自己的宣传机构——公共情报委员会（CPI），下设无线电服务处、外国新闻局和外国电影片处。

战争爆发后，各交战国纷纷采取了保护本国电缆、破坏他国电缆的策略。英德宣战后4小时内，英国就成功地割断了德国的电缆，使柏林无法与其属地和美国进行联系。英国对德国在海外的无线电站也进行了破坏。德国只好使用无线电来进行跨越大西洋的通信，但是不久美国就没收了德国在美国本土建立的无线电站。德国虽然曾经割断英属范宁岛的电缆，但不到一个月英国就修复了。

英国截获德国的电报和无线电信息对美国最终加入盟军一方起了重要作用。当时德国决定发起无限制潜艇战，但这必然殃及在美国注册的商船，使它们不可避免地成为被攻击的目标。于是，德国以保证美墨西南边境的安全为诱饵，发电报询问墨西哥政府在美国放弃中立的前提下是否愿意与德国结盟。但这份电报落到了英国人手中，英国却没有立即通知美国，而是等到德国发动潜艇战，才将该电报送交美国政府。这封电报有助于美国加入英国这一边，还成功地影响了美国西部和中西部和平主义者们。电报里面用了“假如”和“在美国对德国宣战后”的字眼，却被美国好战分子和美国新闻界完全忽略，成为美国宣战的一个借口。

2. 早期的国际广播

国际无线电广播开播的具体日期很难确定。比利时曾于1914年3月28日举办利用无线电广播的“盛大音乐会”，欧洲听众都可收听到。“一战”中广播主要用于情报工作。大规模的国际广播活动始于20世纪20年代，德法之间、苏联和罗马尼亚之间展开广播战争。荷兰被视为第一个建立起连续国际广播服务的国家，而苏联则被认为是第一个利用广播从事“政治意识形态”活动的国家。1929年，苏联开始进行固定的国际广播活动，先是利用长波，后改为短波。其后德国的柯尼斯武斯特豪森电台（1929年，后来改为德国电台）、法国电台（1931年）、英国广播公司帝国服务（1932年）、日本电台（1934年）纷纷开展了针对外国听众的国际广播活动，从最初的试播到普遍展开共经历了10年。此外，商业电台和宗教电台也开始进行国际广播。

“一战”向交战国显示了传播的重要性和控制传播系统的必要性，战后各国都极力寻求国际传播的扩展，这种竞争加剧了各国之间和国家内部的矛盾。在两次世界大战期间，英国的帝国传播系统开始受到挑战。1919年，美国强迫美国马可尼公司（英国的分公司）将其所拥有的资产转卖给美国企业集团，从而产生了一个“全美”机构——美国无线电公司。此举的主要目的在于确保美国不再依赖英国控制的海底电缆，并参与到国际无线电领域中。此举使各国的无线电技术竞争升级，从而加剧了业已长期存在的控制跨越大西洋的传播的激烈竞争。到 1929 年，美国无线电公司已控制了 42 条国际无线电线路，大部分从事短波服务（英国电缆无线电公司控制了 125 条线路），其他美国公司大部分是从事通往拉丁美洲的通信服务。到 20 世纪 20 年代末，全世界的远距离无线电通信几乎都被四家公司所控制：英国的马可尼公司、法国的无线电报总公司、德国的无线电报公司和美国无线电公司。它们共同成立了国际商业无线电委员会，试图汇集其专利，阻止其他公司的同类服务。但因为其他公司对其做法不予理会，这个集团最终瓦解。

3. 国际联盟

两次世界大战期间，国际合作的中心是国际电报联盟。1920 年，美国主办召开了第一次国际传播会议，提出了成立单一的国际传播组织的建议；其后的巴黎会议和华盛顿会议都对此作了进一步讨论，在 1927 年的华盛顿会议上，世界上所有大国（美国排斥苏联）都正式通过并签署了国际无线电报协议及其管理规则。共有 80 个国家派官方代表出席了会议，一些私人公司、广播机构和其他国际组织均列席会议。这次会议被视为第一个真正的现代化传播会议，与会代表的构成方式一直延续至今。

第二节 1933—1969 年：政治化和宣传时期

国际传播的第二个时期以希特勒成立第三帝国和一些国家公开成立国际宣传机构为开端，到 1969 年前后新的传播科技（如通信卫星）的应用和许多脱离欧洲殖民地而独立的国家出现为止。这个时期又分为两个阶段：

一、国际宣传的辉煌时期（1933—1945 年）

1933 年希特勒成立第三帝国之后，民族主义、军国主义情绪兴起，全球都弥漫着战争的阴影，而法西斯政权（包括意大利）非常善于利用大众传播媒介进行政治宣传，这使得国际传播系统陷入了强烈的冲突和危险中。国际广播开始成为基本的国际传播手段，其主要目的是政治宣传。

1. 20 世纪 30 年代的广播大战

由于商业电台和国营电台的不断开播，广播的频道变得越来越拥挤。马可尼公司的最大竞争者之一美国无线电公司在美国创立了专利联营制，到 20 世纪 30

年代中期，利用专利联营共控制了4 000多项专利，使得其他公司难以与它竞争。这种做法很快被其他国家的公司效仿，于是全世界的无线电市场明显地以国为区域进行划分，这样的发展对国际传播系统极为不利。

法西斯阵营、社会主义国家和资本主义国家在意识形态上的对抗，最终导致广播大战在20世纪30年代中期爆发了。德国和意大利是同盟，苏联和英国虽然在意识形态上互相对抗，但又与德、意两国为敌。1933年第三帝国建立后，苏联和纳粹德国就开始了互相之间的宣传攻势。德国宣传部长戈培尔声称“真正的广播是真实的宣传”。正如马丁所说广播“是国际政治宣传者理想的工具。随着无线电和廉价收音机的发明，国际宣传者可以任意地对他们想要针对的听众发表他们自己的观点，而不必担心受到别人的阻止和谴责”。

广播大战主要是由各国所从事的宣传引起，而确定广播大战为政治宣传的最基本的一点是：不用母语而用外语广播。任何政府开设外语对外广播，都避免不了有利用广播作为宣传工具之嫌。1934年，德国人开始用外语对外广播，马丁称纳粹德国本身就是一个“宣传的产物，是第一个建立了对全球产生深刻影响的国际宣传组织的国家”①。纳粹的政治宣传通过各种渠道在全世界流通，包括公开演讲、集会、印刷媒介、电影、广播和喇叭等。纳粹的宣传很简单，但重复性极高，主题明确，通常使用很容易被海报或报纸采用的标语，并注重以情感人，如要对祖国或领袖忠诚、为赢得战争不惜流血牺牲等。德国通过广播对英国进行宣传的最有名的人物当属Lord Haw-Haw，他原名为威廉·乔伊斯，伦敦《每日快报》的巴林顿称他为Haw-Haw。英国国会议员说广播听众都很相信他说的话，建议英国广播公司针对他的谎言进行反击。英国广播公司最初认为听众只是将他的节目当成娱乐而已，不过也注意到他的听众确实不少。大战结束后，英国政府抓到了此人，发现他的身份是爱尔兰一名记者，英国政府以叛国罪处置了他。日本放送协会即日本广播公司（NHK）于1935年开始进行国际广播，由陆军、海军、外交部、内政部、交通部、放送协会、读卖新闻通讯社的代表组成委员会控制广播内容。

英国1938年开始提供外语广播业务，首次以英语以外的语言——阿拉伯语开始外语广播。其播出的首条新闻是：一名阿拉伯人因为携带秘密武器而被英国处以极刑。这是英国广播公司“史上最有名且争议最大”的一条新闻，因为英国外交部担心这条新闻会激发阿拉伯地区的反英暴乱，但它也提高了英国广播公司敢于真实地报道事件的威望。英国和纳粹德国无疑都是宣传，只不过纳粹的宣

---

① ［美］罗伯特·福特纳. 国际传播：“地球都市”的历史、冲突及控制. 刘利群译. 北京：华夏出版社，2000. 128～129.

传更明显，因而容易被人拒绝收听；而英国因为强调正确和公平的报道，所以具有隐蔽性。一些学者曾专门研究德、英两国的宣传，认为两者是不同形式的政治宣传，艾拉尔以“黑”和“白”来区别两者，英国的广播（白色宣传）在于传递未修饰的真实消息，而德国的广播（黑色宣传）则倾向于策略性地使用谎言和断章取义。[①] 苏联被西方称为第一个“宣传国”，它的宣传被称为红色宣传。无论是英国、德国还是苏联，他们的目的是一致的，都是为了获得人心，打赢战争。

“二战”对国际广播的成长和发展方向都产生了极大的影响。许多国家在这个时候开始发展国际广播或扩展原先的电台，而广播技巧和节目形态的试验也形成了今日国际广播的风貌。可见，“二战”成为许多国家国际广播电台的转折点和根源。1940 年，美国五大广播组织——全国广播公司、哥伦比亚广播公司、西屋电气公司、通用电子和可罗丝利——基本上都开办了国际广播和国内广播业务，但是美国早期由政府控制的电台和公共广播公司都没有进行“心理战”，由于参战时间较晚，美国的政治宣传起步也晚。1941 年 12 月，珍珠港事件爆发，美国开始参战。1942 年 2 月，美国的海外政治宣传开始，美国之音正式用德语广播。同年，美国政府成立“战时新闻局”，成为战时进行信息传播和宣传的最重要的部门。到 1942 年 11 月，美国所有私人国际电台都置于联邦政府的监管之下，不过民众要求联邦政府保证战后归还电台。

在广播大战中，许多国家发现，监听和分析其他国家的广播内容是非常必要的，如 1938 年，英国监听系统的报告说苏联的短波广播经常播出“战争歌曲”。德国的监听系统被同盟国当做一种宣传手段，因为即使同盟国的宣传在德国没有大量听众，也会引起阅读监听报告的德国政府官员的关注。战后，人们发现这一设想是正确的。

2. 秘密电台

秘密电台最早出现在西班牙内战时期，历时最悠久的秘密电台是自由西班牙广播电台，从西班牙内战持续到 20 世纪 70 年代中期。而这个电台幕后真正的制作者，大部分来自苏联及罗马尼亚。“二战”时，大量的秘密电台纷纷成立，它们的目标无所不包，从制造部队间的纷争、鼓动军人放弃职守到令敌对国人民感受痛苦、恐惧等，都有可能是它们广播内容的范围。这些电台有的只持续短暂的数个星期，有的数月，有些则延续数年之久。“二战”结束时，所有秘密电台也随之消失，但是不久，新的秘密电台再次出现，大部分来自苏联、东欧等社会主

---

① ［美］罗伯特·福特纳. 国际传播：“地球都市”的历史、冲突及控制. 刘利群译. 北京：华夏出版社，2000. 131.

义国家。战争期间设在他国领域之内的秘密电台，通常由异议分子所主持，称为“黑色宣传”。这里的黑与白之分不是前面的学者们对宣传技巧的区分，而是根据电台存在是否合法而言。根据受影响国家的法律，黑色宣传电台的存在通常都是地下的、违法的，而公开合法的广播公司则成为白色宣传电台（如美国之音）。随着战争的扩大，又出现了“灰色宣传”，即那些广播目的性很明确，但电台的位置却极为秘密，或是目的和来源很清楚，实际上由革命组织或颠覆分子组织所主持的广播电台。

1940 年，英国开始了针对德国的秘密广播，并在广播中谎称此广播电台位于德国境内。苏联、法国、奥地利和西班牙在“二战”期间也都建立了秘密电台。纳粹分子在战时也有秘密电台，1940 年，纳粹建立了一座针对英国的秘密电台，名为“新英国广播系统”，但并不受欢迎，而英国的秘密电台却极受欢迎。这些秘密电台有时采用误导信息的形式，如英国军事情报部门向德军播出“德国军队节目”，有意误导德军。不过战后的评估研究报告指出，人们虽然收听敌台广播，但它的宣传效果其实非常有限。随着战争朝着有利于盟军方向发展，纳粹的宣传工作越来越难开展。但是敌方的广播打破了信息的垄断，可以使人们得到不同的信息。

3. 信息控制和干扰

战时各国都试图利用各种方法控制信息的流通，最明显而直接的做法就是将信息直接送入敌国境界；间接的方法包括设法禁止人民收听敌国电台，拦截敌国电台的广播等，还有监听敌军的通信内容，或篡改敌方向本国人民提供的信息，对敌方信息进行反控制。

控制信息的第一种方法是技术干扰。技术干扰是阻止国内公民收听未经许可的外国广播从而实施本国信息垄断的方法。只要发射另一个和国外广播相同频率的信号，就可达到干扰的目的。干扰信号既可以直接进入无线电波，从电离层反射到地面轨道（天空干扰），也可以覆盖整个信号可能进入的区域（地面干扰）。地面干扰较为有效，因而常常被采用。20 世纪 40 年代使用的干扰手段有：机械性的莫尔斯号码、另一种声音、人造静电干扰，还有汽笛、巨响和铃声等噪音。噪音干扰被德国人频繁使用，其根据的原理是：从扬声器中突然发出的噪音可以使人发现那些偷听敌国宣传的听众。阿根廷 1922 年最早使用干扰技术，之后是欧洲，1923 年，法国一家电台故意使用和德国电台相同的频率广播，这家德国电台正在抗议法国占领鲁尔区，几天之后，德国电台被迫停播。英国 1943 年的情报表示，英国进入德国的广播也曾受到严重干扰。

控制信息的第二种方法是收缴收音机，或者通过法律禁止收听国外广播。20 世纪 30 年代捷克就是利用这种方法来对付德国的宣传，禁止公开接收从国外电台传来的政治节目，收音机拥有者也不可邀请朋友一起收听这类节目。因此，纳粹分子要求德国人收听国内宣传，并且指派广播官员负责鼓励人们收听纳粹分子的广播，组织他们进行讨论，以提高“正确”的思想认识。他们还把收听国外广播定为非法行为并收缴收音机，在1939年发布的一条规定中明文禁止收听外国电台的广播。纳粹当局没收收听外国电台者的接收设备，违反者被投入监狱或判处劳改甚至死刑。纳粹还在占领区（如法国等）收缴收音机，禁止占领区人民收听这类广播，如1940年在比利时发布的一条明确禁止收听英国广播公司广播的规定，后来这条规定扩大到德国及其占领区以外的所有广播。德军占领波兰以后，唯一可以听到的是德国人提供的广播和街道两旁用扩音器对公众进行的广播，一旦发现波兰人拥有收音机，无论是拥有者还是使用者，包括收音机所在建筑物中的人一律就地正法。同时，纳粹为了确保德国人不受外部思想的侵害，向市场投放了一种廉价但只能收听到德国电台的收音机。交战方还使用另一种策略来对付政府点对点的有线系统和无线系统，如在“一战”中，双方都试图切断海底电缆，以中断电报的传送。

信息控制的第三种方法是使用虚假播音。这需要秘密地侵入敌对者的演讲或者新闻广播，播出虚假的声明或者新闻报道，然后再将频率返回给原来的控制人来结束节目。另外，广播工程技术人员还能够在原来的信号中加入啐声、讥讽和笑声，将它们捎带到载波上。英国和德国都曾利用这种技术，英国人使用这种技术取得了较大成功，他们通常使用这种方法处理希特勒的演讲广播。由英国的德国人来播音，播音员来自难民，很容易找到，他们的这种秘密作业做得极为逼真。相比之下，德国却很难找出不带口音的讲英语的人，因为讲英语的英国人几乎全部从德国消失了，而说英语的德国人又很容易让人听出来。

信息控制的第四种方法是敌对双方以破译电码把无线电广播当做获取外国情报的来源。各国建立了监听业务和分析部门，以监听和分析无线电广播，找出有关平民士气、食品短缺、交通运输问题、伤亡、空袭造成的破坏等信息；政治声明、新的法律甚至被粗心的操作员无意播出的军队、船只和潜艇调动情况。无论是军用部门还是民用部门，都进行这些活动，他们监听军用通信电台以及非军用的国际电台和国内电台报道的与战争有关的信息。

此外，欧洲三家通讯社的合作也在战时开始变得紧张起来，并且最终破裂。纳粹占领法国时解散了哈瓦斯社，使得原来的欧洲同业联盟瓦解。然而美国的两家通讯社却能够在战争舞台以外加强和巩固他们的国际客户关系，并在1945年成为重要的通讯社。

在20世纪30年代，意识形态的激烈冲突强化了国际传播系统，但随之而来的第二次世界大战又瓦解了国际传播系统。战争结束后，原有的国际传播体系将不再适用于新的环境，新的国际传播体系将重建，战争的最后结局将决定由哪些势力重建国际传播系统。而这些新势力将延续战争中取得的胜利，继续控制传播系统，并因此而取得经济和政治上的优势。

二、战后霸权的兴衰（1946—1969年）

“二战”结束后，在社会主义和资本主义两大阵营的冷战对抗中，欧洲帝国开始瓦解，非洲和亚洲的殖民地国家创立了新兴国家，到20世纪60年代末，新兴独立国家增多，国家形态和国际形势发生了根本性的变化，发展中国家的数目远远超过发达国家，第三世界国家兴起，在国际事务中逐渐有了话语权，并不断参与到国际组织中，影响其政策的制定和作用的发挥。

1945年，50个国家代表在旧金山召开的联合国大会上讨论了国际组织的问题，签署了联合国宪章，联合国正式诞生。1947年，国际电信联盟成为联合国的一个特别机构，并下设了国际频率注册委员会（ITU）。1956年，国际电信联盟内部组合成一个国际电报电话咨询委员会（CCITT），国际电信联盟的成员在它的领导下创建了各种研究小组以处理技术性问题。此外，战后旧有的新闻通讯社联盟瓦解，传播技术的新用途，特别是微波、卫星技术出现，并迅速被应用到国际和国内传播中，各大洲之间使用卫星进行微波联络成为现实，国际传播系统得到重建。联合国将人权问题提高到了世界意识的高度，产生了将人权问题写入各种国际协议的建议，也产生了是否有权获得跨国界信息方面的新冲突。

1. 战后电信事业的发展

1956年，三家北大西洋国家的电信公司——美国电报电话公司、加拿大海外电信公司和英国邮政局——建成了欧洲和北美之间第一条海底电话线路。1962年，电星通信卫星开始提供横跨大西洋的电话通信，这是第一个运行的通信卫星，不过，电星卫星是一个低轨道卫星，每天只有几个小时可用于跨大西洋线路的通信。一年后，美国的1号同步通信卫星发射成功，使美国、欧洲和非洲之间可以通过卫星电话、电传打字和传真等手段相连，此后美国又发射了2号、3号同步通信卫星，同步卫星的商业价值开始显示出来。

2. 战后国际电视、广播的发展

此时电视节目的交换已经开始出现，如1961年4月，东欧的国际广播电视组织运营的电视联播网和西欧的欧洲广播联盟运营的欧洲电视网，开始通过跨越芬兰和苏联之间的芬兰湾的一条线路交换电视节目。但是大量的节目主要是从西欧流向东欧，而东欧提供的节目数量很少。“二战”后宗教广播特别是新教的“传教广播组织”和广播数量迅速增长，更多的基督教协会创建了国际广播。

战后，社会主义和资本主义两大阵营对垒，苏联和美国成为媒体战争的焦点，双方以意识形态为分界，各自寻找其盟国，亚洲和非洲新兴的独立国家成为他们竞争的对象。国际广播网（苏联主要有莫斯科电台、和平进步电台和基辅电台，美国有美国之音、自由欧洲电台）、双边高层会议、各种国际组织活动、使馆所从事的公共事务活动、外资的新闻出版业、慈善业与发展援助项目等，所有这些活动都充斥着美苏两大国各自的意识形态。这些活动大部分都可归属为"公共外交"，因为其方式是公开的、面向大众的，是另一种形式的"白色宣传"。不过两国同时也使用黑色和灰色政治宣传，苏联和美国都有秘密电台，如美国中央情报局（CIA）资助的针对古巴的"天鹅电台"；双方各自阵营的国家也有对外广播。

1950年，美国总统杜鲁门发起了"真理运动"，呼吁所有的媒体"用美国的事实来与共产党人的扭曲作斗争"，美国之音成为反共的主要宣传工具，是官方的代言人。1953年，美国新闻总署（USIA）成立，专门负责对外宣传活动。不过美国政府内部对美国之音的作用和代表性一直争议不断，参议员麦卡锡反对尤力，他攻击美国之音没有用犹太人的语言播出节目，是有意偏袒共产主义。同时美国之音的强硬路线也使它丧失了不少中立而倾向西方的听众，所以预算被大幅裁减，一度出现财政困难。美国在西欧还建有三个电台：位于西柏林的美国阵线电台、自由欧洲电台（位于西德，针对中欧、东欧）和自由电台（针对苏联）。中央情报局一直秘密资助自由欧洲电台和自由电台，由于人们的怀疑不断增加，1973年设立了一个独立机构——国际广播管理局（BIB）来监督这两个电台的工作。

苏联反对美国的这些广播，特别是自由欧洲电台和自由电台，认为它们是在煽动暴乱，甚至在某些国家引起叛乱，如美国阵线电台的广播节目被视为1953年东德动乱的罪魁祸首。苏联批评自由电台利用暗示作用对听众进行调唆、煽动，鼓励人们违反苏联法律等。最著名的例子是1956年的"匈牙利事件"，自由欧洲电台的广播被认为激化了这一事件的矛盾。尽管没有确凿的证据表明自由欧洲电台直接号召人们上街游行，但自由欧洲电台的官员都承认，广播在努力引发担惊受怕的听众的过激反应，美国学者也认为美国情报局在其中起了作用。这一时期莫斯科电台是世界上最大的国际广播电台，它使用80多种语言广播，播放节目的时间比美国之音还多。

"二战"结束后，信号干扰成为苏联和西方争论的热门话题。苏联于1946年开始干扰西方的广播信号，其中大部分相当有效。虽然联合国对此进行了谴责，但是苏联的信号干扰有增无减。据报道，苏联用于信号干扰方面的费用比美国用于制作对外广播节目的费用还要多。除了苏联和东欧国家外，其他国家也有信号干扰，如西班牙反过来干扰苏联，英国、法国也干扰别国的广播。国际电信联盟的国际会议虽然要求各国不得故意干扰其他会员国的广播信号，却无法证明其是否有意。尽管美国和其他国家不断抗议，但直到1984年的世界无线电行政大会下决心彻查从事故意干扰的电台后，各国才相继停止信号干扰。1987年和1988年，苏联和东欧国家纷纷停止干扰，这种停止被视为是民主的象征。但只要独立和冲突仍然存在，信号干扰就会存在。例如，1980年两伊战争期间，两国互相干扰彼此的广播；1989年韩国、朝鲜的相互干扰。

3. 战后通讯社的发展

战争中，国际通讯社不得不学习使用各种技术，以保证信息在全球的流通，如在电缆被切断的情况下，使用无线电短波来传输稿件；在行军途中习惯于用麦克风进行报道。随着无线电网络的竞争，报道的速度成为决胜的关键，而这不得不过多地依赖短波广播。有条件的情况下，通讯社也使用电报和电话线。“二战”后，由于独立国家数量迅速增加，通讯社的活动更加明显，并且由于新独立国家开始质疑它们的业务，通讯社成为突出的话题。由于通讯社常常强调这些国家的政局动荡、腐败、贫困和叛乱等问题，许多国家认为它们的报道带有偏见，从而导致非洲国家要求建立国际信息新秩序（1970年以后）。通讯社原来的独立新闻传播者角色受到批评，所以渐渐采用了共同的报道风格：强调政治中立（客观性），将新闻作为赢利的商品在全世界流通。这使得五家通讯社的产品看上去越来越相似。1958年，合众社兼并了国际通讯社，成为合众国际社，通讯社四巨头——法新社、美联社、路透社和合众国际社——针对特定的世界市场创立了各种语言的业务，并且在各自认为最有利可图的领域加强了它们的活动。它们利用各种技术将新闻业务扩展到全球。1968年，路透社引进了一个计算机控制的新闻发布系统，该系统还可以使新闻不间断地从源点流向客户，而不会受到伦敦中央新闻控制室的干涉。合众国际社在1971年也引进了类似的设备开展业务。

通讯社还开发了其他业务，如新闻图片、新闻电影和录像新闻。在20世纪70年代，路透社控股的维视新闻社和合众国际电视新闻部（合众国际社和英国独立电视新闻社合资）开始控制向美国之外的电视台提供外国影片，这些影片多是由卫星和无线电传递。苏联的塔斯社也逐渐成为重要的国际性通讯社。

4. 发展中国家的国际传播

一批新兴的国家纷纷建立了自己的传播通信系统，这些系统被视为是加速国内经济、政治和社会发展的工具之一，而国际传播也被认为是参与国际政治和经济的重要方法之一。20世纪50年代，美国的传播学者提出这样的观点：对传播基础设施的投资与现代化发展和技术进步密切相关；另一种理论则认为传播是真正的权力工具，这两种理论与许多发展中国家领导人的愿望不谋而合。这些投资理论比较令人信服，所以发展中国家的传播设备和人员培训都是从发达国家获得的，然而结果却令人失望：穷国和富国之间的距离仍在拉大，这种情况导致发展中国家在政治、经济和文化上非常依赖发达国家，技术开始被视为本土文化的一大威胁，对传播通信技术的投资所获得的回报与所期望的相差甚远。

非洲国家继承了殖民帝国瓦解后遗留下来的设备，大部分新兴国家早期的广播系统使用的是短波，短波信号覆盖范围广，可以减少开支。但受到政治不稳定和经济落后的影响，非洲国家传播业的发展一直远远落后于发达国家。在亚洲，1951 年，中国的北京电台开始以 13 种语言对外广播。

5. 国际卫星通信的开端

世界上第一个同步通信卫星发射于 1963 年，第一个商业性的同步卫星——国际通信卫星 1 号发射于 1965 年。国际通信卫星组织（Intelsat）是负责提供全球卫星线路的国际承运组织，其于 1964 年由 19 个工业国家组成，是世界上第一个国际卫星系统，也是目前最大的国际卫星通信网和组织，总部在美国华盛顿。其现有会员国 140 多个，约有 200 个国家使用国际通信卫星组织的设施。该组织是一个非营利的合作机构，但其运营方式是商业化的，向会员国和非会员国收取使用费。随着技术的成熟，费用不断下降。2001 年该组织从一个条约组织变成了一个私有公司，股东包括来自 145 个国家的公司，代表了世界大多数著名通信公司的经营者，为客户提供因特网、广播、电话以及网络合作等服务。国际通信卫星组织仅拥有国际线路的空中部分，接收和发送信号的地面站均由各国的电信主管部门拥有并管理，只有美国是由通信卫星公司管理。国际史普特尼组织（Intersputnik）由苏联于 1968 年设立，并于 1971 年发展成为国际卫星系统，正式注册成为联合国的一个组织，其主要成员是前社会主义国家和中东一些国家，并不断扩大，向全世界提供服务。目前有 20 个成员国，总部设在莫斯科。

国际传播系统的发展从初始阶段到 20 世纪 60 年代，一直都是由世界军事、经济和政治强国来决定发展的体系。这些强国依靠发展和利用传播网络来扩大它们的影响力。在两次世界大战和冷战时期，这些国家成功地将传播通信运用于政治和经济目的，不过全世界大多数人并未从国际传播系统中获益，这些国际传播系统只是更有利于殖民帝国的统治而不利于第三世界国家获得自由。到 20 世纪 60 年代末，独立国家的数量是 1946 年的两倍多，新兴国家开始关注如何发展自己的传播系统。

第三节　1970 年至今：多元复杂时期

政治化与宣传时期实际上永远不会结束，但是在第三阶段，新的传播科技特别是卫星电视技术的应用以及许多脱离欧洲殖民地而独立的新兴国家的出现，尤其是 20 世纪 80 年代末 90 年代初苏联的解体和东欧社会主义国家的剧变以及随之而来的“冷战”局势的缓和，国际社会向多极化趋势进一步发展，使得国际传播的环境更趋复杂。有一种观点认为，第三时期应该从 1965 年发射第一枚实用商业国际通信卫星开始。实际上到了 1976 年，大量的新科技才开始被采用，从而进入第三时期。在此期间，经济成为与政治并驾齐驱的对国际传播内容起决定作用的因素。国际传播业者和国际通信业者必须面对新的竞争，提供新的节目和服务，并且和已存在的系统相妥协。这个时期又以 1985 年苏联戈尔巴乔夫上台为标志分为两个阶段。

一、国际传播的边缘与核心（1970—1985 年）

在 20 世纪 70 年代，由于发展中国家迫切要求关注南北半球之间信息传播失衡的问题，有关传播的国际会议争议颇多，发展中国家的许多提议被采纳，并发表了许多相关的宣言，世界经济新秩序的争论引发了世界信息新秩序的论调，联合国教育、科学及文化组织和国际电信联盟开展了多项传播研究，特别提出将对发展中国家传播的研究作为重点，但是国际传播系统的实际运作并没有发生任何根本性的改变，相反，发展中国家所面临的境遇进一步恶化。同时，东西方之间意识形态的斗争仍在继续，西方利用国际广播对社会主义国家进行和平演变，苏联等指责西方电台对其发动“心理战”。1991 年苏联解体，冷战结束。

新独立的国家依然在经济、政治上与前“宗主国”保持着密切甚至依赖的关系，同时其文化主权也令人怀疑。一些学者指出，帝国主义的长期控制已经导致这些国家“社会文化殖民化”，第三世界国家的价值观和行为模式已经变得与“宗主国”十分相似。北半球的发达国家不仅控制了联合国等政治组织，发动冷战，主导国际政治，还控制了全球的传播系统，在这一时期，对传播内容的控制不断加强，如电视节目、电影、录音带、信息和广告等。国际传播系统已成为符号或文化冲突的竞技场，其规模、流量、内容继续被西方发达国家特别是被美国所控制。

1. 电视节目交换

电视节目的交换是一项重要的国际传播活动，到20世纪80年代，随着新闻节目交换的增加，通过地区和国家之间的协议来获得节目的趋势日益明显。美国成为电视节目的主要输出国，而第三世界国家是主要的节目购买者。根据诺顿斯特伦和瓦里斯（Nordenstreng & Varis）的统计，1972—1973年拉丁美洲的电视节目有一半来自国外；西欧国家的电视节目1/4～1/3来自进口节目；非洲某些国家包括埃及的电视节目一半以上是进口的，而有些国家特别是赞比亚和尼日利亚进口节目占总节目的2/3；中东地区国家的电视节目也有近一半是进口的。1979年联合国教科文组织在7个国家所作的研究结果再次表明，各国之间，包括工业化发达的国家之间，电视节目的进口量存在巨大差距。在作出上述统计几年之后，瓦里斯再次对电视节目的国际流向作了研究，结果表明，在全世界许多国家播出的电视节目中，进口节目仍占较大比例，西欧国家进口节目占30%～67%，拉丁美洲国家为25%～67%，阿拉伯国家为33%～50%，亚洲和亚太地区国家为3%～75%，非洲国家为31%～83%，进口节目的主要来源是美国，东欧国家的进口节目来源于苏联和西欧。而美国进口节目仅占2%，苏联占8%①，说明电视节目的流动是单向的。美国成为世界上占主导地位的电视节目输出国的原因主要是：第一，美国制作的电视节目总时数最多，具有丰富的节目来源。第二，美国电视节目以较低廉的价格出售，如在1982年，从美国购买一个30分钟的电视节目仅需30～15 000美元，其后价格虽然上涨，但仍是偏低的，根据购买国的市场大小决定节目的价格，这些价格远远低于一般国家制作同类电视节目的成本，从而鼓励了其他国家特别是拉丁美洲、非洲国家进口其节目，以弥补自身制作能力的欠缺。第三，西方国家长期培养起来的与发展中国家的政治、经济关系虽然在战后破裂，但是很多发展中国家的传播系统都是西方国家提供资金、设备和人员建立的，美国的三大广播电视网也分别与其他国家和地区建立了国际电视网等投资合作关系。

2. 国际卫星组织

国际卫星系统的发展，除了国际通信卫星组织和史普特尼组织外，还有几个区域性卫星组织承载公用载波，输送电视信号，它们主要是阿拉伯卫星组织、西欧通信卫星组织，私人国际卫星公司也开始出现。拥有卫星系统的国家包括印度尼西亚、印度、巴西、加拿大和日本，它们的邻近地区和国家都能接收到这些国家发送的电视信号，这是一种自然的溢波现象，因此以这种形式接收的外国卫星

① ［美］罗伯特·福特纳．国际传播："地球都市"的历史、冲突与控制．刘利群译．北京：华夏出版社，2000.179～180.

电视节目的数量并未列入进口节目的统计中。成立于1975年的欧洲航天局（ESA）是这个时期另一个重要的卫星组织，其主要任务是促进欧洲各国在太空科技领域的合作。自1979年起，欧洲航天局与欧洲通信卫星组织合作，提供卫星、运载火箭和卫星信号跟踪系统，旨在建立一个全欧卫星通信系统。法国和德国政府也开始拟订一项联合太空计划，1989年两国成功发射了TV-Sat2卫星，采用数字密码传送音像信号，需要专用的接收器来破解数字信号，才能供家庭用的模拟信号收音机和电视机使用。国际海事卫星组织成立于1976年，目的是便于船只确定自身方位，并在需要的时候发送求救信号，另外还提供电话、电传、数据传送和传真服务。阿拉伯卫星组织直到1985年才发射了第一颗卫星，但是由于使用率只有30%，一直亏损经营，出现庞大的财政赤字。鉴于此，其他一些地区性的卫星项目被停止，同时由于新的光纤技术的运用，发展中国家发展卫星的热情冷淡了下来。但是国际通信卫星组织在国际合作方面非常成功，到20世纪80年代中期，它已运载了75%的公共载波（电报、电话、电传、传真和资料）的业务，加剧了卫星服务市场的竞争。1984年，美国出于国家利益的考虑，决定建立独立的卫星系统；1985年，第三个国际性通信卫星组织——泛美卫星组织（PanAmSat，又称Alpha Lyracom）宣告成立，为美洲国家之间、北美与英国之间提供了卫星纽带。跨越国界的电视节目大都靠卫星来播放，国际通信卫星组织负责节目的承运。

3. 国际新闻流通

发达国家的通讯社采用卫星、微波和电缆技术，实现了洲际间新闻图片和国际新闻的传送。据估计，全世界每天即时国际新闻的80%由四大通讯社提供，用英文、法文、西班牙文、德文和阿拉伯文等向其他国家发送。1983年，美联社向115个国家的新闻媒体提供服务，路透社向158个国家提供服务。在这些新闻内容中，绝大部分是有关北美和西欧的报道，占所有报道数量的一半，其次是亚洲、远东、拉丁美洲、中东、非洲和东欧。由于不满西方和苏联通讯社的偏见，发展中国家开始建立自己的通讯社，开展了地区性新闻交换，将新闻的重点放在本国和邻国，以图在节目交换时摆脱大国的控制，其中最主要的是1976年在新德里成立的不结盟新闻共享机构，其目的是进行不结盟国家的正确的、真实的信息交流和传播。该机构的成员国到20世纪80年代后期增加到80多个，每天交换的新闻超过了四大通讯社。这一时期另一个地区性新闻交流机构泛非通讯社（Pan - African New Agency，PANA）成立于1983年，到80年代后期，其成员国达到44个。其他重要的通讯社还有南通社（南斯拉夫）、德新社（西德）和中东通讯社。

这一时期有些报刊也开始在国际上发行，提供了大量的国际新闻，其中较具国际知名度的报纸有《国际先驱论坛报》、《泰晤士报》、《金融时报》、《纽约时报》、《华尔街日报》、《今日美国》、《华盛顿邮报》、《洛杉矶时报》等，新闻杂志有《新闻周刊》、《时代周刊》、《美国新闻和世界报道》、《经济学人》等。这些报纸杂志在国外也设有记者站，主要报道国际新闻，但也特别关注北大西洋两岸的国家。

电视网络除了娱乐节目外，还向国外观众提供新闻报道，美国三大广播电视网——美国广播公司（ABC）、哥伦比亚广播公司（CBS）和全国广播公司（NBC）都向与它们签约的国家提供新闻报道或体育节目。1985 年，美国有线电视公司（CNN）开始将其新闻业务扩展到欧洲；1990 年，CNN 的业务繁忙，扩展到了 95 个国家。不过这些国外的电视新闻节目都仅限于大饭店和有线电视系统接收。20 世纪 80 年代，法国有线电视 Canal Plus 公司开始在世界各地播放其节目，而默多克（Rupert Murdoch）的新闻集团也在欧洲制作“空中新闻”。东西方之间电视新闻节目的流通仍继续被西欧国家控制，拉杜克（Le Duc）认为造成这种差异的主要原因在于东西方之间的新闻价值观的差别，对于东方国家来说，西方国家的报道“非常适于”揭露西方社会的弊端，而西方的新闻机构则对政治性很强的东方报道不感兴趣。①

在 20 世纪 70 年代开始的世界信息与通信新秩序的争论中，与其他传播方式相比，国际广播受到的批评较少，主要原因是：第一，用于国际无线电广播的频率未被分配，各国可以自由地将它们用于国内广播或国际广播。这虽然会导致信号互相干扰，但至少发展中国家可以和其他国家一样有机会使用这些频率，所以许多发展中国家在获得独立之后也开展了国际广播业务，到 1990 年，全球有 80 多个国家开展了国际广播业务。第二，“二战”后的 20 年是国际广播业发展最为迅速的时期。发展中国家在建立广播系统时得到了美英法等国家的帮助，这些国家的广播公司也顺带着在发展中国家扩展其业务。许多发展中国家最初使用短波进行国内广播，因为在殖民时代，它们已经建立起短波系统，而且短波比中波传得更远。但是由于对国内广播的不满使得人们看好国际电台，国际广播因而获益。第三，许多发展中国家，如古巴、埃及、印度、伊朗、尼日利亚、朝鲜和土耳其等国对国际广播的积极参与，使对发展中国家国际广播的批评减少，而且大多数从事国际广播的国家都是用落地国语言进行广播，这通常要求电台雇佣能够流利使用当地语言播音的人，这便照顾了文化的敏感性，减少了对国际广播的批判。

---

① ［美］罗伯特·福特纳．国际传播：“地球都市”的历史、冲突与控制．刘利群译．北京：华夏出版社，2000．194．

“二战”后，国际新闻发展的复杂性增加，原因有以下两个方面：第一，新的技术逐渐在国际新闻流通中占据重要地位。在原有的短波、电报和电话通信中增加了卫星通信，报刊的发行量越来越大，电视图像、新闻图片、现场直播等新闻新形式对广播提出了挑战。第二，意识形态之争的本质发生了变化，原来单纯的东西方对抗演变成了南北冲突夹杂社会主义与资本主义阵营的对垒，国家之间组成了地区联盟，资本主义国家与社会主义国家之间的差别缩小了，有时很难区分。这些变化导致出现更多的新闻报道，并且带来了新闻报道方式的革新，使得各新闻机构之间的竞争更为激烈。

4. 国际传播流通的评估

自 20 世纪 70 年代起，发展中国家先是将发展中的障碍归咎于世界经济秩序的不平衡，然后转向社会文化方面，包括南北半球信息流通的不平衡。从 1973 年的阿尔及尔会议正式提出要建立世界信息传播新秩序以来，发展中国家在各种国际会议和活动中，对它们所关心的问题展开争论，它们对国际电信联盟和联合国教科文组织等机构施加压力，促使这些组织对世界信息流通的现状进行了研究。

第一项研究由联合国教科文组织主持，具体由国际传播问题研究委员会从事研究，主要研究现代社会的通信问题。该研究表明，到 20 世纪 70 年代后期，电话和邮件主要集中在北美、西欧和苏联；它们的国家图书馆的藏书超过了世界上所有国家图书馆藏书总和的一半。相比之下，占世界人口 70% 的发展中国家，每年仅生产 20% 的书籍，大多数情况下发展中国家还不能满足其基本的通信需求。该研究还发现，从日报、收音机、出版物等人均情况来看，北美、欧洲、苏联与其他地区国家传播通信材料的分配也是非常不平衡的。

第二项研究是由国际电信联盟的世界电信发展独立委员会完成的。这项研究认为，世界人口的 2/3 无法使用电话，东京的电话多于非洲大陆电话之和。而且通过电信发展项目来纠正这种不平衡的做法并没有从根本上改变这种局面，电信技术的发展带来的进步速度非常缓慢。英国广播公司每年都对全世界广播的收听率和电视收视率进行评估，其结果总是显示出发达国家和发展中国家之间的巨大差距。美国之音和美国新闻署 1986 年的一项研究表明，某些发展中国家的广播收听情况实际上从 20 世纪 80 年代初期就开始恶化了，并且到 20 世纪末都不会恢复。

所有的研究都表明一个事实：发展中国家有理由要求人们关注其通信传播的能力问题。由此从 20 世纪 70 年代开始在国际传播领域内展开了关于建立世界信息与传播新秩序的激烈争论，并延伸到文化帝国主义的争论。虽然北半球国家对国际传播的控制已经从硬件转向对资源分配和内容的全面控制，但是发展中国家自身的发展及其对国际传播系统的看法日臻成熟，导致国际传播更加复杂。

二、后冷战时期的国际传播（1986 年至今）

这一时期最重要的变化就是苏联的解体，东欧和中欧社会主义阵营的瓦解，德国的统一，波罗的海诸小国的独立运动，以美国为首的西方国家对南斯拉夫、阿富汗、伊拉克等国的战争，以及进入 21 世纪以后相继发生的“颜色革命”和“茉莉革命”等造成北非、中东甚至欧洲部分国家政权的更替等。在这些重大的国际政治变革中，国际传播的作用显得益发突出。西方国家通过控制国际传播对社会主义国家实行和平演变，甚至动用武力打击与其对抗的小国。因为担心会失去西方发达国家的经济援助，发展中国家改变国际传播系统的要求不再那么坚决。20 世纪 90 年代以后，互联网的兴起对一些信息传播比较封闭的国家造成了重大的冲击，最终导致“颜色革命”和“茉莉革命”爆发。

20 世纪 90 年代初苏联解体后，冷战结束，国际传播正式进入多元化时期。主要表现为国际媒体种类多样化和运作的市场化，光纤、传真以及通过有线和无线网络的数据传输、收录机、录像机等新技术都加入到国际传播系统，互联网的出现极大地改变了国际传播的模式，各种媒体出现了综合发展的趋势，同时经济与政治仍然是国际传播中重要的因素。

1. 国际传播在社会主义阵营解体中的作用

苏联自戈尔巴乔夫上台后，发起公开化运动和停止干扰的措施，对西方国家的谴责逐渐减少，与美国和英国等国的国际传播流通关系缓和，并相继与美国、英国签订合作协议，西方媒体开始进入苏联。20 世纪 80 年代末 90 年代初，东欧剧变、苏联解体，大量证据表明这种和平演变主要是社会主义国家的腐败导致舆论失控以及西方资本主义国家操纵舆论的结果。霍夫曼 1991 年在《华盛顿邮报》中说：“天线、电话、传真机、卫星等已成为美国及其他国家让俄联邦总统鲍里斯·叶利钦和其他在列宁格勒、波罗的海等地抵抗政变的人了解世界上其他地方的人正在支持他们的工具。同样，这些渠道也让叶利钦及其支持者得以把重要的信息传到国外……另外，即使苏联政府对国内媒体实施了管制措施，然而，由于全球传播通信的发展，要想掩盖公众反对政变领袖的声音，已经是不可能了。”① 在“苏联政变”期间，西方广播电台延长了播出时间。政变开始时，叶利钦办公室的一名官员曾通过传真机联络了华盛顿的民主中心，将政变之事通告

---

① ［美］罗伯特·福特纳．国际传播：“地球都市”的历史、冲突与控制．刘利群译．北京：华夏出版社，2000. 225.

了美国。有的信息通过电子邮件传到美国，有线电视公司也不断通过卫星向苏联的各个旅馆传送信息，使当地的外国人及时了解他们所处的环境；美国电报电话公司还增设了通往苏联的国际电话线路。当然，对西方媒体的进入，苏联境内有赞成也有批评，但是人们都相信信息传播的力量之强大。

东欧大多数社会主义国家都进行了转向资本主义的和平演变，除了在罗马尼亚发生了暴力事件。罗马尼亚暴力事件的导火线是所谓的蒂米什瓦拉市大屠杀激发民众的游行示威，进而导致军队失控，总统被杀。而大屠杀的消息是国内反对派和西方媒体共同编造并传播的。苏联和东欧剧变说明，在现代社会，通过意识形态的渐变和舆论鼓动的和平演变，已经成为政权更替的主要方式。

2. 国际广播

虽然有各种新技术的加入，但是利用中波和短波进行国际广播仍是国际传播的重要方式之一，全世界有80多个国家利用短波将节目传送到其他国家，也有许多国家使用中波和长波甚至高频调频电台。在国际传播中，由政府控制或资助的广播电台继续扮演着重要的角色，非政府的国际广播机构和商业性、宗教性广播电台也在国际广播中占有一席之地。新的卫星服务改变了国际传播的信息环境，它可以提供即时的、现场的图像，同时也可以提供高保真的娱乐节目，其音质是短波所不能相比的，这导致了短波广播的听众锐减。20世纪末国外曾有学者预测，进入21世纪以后，由于国际形势的变化和电子技术发展等原因，国际广播将逐渐消亡，但是中国学者金初高等在十几年的时间里对世界各国国际广播进行的调查证明，这个预言已经被事实所否定[①]。无论是发达国家还是发展中国家的国际广播都得到了前所未有的增强，在1999年和2003年的资料中可以看出，当今世界国际广播硬件实力最强的七个国家依次是美国、俄罗斯、英国、德国、法国、伊朗和印度。美国官方公布的2002—2007年对外广播战略计划（以下简称“计划”）题目是：“使命与市场相结合”，确定美国对外广播的使命是：“用准确客观的新闻和信息向海外受众报道美国和世界，以促进并维护自由与民主。”“美国国际广播需要对其资源配置进行优先排序，以确保覆盖那些缺乏民主和正处于向民主制度转变的阵痛中的国家和地区。”[②]“计划”明确指出，美国广播管理委员会的全部目标就是建成一个日益有效的国际广播体系，以覆盖重要地区的受众，从而最大限度地支持美国在全球范围的战略利益。

---

① 金初高．当代各国国际广播硬件实力比较．当代国际传播研究．北京：中国国际广播出版社，2006. 41.

② 胡耀亭．美国的对外广播战略说明了什么．当代国际传播研究．北京：中国国际广播出版社，2006. 104.

3. 国际传播组织

国际通信卫星组织（Intelsat）的运作已经引起发展中国家不同程度的关注，参与会员国的数量呈上升趋势，到1989年共有117个会员国，使用其卫星系统的国家达到170个。卫星对发展中国家的通信活动形成冲击，卫星服务的费用取决于两个主要因素：空中设备的费用和地面站的费用。空中设备的费用已经减至最低，相应的导致地面站的费用提高了，发展中国家投资兴建地面站的费用平均是发达国家的两倍。国际通信卫星从低能量发展为高能量，而地面站则向小型化发展，这有利于发展中国家。但是很难协调发达国家和发展中国家的需求，发达国家需要的是高容量的传播技术，如快速的影像数据传输；而发展中国家主要使用低容量线路。新的卫星组织如泛美卫星组织，其市场主要是那些已有高容量的频道且光纤网络已得到发展的国家。另外，国际通信卫星组织被人批评已变成一个商业性的垄断组织，阻挠竞争机制和新生事物。尽管有许多批评，但它仍然是国际传播系统中对电信和广播电视的运用起重要作用的国际组织。其他卫星组织如泛美卫星组织、国际海事卫星组织等也加入了国际通信卫星组织。

南斯拉夫内战使不结盟运动受到削弱，非洲的泛非通讯社也不景气，针对发展中国家提出的发展理论遇到挫折。联合国教科文组织开始失去其在国际传播问题研讨中的关键地位，不过仍然在全球性通信和数据流通方面起着重要作用。1995年世界贸易组织建立，由于欧盟同意将传播业列入“服务业”（文化例外），世界贸易组织成为国际传播斗争的中心舞台。1997年在世贸组织支持下签订的三项主要协议对全球贸易尤其是信息和传播相关领域具有深远影响，这三项协议主要是电信的自由化、取消信息技术产品的进口关税和开放财经服务领域，其中对国际传播意义最大的是关于基础电信服务的《服务贸易总协定第四协议》，它迫使电信服务领域占世界93%的69个签约国在他们的国家实现电信自由化，虽然广播电视节目的传播不包括在内，但签约国不得不允许国际电信集团进入其国内市场并给予其平等的待遇。由于美国传播技术的先进性，这些协定为美国公司开辟了更多的国际市场。

4. 电视和直播卫星服务

美国仍然主宰着全世界的电视娱乐市场，原因有以下四个：第一，美国制作的电视节目多于世界上其他任何国家，因此有更多的节目可供出售；第二，如果要制作同等长度的节目，美国批准节目所需的费用低于其他国家；第三，美国的电视网可以利用与其他国家形成的长期的经济关系；第四，美国的电视节目与全球电视市场具有文化兼容性。[①] 如在全球共有两亿多家庭都可以接收到音乐电视。但是西方特别是美国电视节目的支配地位已经开始瓦解，其他国家正在逐渐提高其本土电视节目的制作能力。同时，使用相同语言和具有相同文化价值的国家也开始互相交流节目，如拉丁美洲和中东地区的国家，在拉丁美洲最主要的交换节目是该地区最受欢迎的肥皂剧，制作用于交换肥皂剧的国家主要是巴西、墨西哥、委内瑞拉和阿根廷。阿拉伯国家主要通过阿拉伯卫星系统（Arabsat）向阿拉伯国家联盟的成员国提供新闻报道、娱乐节目、通信服务等。随着各国电视逐渐私有化和电视技术从模拟信号演变为数字信号，参与电视交换的重要性日益增加，引起了各国的重视。

直接通过卫星特别是直播卫星传送国际新闻和娱乐节目打破了许多国家内部形成的限制本国民众接收信息的垄断，国家传播管理部门不得不开始争夺观众；同时，不断增多的频道也引起了人们的担忧，市场竞争带来电视节目的粗俗化和商业化，缺乏文化特色，引发了人们对文化同化的担心。为了阻止美国的电视节目越来越多地流入欧洲，欧洲经济共同体要求欧洲国家电台播出的节目应该以本土节目为主。1991 年，法国、意大利、西班牙和比利时开设欧洲新闻电视台（EuroNews），在欧洲同美国有线电视公司（CNN）抗衡。许多国家都开始将直播卫星用于国内的广播电视，对国外卫星电视的落地进行限制。最著名的利用卫星接收和传送国际新闻的机构就是美国有线电视公司，其他还有天空新闻（Sky News）、维视新闻（Vis News）以及 BBC 国际（环球）电视新闻（WSTV）。这些全球新闻报道机构彼此间建立了交流合作关系，当重大事件发生需要即时报道时，它们可以使用对方的新闻报道。新闻节目中常有的现场报道，其音频信号先向上传输到国际海事卫星组织，再直接接到各国国内的电话系统上。这种现场声音的传输使用便携式的尖形的地面收发站，它备有蝶形天线、发电机或电池组，大约只需要 15～20 分钟就可完成组装。

5. 国际互联网带来的变革

互联网开始于 1969 年，是美军在美国国防部的阿帕网制定的协议下将美国几所大学的 4 台主要的计算机连接起来，此后其他的大学和部门也相继加入。1983 年，美国国防部将阿帕网分为军网和民网，互联网逐渐形成，许多商业性的公司相继加入。互联网的迅猛发展和普及是在 20 世纪 90 年代，90 年代后期互联网已经成为世界性的第四媒体，这标志着传播新时代的到来。互联网凭借其巨大的能量在世界范围内纵横驰骋，渗透到社会生活的每一个角落。2011 年 1

① ［美］罗伯特·福特纳．国际传播："地球都市"的历史、冲突与控制．刘利群译．北京：华夏出版社，2000．262．

月国际电信联盟在网上公布的数据显示，2010 年底全球网民数量估计达到了 20.8 亿，网民数量占全球人口总数的近 1/3，其中 57% 的网民来自发展中国家，超过了发达国家。互联网使那些在传统上彼此独立的传播技术出现了逐渐融合的趋势，这样就有必要根据技术革新，重新审视国际传播。互联网给国际传播带来的变化主要有以下三个方面：第一，国际传播主体的多元化。在网络上，任何个人、组织和企业发布的信息、视频、言论等都有可能在世界范围流传，使其成为国际传播的主体，然而重大的国际新闻及其细节仍然以国际新闻媒体的报道为主。第二，国际传播媒体种类的多样化和融合。互联网集文字、图片、声音、图像于一身，报纸、广播、电视、电影、书籍、杂志等传统媒体在网络上实现融合，因此，新一代的跨国传播公司多是集电视播放、电视节目制作、电影、报刊、图书出版、音乐制作、通信广播器材生产等于一体的巨型公司。第三，传播内容的多样化。由于传播主体的多样化，国际传播的内容不再局限于以往的国际政治、经济，新闻议题不再被官方和媒体所把控，不再都是重大的国际事件，而是更多地关注民众的声音，体现民众的文化和生活。由于国际网络中主要使用的是英语，美国和英国在国际传播中的影响力进一步增强。

传播技术越来越尖端，人们对传播工具的依赖程度也越来越高，国际传播的功能和影响变得更加多元而广泛。然而，还应该清楚认识到的是，冷战的结束并没有使世界太平起来，世界各国仍在意识形态领域这个没有硝烟的战场中不断拼杀。西方大国逐步认识到和平演变的重要性，第三世界国家成为他们媒介霸权争夺的最后疆场。直到今天，各类国际传播媒介仍然是各国政府为推销其政治立场、观点及价值观念和生活方式的最有效的途径之一。

第三章 世界信息与传播新秩序

人类社会的各个领域都在飞速地朝着全球化的方向发展，但是，全球化的意义对每一个国家和民族并非都是相同的；现行的全球性信息传播系统也并不是一个机制合理、结构平衡的系统。在国际传播和全球传播中，存在着许多尖锐的矛盾和问题，这些矛盾和问题已经引起了全球性的论争。世界信息与传播新秩序就是20世纪70年代继国际经济新秩序之后众说纷纭的国际性议题。

第一节 国际传播秩序的失衡状况

人类世界是由不同国家、民族和文化构成的多元世界，如果说，国际传播的终极目的是为了加深不同国家、民族和文化之间的相互沟通和理解，实现全人类的共同繁荣和发展，那么，每一个国家和民族、每一种文化都应该拥有均等的传播机会，这种传播应该是双向的、对等的。然而实际并非如此，考察国际传播的状况，人们不难发现，因为经济和技术因素的作用，相对富足的西方国家，尤其是美国，拥有较强的媒介生产能力，这就使得国际传播中信息生产和流通系统出现了严重的失衡。20世纪80年代，美国是世界上最大的服务业输出国，其中包括数据服务，同时，美国还利用其国际地位迫使国际社会为服务业（特别是数据服务）提供一个开放的环境。1990年，仅信息技术一项，全球共有2 000亿美元的市场，而美国公司就占了一半，是全世界唯一的最大的信息科技市场。1990年联合国教科文组织（UNESCO）公布的统计数据揭示了国际传播的不平衡状况：

——1987年，全世界生产电影3 040部，发达国家为1 900部，发展中国家为2 140部，在这里，体现巨大差异的并不是生产量，而是进口量：仅美、法、意、英、德五个国家就占据了世界电影总出口量的80%～90%。而美国对其他国家的出口动辄就冠以“倾销”的罪名。

——1988年，全世界每天出版8 500余种报纸，总发行量达5.7亿万份，其中，西方发达国家占总发行量的70%，而拥有世界3/4人口的发展中国家仅占

30%。日报每千人的拥有量，发达国家为337份，发展中国家仅为43份。

——1988年，全世界出版书籍共83.45万种，其中发达国家占73.5%，发展中国家仅占26.5%。每百万人平均书籍出版的种数，发达国家为507种，发展中国家为57种，仅仅是发达国家的1/9。

——1988年，发达国家拥有全世界电视接收机的77%和电视发射系统的84%，发展中国家仅占23%和16%。同年共有184颗通信卫星在地球静止轨道（同步卫星）上运行，其中发展中国家发射的只有17颗，不到10%。

虽然已经过去20多年，但是上述情况至今仍然存在。联合国教科文组织于20世纪70年代中期制定的发展中国家在20世纪末的最低限度突破的标准——日报的千人拥有量是100份，2003年挪威每千人购买报纸量为705份，日本为650份，而中国每千人拥有量只有70多份。2009年国务院新闻办发布的《国家人权行动计划（2009—2010年）》宣称，到2010年，千人日报拥有量力争达到90份。联合国一项调查结果表明，全球每周有将近25万小时的电视节目播出时段，而美国在其中占据了9万多小时，为最大的电视节目出口国。据统计，各国进口的电视节目75%来自美国，美国的影视产品在英国占91%，在荷兰、瑞典和德国占70%，在第三世界国家更是占到了75%以上。[①] 大量具有北美或"中部大西洋"文化特征的文化倾泻对受众接受该国本土文化产生了强烈的冲击，对其传统文化提出了挑战并造成了相当程度的瓦解。

西方一些发达国家面对美国的强势文化产品的冲击，尚能利用自身较为雄厚的经济力量不断加强本国媒介实力，相继制定措施，规定本国的电视节目中本土电视节目的数量和比例，限制过多地播放美国的电视节目。如1989年欧共体通过了《跨国界电视公约》，其中强调要"对电视广告制定时间限制"、"重视电视节目对未成年人的影响"，并提出"将欧洲制作的节目增加到50%以上"的目标。进入20世纪90年代，欧共体大多数成员国都以"比例制"对电视节目播出实行了一定程度的限制。1992年，在欧盟各国总体电视节目中，欧洲本地生产的节目比例达到了66.6%。对于西欧的这些措施，美国参众两院以"违反关贸总协定"为由，曾通过决议表示抗议。同时，这些发达国家也在不遗余力地向广大发展中国家输出自己的文化产品。因而，对于大多数经济困难、技术落后的第三世界国家而言，美国及西方其他发达国家所带来的双重文化侵略使他们面临的国际传播形势更为严峻。

国际传播秩序中不平等的现象还包括以下四个方面：

---

① 刘继南，周积华，段鹏等．国际传播与国家形象．北京：北京广播学院出版社，2002.18.

1. 传播媒介分布不平等

发展中国家与发达国家相比，在媒介数量和节目数量上存在着巨大的差异。例如，20 世纪 90 年代中期，全世界开办国际卫星电视的国家和地区近 20 个，有卫星电视台 50 座，在世界各国各地区传播的卫星电视节目有 300 多套，但其中大约有一半来自美国，另一半的绝大部分来自其他西方国家，发展中国家在其中只占很小的份额。

2. 传播技术发展与资源分配上的不平等

国际传播的主要资源是无线电频率和卫星驻留轨道点，联合国在这些资源分配方面实行先到先得的原则，发达国家利用其在经济和技术上的优势抢先瓜分了这些国际公共资源，如仅占世界 20% 人口的发达国家控制了 90% 的无线电频率。

3. 传播信息流量和流向的不平等

发达国家由于在国际传播媒介上占有绝对优势，因而大量的国际信息是从发达国家流向发展中国家的。据统计，发达国家拥有世界信息总量的 80%，而占世界人口 80% 的发展中国家却只拥有信息总量的 20%。

4. 传播内容的不平等

在内容上，发达国家总是对发展中国家心存偏见，以西方的价值观去选择事实，对发展中国家的报道基本上都是负面性的。西方国家还通过宣传西方的个人主义、消费主义、享乐主义等价值观和生活观，以资本主义的生活方式推动着社会主义国家和发展中国家民众文化价值观念的变化，甚至导致这些国家政治体制的变化。

以上种种不均衡、不公平、不合理的国际传播秩序的现状，给第三世界国家造成相当大的负面影响。造成这种状况的原因是多方面的，既有历史原因，也有现实因素。从历史上看，这种国际传播秩序与格局带有明显的殖民统治时期所遗留的阴影，新独立的第三世界国家无法在上述方面与发达资本主义国家抗衡；从现实来看，这种国际传播的旧秩序同世界经济的旧秩序有着千丝万缕的联系，发达国家与发展中国家在经济发展和财富分配上的极大悬殊，是造成国际传播旧秩序的根本原因。此外，绝大多数发展中国家落后的文化科技也在一定程度上限制了其国际传播事业的发展。

世界信息的生产和流通的这种不平衡、不平等的结构，并不是可以等闲视之的。在信息时代，信息不仅作为一种基本资料对国家的经济发展起着重要作用，由于它含有特定的观念、价值和意识形态，其对一个国家的政治和文化也产生重要的影响，从而影响一个国家的软实力。信息和传播上的劣势，意味着在国际竞争中的劣势，意味着信息主导权受到控制和支配。意识到这一点，从 20 世纪 70 年代开始，日益觉醒的发展中国家开始发出要求改变现状、建立“公平、合理”

的新世界传播秩序的强烈呼声，并同发达国家展开了一场旷日持久的激烈论战，这场论战至今依然有着深远的影响。

第二节　世界信息与传播新秩序的论争

虽然国际传播长期存在着严重的系统性偏见，但第三世界国家正式提出建立国际信息新秩序却是在20世纪70年代。世界信息与传播新秩序（New World Information and Communication Order，NWIC）又称世界资讯新秩序、世界信息与通信新秩序等，就是要在信息流通和内容上寻求一个更公正、更平等的过程，将寻求国内传播政策的自主权利体现在国际层面上，更正确地反映发展中国家的愿望和活动，实现信息的双向流通。

一、论争提出的时代背景

世界信息与传播新秩序概念的提出有着深刻的历史背景。首先，发展中国家在国际舞台上有了发言权。“二战”后，亚、非、拉美许多弱小国家从殖民统治下获得了解放，发展中国家的数目和人口远远超过了发达国家，在20世纪60年代的国际组织特别是联合国及其所属机构中，第三世界国家发展成为表决的多数集团。但是由于长期的世界殖民体制的影响，发展中国家与发达国家之间的经济差距还是巨大的；同时，发达国家依然顽固地维持着发展中国家在政治、经济和文化等多个领域对发达国家的依附关系，控制着新闻和信息的生产与流通。发展中国家要求国际社会赋予它们完全的平等，尊重它们的要求和观念。自20世纪70年代初期起，发展中国家先是将发展中的障碍归咎于世界经济秩序，然后又转向社会文化方面，特别是南北半球之间信息流通的不平衡。从此，发展中国家将它们所关心的问题在各种国际场所展开争论，它们不仅在不结盟运动中，而且还在联合国大会、联合国教科文组织、国际电信联盟及其各个世界性和地区性会议以及其他特别会议中展开辩论。

其次，20世纪70年代，新的传播技术开始出现或是即将出现，为新秩序的建立提供了潜在的基础。美国和苏联都已经将第一颗通信卫星送入轨道；已经成立了一个国际性的通信卫星组织，从事同轴电缆分配系统的实验，讨论直播卫星的应用技术；工程技术人员也在预测光纤、激光和数字传输作为通信设备的未来前景。1975年，美国电报电话公司对电话的垄断地位被打破；日本和西德的公司如东芝、索尼和德律风根公司，与美国、英国、荷兰和法国公司一起，成为主要的电信设备供应商；石油输出国组织的成立显示出发展中国家有利用自然资源的基础与潜力，同工业化国家确立新的经济关系。对一系列问题的争论——卫星在通信和广播上的应用、光纤的使用、高清晰度电视的出现、国际短波业务的重新配置、通讯社使用较新的传输技术的可能性等——一直在国际上持续存在。发展中国家担心在新的传播技术应用方面会被别国特别是美国、日本和西欧等传播技术发达国家所忽略，更抱怨在新闻流通方面不能自主地向世界发布自己的信息。发展中国家对这一时期的传播流通发出质疑，提出要建立国际传播新秩序，以便纠正这种不平衡。发展中国家对国际电信联盟和联合国教科文组织等机构施加压力，促使这些组织对世界信息流通的现状进行了研究。

在国际传播新秩序的论争中存在着鲜明的两大阵营：发达国家与发展中国家。发展中国家进一步分为社会主义国家（第二世界国家）和第三世界国家。“第三世界国家”作为一个类别，只是指称那些发展程度低或发展中国家，以区别于那些紧紧依附于苏联的第二世界国家，所以原来的发展中国家仅指第三世界国家。苏联解体后，第二、第三世界的划分就没有那么清晰了，仍存在的社会主义国家实际上都是发展中国家。但是在发展中国家之间也存在一定的差异，如发展中国家韩国、新加坡等亚洲新型工业化国家，它们发展得相当富足；而索马里或海地这样的国家，它们经历着绝对的贫穷和边缘化，一点发展的迹象都未显现。由于发展中国家普遍弱小，他们必然采取联盟的形式。

二、论争的过程

世界信息与传播新秩序成为 20 世纪 70—80 年代近 20 年的时间里，以联合国教科文组织为主要舞台，在各种国际机构和国际场所展开，以美英等发达国家为一方，以社会主义国家和发展中国家为另一方的两大阵营激烈论争的重要主题。这场论争可以分为以下三个阶段：

（1）第一阶段以 1973 年的《阿尔及尔宣言》为起点，到 1978 年教科文组织发表《大众传媒宣言》。这个阶段是发展中国家力量的集结时期，不结盟运动在这个过程中发挥了重要作用。1973 年，在阿尔及尔召开的第四次不结盟国家首脑会议上，首次提出“关注大众传播领域的工作”，以“促进不结盟成员国之间的信息进一步相互传播”为宗旨。在 1976 年 3 月不结盟运动突尼斯研讨会发表的最后报告中，不结盟国家对现行的世界信息秩序进行了严厉批判，首次提出了建立“国际信息和传播新秩序”（New International Information and Communication）的要求，提出了“消除信息领域的殖民化”和“创造新型国际传播秩序”的口号。同年，不结盟国家还在印度举行首脑会议，并发布了《关于信息非殖民化的新德里宣言》，其中指出：世界上的信息流通处于严重的不合理和不平衡状态，信息传播实力集中在极少数发达国家的少数通讯社手中，这种状况延续了殖民地时代的主导与依附关系。所谓的信息自由只是少数发达国家根据自己的意志选择和传播信息的自由，而发展中国家只是被动地接收和依赖发达国家的信息，并且被迫忍受对自己形象的歪曲，不结盟运动国家尤其是这种状况的受害者。这个宣言在世界上产生了广泛的反响，成为团结广大发展中国家的重要指针。

1976 年 8 月，不结盟国家首脑会议在科伦坡举行，并在《政治宣言》中宣布："信息与传播领域的国际新秩序同国际经济新秩序一样重要。"1976 年 10 月，发展中国家向第 31 届联合国大会和第 19 届教科文组织大会提交了旨在建立国际信息传播新秩序的议案，正式向以美国为首的西方国家在国际传播中的霸权地位提出挑战，联合国教科文组织接受了该议案，并将"国际"改为"世界"，自此，争论的中心舞台移到了教科文组织。"建立世界信息和传播新秩序"的口号很快得到了社会主义国家的支持，但是引起了西方尤其是西方商业媒介的不满，美国成立了世界新闻自由委员会，"致力于在国际政府机构中进行全球斗争，击败'世界信息与传播新秩序'中的专断诉求"①，由此展开了一场信息战。

（2）第二阶段从 1978 年联合国教科文组织大会发布的《大众传媒宣言》，到 1980 年麦克布莱德委员会报告《多种声音　一个世界》（*Many Voices*，*One World*）的发表，是争论不断走向激化的时期。《大众传媒宣言》酝酿的历史可以追溯到 1970 年，在教科文组织会议上，有的国家提出了一项"禁止将信息媒介适用于宣传战争、种族歧视和煽动民族仇恨"的决议案，对此，不少国家认为教科文组织无权制定对各国政府具有强制力的禁止性决议，而在发表一项有关传媒规范的共同宣言上达成了妥协。但是，由于发达国家与发展中国家的意见对立，宣言草案的协商一直不顺利。1976 年 6 月，教科文组织在哥斯达黎加举行的拉丁美洲地区性会议上，通过建立拉丁美洲新闻通讯社的决议，借以改进国际新闻流通不平衡的状况。7 月在印度的地区性会议上又决定建立第三世界新闻通讯社联盟，并在科伦坡举行的不结盟国家第五次高层会议中获得批准，该联盟规定：在不结盟国家内，取消西方通讯社的采访权与发稿权，而由第三世界通讯社联盟与西方通讯社交换新闻，并主张国际新闻平衡流通而不主张新闻自由流通。但在 11 月举办的教科文组织第 19 届年会上，南斯拉夫提出应在宣言中加入"犹太复国主义等于种族歧视"的内容，美英等 12 个西方国家的代表则以退场表示

① ［芬］卡拉·诺顿斯登．世界信息与传播新秩序：浴火重生的主张．徐培喜译．中国记者，2011（8）．

抗议；而主张限制新闻自由、新闻媒介由政府管理等议案也由于过分激烈遭到西方国家的抗议，为避免决裂，各种议案均未付表决。1977 年 11 月，联合国教科文组织成立国际传播问题研究委员会，由教科文组织理事长孟包（Amadon-Mahtar M'Bow）和爱尔兰前外交部长、国际特赦组织创始人、诺贝尔与列宁和平奖获得者麦克布莱德（Sean MacBride）负责，又称“麦克布莱德委员会”。该委员会由 16 个国家的著名传播学者组成，中国未加入。

1978 年，在巴黎举办的教科文组织第 20 次大会以全票通过了《大众传媒宣言》，但这个宣言相比 1976 年的要温和得多，它只规定了大众传媒活动的一般准则和规范，如维护信息自由和人权、反对种族差别和殖民主义、推进和平和国际理解等，并没有解决任何实质性问题，因此，这个宣言并没有引起各国的重视，甚至在新闻传播学界也没有引起多大反响。但是麦克布莱德委员会经过两年的调查研究，在 1980 年完成《多种声音　一个世界》的报告。该报告充分反映了不结盟国家的投诉，但也是在两个极端之间妥协的结果，兼顾了西方社会的顾虑。该报告的主要内容有如下十点：

①不平衡是现行国际信息秩序的基本特征，必须加以改变；

②不管是公共性质还是私人性质，过度的集中垄断都会产生负效果，必须加以解消；

③为了保证信息与观念的自由而平衡的流通，必须从内部和外部清除某些障碍；

④必须保障信息来源与传播渠道的多元化；

⑤应保障传播媒介中的新闻工作者的自由，而这种自由与责任是不可分割的；

⑥发展中国家必须通过整备自己的信息设施和媒介、训练人才等措施来提高自己改变现状的能力；

⑦发达国家应该通过实现上述目标来显示自己真正的诚意；

⑧必须尊重不同民族的文化特点，以及各民族向世界人民传达自己的利益、愿望以及社会和文化价值的权利；

⑨必须尊重所有国家的人民在平等、公正、互惠的基础上参与信息的国际交流与交换的权利；

⑩任何民族、社会群体及个人都拥有接近信息来源以及积极参与传播过程的权利。

该报告的内容还包括派驻外国的新闻人员要认识当地的文化历史及政治、经济情况，以避免报道上有偏见；呼吁各国尽量协助外国新闻人员采访、予以方便；建议各国尽量减少商业化对传播信息造成的负面影响；发达国家应尽量与发展中国家分享它的技术知识；地球同步的太空轨道应被视为全人类的财产而公平共享。

这份报告虽然认为西方通讯社控制了国际新闻的发布，但同时指出它们是目前最可靠的消息来源。它建议发展中国家培养、提高自己的新闻传播能力以弥补这方面的不足，同时亦指出西方新闻一面倒的现象之所以存在，是因为发展中国家缺乏有能力的新闻传播人才。

这份报告和决议在1980年的教科文组织贝尔格莱德大会上获得通过，意味着发展中国家在世界信息与传播新秩序之争中取得了重大胜利，发达国家的独霸权受到了前所未有的严重挑战。这个结果，当然是美英等西方发达国家所不甘心接受的。1981年，代表西方国家垄断大媒介利益的国际性院外活动集团——“世界自由出版委员会”（WPFC）共20多个国家在法国的塔卢瓦尔举行了“自由之声”会议，通过了与建立国际传播新秩序针锋相对的《塔卢瓦尔宣言》，该宣言认为教科文组织上述决议将会导致各国政府对新闻出版自由的控制，关于世界信息传播新秩序的论争本身对报道自由和言论自由的基本原则就是有害的，西方国家在这个问题上付出了过于昂贵的代价，必须坚决予以抵制和反对。世界新闻自由委员会（The World Press Freedom Committee）下属的一些新闻组织如国际记者协会、美国的通讯社和报纸发行协会等，都对报告提出的“反对媒体和传播工具的私有”以及广告滋生社会问题的说法进行了批评。由此，一场国际性论争就在联合国教科文组织和联合国召开的一系列国际会议上展开。经过长期的论争，发展中国家取得了一定的成果，一些西方国家已经同意将他们所宣称的“信息自由流通”改为“信息自由而平衡的流通”。美国在其反对新秩序的种种手段未能奏效后，以联合国教科文组织充满了反西方论调、具有危及新闻自由和自由市场的因素、活动过于政治化、组织管理混乱等理由，于1983年12月表明了退出的意向。1984年12月，美国正式宣布退出教科文组织，里根政府把联合国教科文组织称为“第三世界批评美国和以色列的讲坛”。时任美国国务卿舒尔兹指责教科文组织是个“浪费的官僚组织”，“具有第三世界偏见”。美国还抗议该组织的运作方式以及实施“新世界资源和信息秩序”计划，抨击这一计划会“限制出版自由”。美国宣布退出之后，1985年，英国和新加坡也同时退出教科文组织。

（3）第三阶段是从美英等国退出教科文组织至今。在这个时期，由于美国的退出，教科文组织财政发生了困难，不得不作出某些让步。在教科文组织的经费中，美、苏、日本、西德、英、法等国家分担了70%的固定预算，特别是美国分担了近1/4，美国及西方国家在出钱之余，还得遭受许多抨击与抵制，其心理的挫折可以想见。美国的宣布退出对很多国家固然是一大震撼，反应却各有不同。许多西方国家对美国的立场表示同情，有些则持保留态度，欲静观其变。有一位过去在教科文组织中工作的人士说：“没有世界上最有钱的国家来支持，这个组织将无法长久而有效地运作下去。”也有人认为美国对国际组织长期不满，却苦于无发泄之方，退出教科文组织只是找一个最小、最不起眼的机构来发泄心中之不平。建立世界信息和传播新秩序的论争到20世纪80年代后期基本结束，但是，关于建立世界信息和传播新秩序的基本原则一直得到广大发展中国家的坚定支持。除了不结盟国家会议外，民间团体及传播事业团体接手延续下去。特别是20世纪90年代后转向了民间的专业组织及学术机构。20世纪80年代中后期，苏联及东欧社会主义阵营解体，世界格局发生了重大的变化，在这个过程中，西方传媒的活动起了重要的作用。1991年的海湾战争，西方尤其是美国传媒对这场战争报道的绝对控制，引起了全世界人民的担忧。新跨国传播技术尤其是卫星直播广播电视的发展，使得“信息主权”以及“文化冲突”等问题受到更广泛的关注，这些变化为世界信息与传播新秩序问题赋予了新的内容，全球化成为两大阵营媒介辩论的主导概念。从20世纪80年代后半期起，世界关贸总协定演变成世界贸易组织，并成为新的传播秩序的论争中心。由于传播业被归类在“服务业”中，固守本国文化阵地的欧盟和进行世界文化扩张的美国在世贸组织中短兵相接，结果是1993年12月15日以欧盟的战略失败而告终——视听产品今后与其他服务业产品一样，要服从自由交换的规则。

当然，离开教科文组织，对美英等国来说也是一个损失，它们失去了在发展中国家及苏联都很重视的组织内的发言权，并且当教科文组织在国际传播、科学资讯流通、教育计划交换方面继续讨论、决议时，美英等国的政治和商业利益或多或少地会受到波及。英国已于1997年重返该组织；2003年10月1日，美国重新成为联合国教科文组织的成员。有学者分析美国成为当今世界唯一超级大国，军事力量无与伦比，但在文化等“软权力”上却威风不再。“9·11”事件曾给美国人当头一棒，促使他们去思考“世界为什么仇视美国”，结论是“世界不了解美国”。美国调整了其国际宣传战略，加强与世界的交流沟通，利用联合国教科文组织传播美国的正面形象，重点改变中东地区民众对美国根深蒂固的偏激看法。这也是它重返联合国教科文组织的原因，而联合国教科文组织也顺应美国的要求，对教科文组织管理工作进行了一番整顿。美国的重新加入又引起国际社会的担忧：“在国际社会对恐怖主义定义存有分歧的情形下，美国会不会把教科文组织当做以自身标准确立的反恐战争的又一舞台？美国会不会利用‘人权’把教科文组织搞得过于政治化，或以‘老大’自居，大肆推销自己的文化而不尊重别国文化？在经济方面，美国回归能否如外界所希望的那样为该组织带来滚滚财源？组织内部人士也心存疑虑。”[①]2007 年，新加坡重返教科文组织。

第三节 论争的实质

世界信息与传播新秩序之争的核心，是如何看待信息的“自由流通”问题。

一、发展中国家的意见

社会主义国家和第三世界国家的利益并不完全一致，意识形态更是不同，但是它们在对待西方国家的信息流通方面有很多共同点，它们都采取措施在国内努力限制西方信息的自由流入，在以信息控制为焦点的世界信息与传播新秩序论争中成为盟友。发展中国家并不一概地反对信息自由，但主张自由首先应该表现为对各国民族的传播权利及机会的尊重和保障；在信息的生产和流通结构不平等、少数发达国家对信息技术和媒介保持着高度垄断的现状下，所谓自由流通只不过是少数传播大国的特权。

社会主义国家反对西方关于信息自由流通的观点，同时也拒绝承认西方所谓的社会主义国家控制媒体、西方媒体自由的观点，认为西方的新闻机构受经济利益的驱使，不可能做到真正的客观、公正；它们反驳了西方关于社会主义国家政府控制的新闻业没有自由的说法，认为社会主义国家传媒是促进社会主义建设的教育工具，政府体现了人民的意愿，媒体服务于人民，因此，传媒是在政府领导下的宣传工具，起到号召人民实现经济目标和改变伦理道德观的作用。为了限制西方信息的输入，社会主义国家采取了各种手段，包括干扰无线电信号、限制西方科技产品（如计算机、高质量的短波收音机和出版物）的进口等，直到苏联戈尔巴乔夫提出公开性概念和社会主义国家的改革之后，在信息控制方面才逐渐宽松。在信息的国际流通方面，它们支持达成政府间协议，互相尊重主权，互不干涉内政，进行有控制的信息流动。

第三世界国家也希望利用媒体达到其经济目标和政治目标，但是它们认为这种努力被旧信息秩序中的严重不平衡所破坏，影响了发展中国家对本国信息资源的使用和国际传播资源的获取，而西方国家及其媒体对发展中国家的问题、需求表现冷漠，还将自身的世界观强加于发展中国家，导致殖民主义的残留。它们抵制西方的新闻自由、言论自由等信条，因为发展中国家政治上尚未成熟，这些信

① 王义桅．反恐的观念之战．南风窗，2003（20）．

条极易引起分裂和动乱。发展中国家认为国家主权和信息自由流通是对立的，特别是在国家建立时期，为了强调国家主权、文化特质，对新闻、资讯进行部分的控制是应该的。为了矫正西方媒体在信息流通的数量和质量上的不平衡，发展中国家提出建议，要求颁发记者执照，建立新的新闻采集、分发系统，以提供较多元化的报道；有计划地保留频谱和卫星轨道，以满足发展中国家未来的传播需求。这些提议使西方政府难以容忍。

二、维护旧秩序的发达国家

旧的信息传播秩序受西方发达国家信息自由流通思想的支配。西方发达国家（第一世界国家）主张世界范围内信息的自由流通，反对人为地对信息流通进行控制或干涉。美国是在传播领域主张自由流通的主要倡导者，维护新闻的自由市场，“美国对直播卫星的中心看法是：信息自由流通是一种客观力量，不伤害任何国家。维护一个思想和信息开放的市场对国际社会的健康发展至关重要”①。这种观点当然有助于占有经济和科技优势的发达国家的信息大量、单向地流入发展中国家。

信息自由流通的观点也是经过漫长而又艰苦的历史过程才被主要的世界性和地区性人权宣言和公约认可，1789 年其在法国的《人权与公民权利宣言》中首次被确立；1791 年，美国《宪法》第一修正案规定议会不得通过任何限制言论自由或出版自由的法律；1945 年美洲国家会议通过的《查普特佩克法》第一次提出了“国际信息自由流动”的观念；1946 年信息自由流通的原则被美国控制的联合国教科文组织所接受；1948 年《世界人权宣言》规定，人人皆有通过任何媒介和不论国界寻求、接收和传递信息的自由；1971 年记者联盟的代表们通过《慕尼黑宣言》也接受了同样的观点：“获得信息，言论和批评自由的权利是人的基本权利。”②

但是联合国所设想的自由最后反而加强了北半球工业大国的霸权，发展中国家根本没有机会过问信息自由的标准。西方发达国家虽然也承认双方传播能力的差距，但是它们认为科学技术的最终发展将会解决传播方面的所有问题，发展中国家可以通过引进西方发达的传播科技，借由新闻媒介传播西方先进的观念，从而改变发展中国家的落后状况。而且发展中国家确实取得了一定的进展，特别是它们加入了国际通信卫星组织、世界银行、国际电信联盟和其他外国政府和企业

---

① ［美］罗伯特·福特纳．国际传播：“地球都市”的历史、冲突与控制．刘利群译．北京：华夏出版社，2000. 195.

② ［法］洛特菲·马赫兹．世界传播概览．师淑云等译．北京：中国对外翻译出版公司，1999. 307.

赞助的援助计划之后，技术方面的需求得到了满足。同时，他们又认为，在对有限的国际传播资源进行分配时，应优先考虑那些马上就要使用的国家，而不应该留给未来的使用者。

以美国为首的西方国家认为，新秩序只是在苏联的授意下第三世界国家设计的通过国家制度来控制大众传媒的方案，是第三世界国家独裁者窒息媒体自由、强制审查和排斥外国记者的借口，是国家的干涉主义。西方主流学者认为，第三世界国家以国际信息新秩序作为托词，实际上是为了维护其内部形势的稳定而压制言论自由。

美国维护旧秩序的原因在于维护其跨国公司、银行等在发展中国家的经济利益，《全球影响——跨国公司的权利》一书认为，维系美国跨国公司、银行的权利有三大支柱——资金、技术和思想意识，跨国公司通过大众传播媒介对发展中国家的思想意识形态施加直接的影响。同时，一些西方观察家声称，在美国等大国的压力下，联合国教科文组织在世界信息与传播新秩序的论争中明显偏向发达国家。

三、论争的焦点和共同点

双方所展开的论争的焦点是信息控制问题。西方国家认为，政府对信息流通的控制或干涉是一种罪行，尽管持这种说法的西方政府的邮政、电报和电话管理机关经常试图维持其垄断地位，并且出于政治原因对新闻流通进行审查。社会主义国家和发展中国家则反驳说，旧的信息制度并没有带来自由流通，它只不过是一种定向的流通，是一种根据不合理的标准选择能满足西方寻找新市场、追求最大利润要求的新闻流通。

争议双方都认为对方的立场是为了维护自身既得的政治利益和经济利益，自己的观点才是客观而正确的。西方国家被指责为企图保护其目前的信息垄断；社会主义国家则被指责为控制信息流通，阻止不同意见，继续执行压制政策；而发展中国家则被指责为掩盖因计划不周、管理不善和政治腐败而造成的政治后果与经济后果。但是，这些责难都无益于有关这个问题的对话，并达成共识。

在论争中，三个阵营在一个问题的立场上是一致的，即信息力量是强大的；分歧在于三方中由谁掌握这一权力。西方工业化国家在承认信息的政治力量的同时，把信息当做一种商品，借由文化消费主义在全世界推销其商品；而社会主义国家和发展中国家则更愿意把信息当做一种社会财富，主张平等自由地分享。

经过各种国际场合的论争，发达国家和发展中国家都承认要建立一个平衡的国际传播体系，西方国际性通讯社也逐渐软化了敌对的态度，如何才能改变国际传播不平衡的格局呢？各国很多政治家、学者纷纷献策，但是至今仍没有一个整体的、可行的方案，只是一些局部性的建议，如恳求西方国家的通讯社多报道发展中国家的成就，要求西方国家提供传播技术援助和创办传播人员培训班等，但这都无助于解决实质性问题。第三世界国家也通过组织不结盟国家的新闻通讯社联盟（New Pool）来向世界传达自己的声音，但是由于联盟内部意识形态的差异、政治上的敌对和技术水平低等原因，无法很好地发挥作用。

四、网络时代新的不平衡

近年来，发展中国家开始将更多的注意力集中到实际的国际传播理论上，即国际传播及其技术如何助力国内经济和文化的发展，而不是对国内的社会和文化产生负面的影响，它们像发达国家那样日益关注如何应付向信息社会转变的巨大挑战。通信卫星技术和数字通信网络技术方面特别是互联网的迅猛发展，极大地促进了这方面的研究。电子媒介、卫星、电脑等设备仍然被西方垄断，这种危险性远远大于以前的海底电缆垄断。

网络是一种超越时间和空间的全球性媒介，在网络时代，任何个人和组织似乎都可以不受国界的限制而自由传播，但是由于发展中国家和发达国家在经济、技术等方面依然存在着巨大差距，不公正、不均衡的国际传播秩序有被强化的趋势。首先，发达国家和发展中国家在信息占有量方面的差距被进一步拉大。由于美国掌握着网络的最核心技术，也就控制着网络传播的命脉。法国学者马特拉认为在电子技术时代，“世界上 65% 以上的国际传播将从美国开始”[①]。美国哥伦比亚大学国际事务副教授罗斯科普夫认为，“美国已经控制了全球信息的命脉，其音乐、电影、电视和网络、软件已几乎普及全球，它们影响着几乎所有国家的审美观、日常生活与思想”[②]。其次，以西方为主的英语文化在网络上成为主导。国际网络新闻传播中，英语信息占据了将近 90% 的份额，英语文化尤其是美国文化随着网络的发展在世界范围流行得更广。再次，南北国家之间的信息鸿沟在互联网时代仍然存在。1998 年联合国教科文组织的数据显示，发达国家互联网使用占 88%，发展中国家仅占 12%；1 000 个居民拥有的电视数量，发达国家有 544 台，而发展中国家只有 153 台。发达国家拥有 80% 的移动电话用户，中国、韩国和土耳其的用户占据了 12% 的份额，其他超过 100 个国家仅占据了移动电

① ［法］阿芒·马特拉．世界传播的新构图——网络全球化的危险性．陈卫星译．国际新闻界，1999（2）．

② 胡钰．新媒体时代的新闻传播：问题与对策．中国记者，2000（3）．

话业务份额的8%。[①] 发展中国家要建立新的信息基础设施的代价是极为昂贵的，而发达国家又减少了对发展中国家的国际电信援助；由于跨国公司支配着全球的数据流通，发展中国家无法使用最新的科技、财经信息数据。第三世界在国际组织——联合国理事会、西方七国首脑会议、世界银行、国际货币基金会和世贸组织中几乎没有什么代表和影响。

被称为“电子殖民新方式”的互联网将给发展中国家的民族文化生存和发展带来新的挑战，为建立世界信息和传播新秩序的理想蒙上了一层阴影。苏联的解体和中东欧的重大动荡使得一些发展中国家的民主制度得到发展，开始接纳言论自由、传媒独立和传媒多元化的思想，东西、南北间的双重分化使得关于建立世界信息和传播新秩序的论题毫无结果，20 世纪 90 年代以后，该论题逐渐被淡化。1989 年联合国教科文组织通过了“交流新战略”，重新鼓励国家间和国家内的信息自由流动，但要促进信息更加广泛、均衡地传播，在发展中国家开发一切有利于加强通信能力的适当手段，让它们多在交流中参与。为此，联合国教科文组织从 1991 年到 1997 年组织了五场促进媒体独立与多元化的地区研讨会，1993 年联合国将每年的 5 月 3 日定为“国际新闻自由日”，1996 年设立世界新闻自由奖。这说明联合国教科文组织不再以信息传播失衡为由来阻止信息的自由流通，而是尽力提高发展中国家的交流能力，并提供了一些国际交流发展计划来帮助发展中国家，但是由于发达国家援助资金严重不到位，发展中国家的期望没有得到满足。

---

① ［英］达雅·屠苏．国际传播：延续与变革．董关鹏主译．北京：新华出版社，2004. 316 ~ 317.

第四章　文化帝国主义和霸权

在国际传播中，文化帝国主义显然是相当重要的一个问题，虽然也有学者指出这不过是关于新、旧世界信息和传播秩序论争的一部分，但从其作用来看，表现出更多的平行性，而非隶属性关系，所以本书以专题形式来论述。

第一节　文化帝国主义的由来

文化帝国主义的问题由来已久，但在近几十年，随着国际信息流通的加速，广大发展中国家更加猛烈地批判西方工业化国家特别是美国对全球媒介文化产品的控制，并尖锐地指出这种控制使它们自身的文化价值受到影响。西方国家曾经通过强行划分地理边界而制造出许多发展中国家，这一点在非洲尤为突出，结果使这些国家的本民族政治体制、经济和文化发展常常因为部落仇视、语言差异和社会文化动态的干扰而遇到极大的困难，更深层次的困境则是由于这些国家的本民族文化已被西方文化所湮没。

一、文化帝国主义的概念

文化帝国主义作为一个特定的词汇，是在 20 世纪 60 年代反对“新帝国主义”的国际环境下产生的。所谓“新帝国主义”，是指在战后许多殖民地国家获得民族独立的背景下，帝国主义的扩张战略从以军事手段和直接的殖民统治为主，转变为以经济和文化控制为主。如果说传统的帝国主义属于军事帝国主义，那么“新帝国主义”则属于经济帝国主义和文化帝国主义。

文化帝国主义（Cultural Imperialism）是一个散漫的概念，汤林森认为很难对文化帝国主义的概念下定义，而必须经由话语的过程，才能综合得出梗概。巴克认为文化帝国主义的概念是：“帝国主义国家控制他国的过程是文化先行，由帝国主义国家向他国输出支持帝国主义关系的文化形式，然后完成帝国的支配状态。"①"文化帝国主义"一词所蕴涵的不仅是对文化产品的争议，而且包括文化强国将其文化强加于弱国之上，而弱国又无力抵抗的事实。这一概念有四大假设：侵略意图、影响（文化）有害、受众被动、政府无能。其特点是：第一，它是以强大的经济、资本实力为后盾，主要通过市场而进行的扩张过程；第二，它是一种文化价值的扩张，即通过含有文化价值的产品或商品的销售而实现的全球性文化支配；第三，由于信息产品的文化含量最高（或者说信息本身就是文化产品），而且很明显，这种文化扩张主要是通过信息产品的传播而得到实现的，所以某些理论家将文化帝国主义等同于媒介帝国主义，但汤林森认为只将文化局限在这些媒介的实践实乃误导，文化帝国主义还表现在其常见的生活体验中。

美国立宾汉顿大学教授佩查斯在《20 世纪末的文化帝国主义》中对文化帝国主义的定义是："西方统治阶级对人民的文化生活系统的渗透和控制，以达到重塑被压迫人民的价值观、行为方式、社会制度和身份，使之服从帝国主义阶级的利益的目的。"②

文化帝国主义主要是指以美国为首的西方发达国家，利用其强大的文化工业，在大众文化层次上传播消费主义和其他西方价值观念，对其他国家特别是第三世界国家进行意识形态渗透和文化控制。传统大众传媒时代，信息技术和文化的国际格局的控制权主要集中于发达国家，发展中国家高度依赖进口文化技术以及西方国家的新闻、电影、电视娱乐形式。这些文化形式打着消费主义的旗帜，在西方全球传播工具的作用下，系统地剥夺了发展中国家对于自己的文化优先权与文化前途的控制能力以及以自己的方式进入国际信息领域的能力，这种现象通常被称为文化帝国主义。

二、文化入侵的争议

美国的文化产品席卷全球，西欧一些国家和日本制作的产品也进入了世界市场，不过要统计这些文化产品在全球使用的数量是很艰巨的任务，人们很难估量出外来文化产品的确切影响，统计出来的数据只是一个大体指标。联合国教科文组织 1986 年出版的一份研究报告说明了这个问题，根据全球出口情况来看，文化帝国主义的确存在，这份研究报告根据 1980 年的资料，列出了书籍、报刊、唱片和录音带的六大输出国：美国、英国、联邦德国、法国、意大利、日本。但

① ［英］汤林森．文化帝国主义．冯建三译．上海：上海人民出版社，1999. 6.
② ［英］汤林森．文化帝国主义·序．冯建三译．上海：上海人民出版社，1999. 5.

也有人根据此资料认为，书籍、报刊、唱片和录音带的贸易行为大多数发生在发达国家之间，说明发达国家并没有那么努力地向发展中国家推广其文化，因为出于利益驱动和追求高价格的原因，这些发达国家不愿意向贫穷国家推销其产品。联合国教科文组织的研究报告认为，几乎不存在南北国家之间媒介商品的贸易，因此，认为发达国家正在用其文化产品来湮没发展中国家，这几乎是不对的。虽然美国是最大的电视节目出口国，但是发展中国家只在高档宾馆、外国人聚集的商业区才接收得到进口电视节目，仅有少数人能看到，一般家庭无法收看。

也有学者认为由于文化的差异，各国对西方文化的理解和接受程度也是不同的。如2004年流行网络的“《指环王》（《魔戒》）调查计划”引起了世界各国人民的重视和反思，这个对“观众如何接受一部电影”的调查计划由威尔士和新西兰的大学研究者发起，在中、美、英、法等18个国家进行，目的是调查西方强势文化是否真的对公众进行了“洗脑”。[①] 在其调查网站上汇集了2.5万份问卷，绝大部分被调查者都是中青年人。在被问到“《魔戒》对你来说是什么样的故事”时（最多可以选择3项），回答分别是寓言3.8%、史诗19.2%、童话4.1%、幻想14.5%、游戏世界0.7%、善恶15.8%、神话传说13.1%、追求12.2%、电影特效8.2%、精神之旅2.8%、被威胁的家园2.5%、战争故事3.2%。[②]说明不同国家的人们从中得出的幻想是多元的，而且在选择组合中反映出不同国家的差异，如英国的老年妇女选择“精神之旅”的要比世界其他地方多。

但是西方强势文化对发展中国家的影响不容忽视，为数不少的美国学者也承认，美国在世界上生产、处理、储存、输出的信息最多，美国控制着世界上的电影和电视节目市场，并将美国的文化和思想深深地渗透到全世界人民的意识之中。

三、文化帝国主义的表现

毋庸置疑，文化产品输出国一直都在有意或无意地对文化产品输入国产生潜移默化的影响。以美国为例，其文化艺术团体和文化制品虽然大多是通过商业渠道进入对外文化交流领域的，然而也可以看到，正是美国政府在政治、金融和税收等方面采取了宏观调控的保护与鼓励手段，才使美国文化和意识形态向国外大量输出，从而达到为美国总体对外战略服务的目的，这正是文化帝国主义所表现

① 李宏宇．《指环王》是否在洗你的脑．南方周末（文化版），2004－04－08．http：//www. south-cn. com/weekend/culture/200404080013. htm.

② Lord of the Rings. http：//www. lordoftheringsresearch. net/，2012－02－29.

出来的新动向。文化帝国主义突出表现在以下五个方面：

（1）图书、报纸、杂志。出版业常常被认为是电影和其他娱乐业建立权力的基础。世界上的图书、报纸、杂志大多产自北美和西欧等发达国家，根据联合国教科文组织1986年的一份研究报告，1980年，仅美国、英国、德国、法国和意大利五个西方国家就占据了全球图书出口量的67.5%和报刊出口量的75.3%，其中美国更是分别占据了24.3%和19.8%。独立后的原殖民地国家，在文化教育方面仍在很大程度上依赖于原来的“宗主国”。

（2）电影。美国的电影业处于世界霸主地位早已是不争的事实。到1998年，美国电影业近百亿元的收入竟有超过50%来自海外。与此同时，几乎没有能在美国走红的外国影片，外国影片在美国的市场占有率还不到3%，这是一种非常明显的信息流动不平衡现象。玻利维亚1995年共生产电影5部，却进口影片149部，其中美国影片占76.5%。几内亚1991年自行生产影片1部，进口影片394部，其中美国影片占52.5%。造成这一局面的原因在于美国影片面向世界观众，并且相对廉价（价格远远低于当地电影的制作费用），已经形成了倾销的态势。在国际电影市场中，美国影片占据着绝对主导的地位，极力推销美国文化和美国式的生活方式，对于这一点，甚至其他一些西方国家也深表忧虑。

据相关资料介绍，中国入世同年，进口电影数量由10部增到20部，入世3年内逐步增至50部，其中20部采用分账制。中国在入世3年内就逐步允许外资参与建设、更新、拥有及经营电影院，外资可拥有不超过49%的股权。另外，外资可在录音、录影带等视听产品项目上参股不超过49%。2000年颁布的《关于进一步深化电影业改革的若干意见》规定，制片单位的股份制改造，须由广播影视系统国有资本控股，可以吸收系统外国有资本入股；单部影片制作，可吸收非国有资本和外资参股；发行单位的股份制改造，须由国有资本控股，可以吸收境内非国有资本参股（中影集团公司除外）；放映单位的股份制改造，可以吸收非国有资本和境外资本参股，但须由境内资本控股，并按程序报有关部门审批。

其实，改革开放的最初30年，中国电影市场基本上被进口影片垄断。入世后，中国电影更是直接与好莱坞大片争夺市场。国内媒体分析说，新中国的电影从诞生之日起就深深地刻上了主旋律的烙印。有人担忧，由政府支持的“主旋律电影”到底还能撑多久？如今在电影的商业化因素支配下，好看与否成为影响票房的重要因素。改革开放以后，好莱坞大片在中国的票房一路飙升，一度没有国产影片票房能与之抗衡，近年来国产影片逐渐兴起，与进口大片争夺国内市场，但仍时有起伏。2010年，17部票房过亿的国产片总票房为34.6亿元，排名前17名的进口片总票房约为37.9亿元，双方几乎持平。而在整体的比拼中，国产片再次以60亿元票房战胜进口片的40.4亿元。[1] 2011年共有8部引进片、批片票房过2亿元，共计35.08亿元；同样，过2亿元的华语片也有8部，总票房只有20.63亿元（截至12月25日）[2]。不过每年国产片产量都超过500部，能够上映的也只有不到200部，很多国产影片票房低迷。

（3）电视节目。美国通过制作大量精良、价格低廉的电视节目来影响输入国人民的生活方式和文化习惯，即使是日本也深受美国文化的影响。1985年，日本新闻协会一份题为“电视中的外国文化”的研究报告指出，日本对美国的电视信息的输出和输入的比例为1∶20，存在着巨大的逆差，反映了美国文化对日本的巨大影响。对文化帝国主义的担心由发展中国家扩大到美国自己的盟友当中，说明美国的对外文化扩张已经到了十分严重的程度。

（4）音乐。自20世纪50年代密纹唱片出现以来，录音带、收录机、激光唱片和唱机等共同促成了全球音乐工业的繁荣局面。1994年，美国国家音乐出版者协会的统计数据表明：当年全球58个主要音乐出版市场的总收入为59亿美元，而世界音乐出版业市场的份额主要由美国、日本和欧洲三方瓜分。其中占份额最大的是美国（21%），依次为日本（16%）、德国（15%）、法国（11%）、英国（9%）。同时，音乐生产和销售日益集中，世界音乐工业已被几个特大的跨国企业所控制。国际唱片协会的数据资料显示，1996年全球音乐工业产品零售额为400亿美元，其中80%的市场份额被六家著名的跨国公司所控制，它们分别是：WARNER（美国）、SONY（日本）、POLYGRAM（荷兰）、BMG（德国）、THORN—EMI（英国）、MCA（日本）。西方国家对音乐市场的垄断造成了其他国家和地区的音乐产品只能尽力去迎合西方人的需要，更多地放弃本地区、本民族的特色。随着网络音乐的兴盛，唱片的销售量急剧下降，更加给第三世界国家开拓音乐市场带来困难。

（5）网络。网络的产生并没有打破旧有的国际信息秩序，文化帝国主义以一种新的方式通过网络展现出来，主要表现为以下三种形态：①网络信息垄断。网络上被频频访问的主要是美国等发达国家的站点，发展中国家主要是接收信息的一方。据《计算机世界报》1997年发布的统计数字，在互联网上的越境信息流（TDF）中，85%以上是美国输出的，中国仅占0.05%。信息负载文化，美国信息在网络上的垄断实际上也就是美国文化的垄断。正如有的学者所说，“进入交互网络，从某种意义上，就是进入了美国文化的万花筒”[3]。以可口可乐、

---

① 杨林.2010中国电影.新京报，2010-12-28（C03）.

② 闫晓茜.2011年中国电影市场盘点.http：//www.tianjinwe.com/tianjin/tjyl...2012-02-20.

③ 邹广文.如何面对“网络革命”.开放导报，2000（12）.

好莱坞电影等为标志的美国流行文化集合体，通过互联网以或明或暗的方式向其他民族文化浸透侵蚀，以美国文化消解着世界文化的多样性。②网络文化攻击。美国等西方国家除了利用其信息优势对发展中国家肆意进行文化浸染外，还通过网络有意识地向发展中国家展开文化攻击。这种文化攻击分为两种，一种是破坏发展中国家的网络文化阵地，另一种是直接诋毁发展中国家的文化价值观念。中国上海市长途电信局 CHINANET 节点自 1997 年 10 月以来多次受到来自美国《大参考》邮件的攻击；新加坡政府也不满西方网络传媒不公允地评论新加坡，包括抨击其法律苛刻、传媒受到控制、政府专制及不民主等报道。③网络语言霸权。英语是网络上的主导语言。在互联网上，英语内容大约占 90%，有人戏称网络就是为英语而生的。语言是人类信息交流重要的、基本的载体，语言的形式、类型和结构往往影响着信息内容的传播和接受。网上英语信息的霸主地位，使得其中蕴涵的文化意识形态在网络上广为散布。此外，网络用户为了自由地在网上遨游必须学习英语，学习英语的过程本身也是一个受美英文化影响的过程。与此同时，广大非英语国家由于语言障碍而影响了其信息的传播范围，在文化交流中处于劣势。法国司法部长雅克·图邦在 1997 年 4 月发表讲话，认为英语占主导地位的互联网络是一种新形式的殖民主义。

上述现象已经引起了广大发展中国家和非英语国家的警惕与反感。1995 年，在哈佛大学召开的全球国际互联网学术研讨会上，有人将此种现象概括为“网络文化帝国主义”。网络是一种新的大众传播媒介，因而媒介帝国主义的论述也适用于网络。但是网络又不同于传统的大众传媒，它集政治、经济、文化功用于一身，更表现为一种新的生活方式。

目前世界传播媒介集中垄断的程度仍在加剧，B. H. 巴格迪坎预言：如果这种趋势继续发展下去，在 21 世纪将会只剩下 5 ~ 10 家超大型媒介企业（Megal-Media），而这些“地球村的巨头们”将控制世界文化产业的绝大部分，并对全世界的思想、文化和意识形态产生普遍的影响。由于以美国为首的西方国家向全球大肆倾销其带有西方价值观和文化色彩的文化产品，极大地损害了发展中国家的民族文化基础，这必然会引起他们的强烈反击。正如美国学者亨廷顿所说：“尽管存在着推动世界相互接近的全球化力量，但各国越来越努力地寻求自己文化上的同一性。”① 无疑，没有民族性、没有多样性就没有国际性，就没有真正意义上的全球化。已充分认识到这一点的广大发展中国家正在试图通过自己的努力来消解文化帝国主义。

---

① 美国将不是唯一的超级大国．号角报（阿根廷），1998 - 04 - 22. 人民日报，1998 - 05 - 08.

第二节　媒介帝国主义

一、媒介帝国主义的定义

媒介帝国主义是指一个国家的信息传播受到他国大众传播媒介的掌控从而丧失了文化上的主动权，即信息主权受到他国的主导而无力对抗。有些学者将媒介帝国主义与文化帝国主义视为同一回事，因为在大众传播时代，文化大部分是通过媒介进行传播的，但是也有学者（如汤林森）认为两者不是同一回事，实际上应该将其视为文化帝国主义的一部分。

媒介帝国主义（Media Imperialism）又称传播帝国主义（Communication Imperialism），是由巴瑞特（Boyd-Barrett）在1977年提出的，他认为媒介帝国主义是指“任何国家媒介的所有权、结构、发行或传播与内容，单独或总体地受制于他国，受制国却无相等的力量去影响对方”。保尔·李（Paul S. N. Lee）作出的定义是：“一个国家的传媒软硬件或其他主要传播方式，单独或整体地，不论在控制权或拥有权上，都被另一个国家主宰，并且在这个过程中对本地社会的文化、规范及价值观带来有害的影响。”① 受制国无力以相对等的力量去影响对方，显示出国际社会中资讯不平等、权力属于少数国的这一事实。在过去，“帝国主义”是因侵略与权力不平等而造成国际上强势与弱势的关系，大众一般的焦点放在政治与经济的层面上，但在资讯时代，传播科技越来越受重视，因它跨越时空的特性，会对政治与经济产生影响。

二、媒介帝国主义的形式

巴瑞特的著作有1989年的《跨国新闻机构》（*Multnational News Agencies*）、1991年的《真理的政治》（*The Politics of Truth*：*From Marx to Foucault*）。他认为媒介帝国主义是权力来源不平衡所造成的不可避免的结果。当然，有些媒介的行为或影响是有意的商业、政治策略，但有些媒介的输出并没有刻意强调政治、社会或经济的影响，接收国或是主动接受或只是无意地吸收，这和过去的帝国主义稍有不同之处。当今世界舞台上，任何国家仍有主权决定其政策，要全盘接受或完全禁止他国的倾销，国家政策与执行仍应由自己来决定。

---

① 李少南．国际传播．台北：黎明文化事业公司，1994. 171.

巴瑞特认为媒介帝国主义的形式有四种：一是传播工具的形式；二是整套的工业安排；三是实行的价值观；四是媒介的内容。

每一个国家都会选择其传播媒介的发展方式，世界上各个媒介的系统也多有差异，采用国营或采用工商合营制度等问题常是一种“策略性的抉择”。巴瑞特认为今天世界上大部分第三世界国家之所以采用行商制度，往往是受美国为首的资本主义利益集团所蛊惑。因此纵观天下，传播媒介的形式相当标准化，在各种不同的程度下依赖美国传播科技的支援或接受其倾销。

除了传播媒介的形式之外，传播的组织与财务结构也颇值得注意。整套工业的安排和设计与其倾销有直接关系，美国媒介的制度与管理、行销成为不少国家的典范，在接受美国文化方面困难就少。而组织结构的财务情形也与其输出有关，如果美国媒介在扩展海外市场时能提出一套可被接受的财务计划，阻力自然就减少，而后遗症则是外国媒介的所有权与控制使本国文化自主的发展极为困难。

在探讨媒介帝国主义资讯流通不平衡时发现，西方国家的四大通讯社与广告公司确是罪魁祸首。这些通讯社与广告公司垄断、控制了许多第三世界人民知的权利，以及因广告而创造的不同需求，美国大众娱乐节目的制作策略与过程更在第三世界国家造成了深远的影响。这种媒介帝国主义在组织、制度、结构、所有权、财务方面对第三世界国家，甚至加拿大、英国等国家的影响，是近年来研究的焦点，很多文献都集中于此。

巴瑞特谈到，媒介帝国主义的第三种形式为实行的价值观，指的是在媒介组织中工作的行为方式、判断假定以及态度，这种价值观可使媒介工作人员作出相应的选择、判断或决策。一般来说，第三世界媒介工作人员常通过西方的训练而获得这样的价值观，并因经常观看、接受西方国家媒介的产品——报刊书籍、广播电视电影等而潜移默化地受其影响。举例来说，“客观性”、“社会责任”、“新闻自由”等名词在全世界各地都颇流行，并广被接受。而这些正是西方新闻的价值观，当第三世界发展媒介时，也就一并地接受这些名词及其隐含的意义，其他如广播电视的收听率、收视率以及电影的票房等，也成为人们判断节目好坏的凭据。

媒介帝国主义最明显而直接的形式是媒介内容的大量倾销，由少数先进国家制作的电影、电视节目、唱片、新闻、书报期刊流通世界各地，许多量化的研究发现，单向流通或单向传播是国际传播的特色之一。英语的报刊书籍更是发展中国家知识分子或年轻学生争相阅读的资料，在毫无设防的心态下，媒介内容轻易地打动受众的情感与思维，其影响难以估计。

三、电子殖民主义

麦克菲尔（McPhail）用“电子殖民主义”来指称国际上资讯、媒介不平衡的现象，他认为西方国家殖民帝国的建立有三个不同的阶段：第一阶段是军事的克服，早从罗马时代就已开始；第二阶段则是加以宗教之名进行的军事侵略，以十字军在中古时代的出征为代表；第三阶段则是17世纪开始到20世纪中叶重商主义的殖民主义。在殖民时代，西方国家可派官员、行政人员去统治殖民国，并辅以军事武力的镇压；当殖民地纷纷独立后，西方国家则多通过跨国公司来取代传统控制。依赖理论的兴起和盛行，也正好说明跨国公司对第三世界的影响是全面且深远的。在一个传播科技发展如此快速的时代里，跨国公司以最新的科技来掌握、操纵、支配资讯的流通，使得资金、技术的控制易如反掌，而社会文化的渗透更是轻而易举。因此，资讯时代的殖民方式与策略，是更进一步地利用资讯的控制与流通来达成，麦克菲尔认为这就是“电子殖民主义”。

不管是媒介帝国主义还是电子殖民主义，强调的都是电子时代媒介的重要性，以及媒介如何成为科技时代控制他人、他国的利器。国际传播的过程实际上也是一种文化传播的过程，国际传播已经从过去主要执行对外宣传功能转变为全面的文化输出。因此，西方国家尤其是美国依仗自身强大的政治实力和雄厚的经济实力，竭力向其他国家推销自己的文化、价值观念和意识形态，希望以自己的文化和价值观念来影响对象国，实现渗透，从而将其纳入自己的价值体系。席勒在1971年写道，美国“强大的传播通信系统构成了一个帝国网络，这个网络反映出其强大的技术与经济实力，它构成了一个权力金字塔，美国处于控制地位的塔尖，底层则是经济薄弱的新独立国家”。而批判学派的埃里奥特和戈尔丁则指出，“国际媒体系统实际上就是将发展中国家纳入西方资本主义文化霸权的一种机制”[①]。显然，西方文化产品在全球正越来越流行，而且发展中国家对此不得不接受。虽然这种控制表面上是一种商业的结果，因为信息和文化产品是可出售的商品，但其实质是一种强权控制的结果。

学界对媒介帝国主义的研究大都是具体的案例，而缺乏理论的支撑，大部分是承认现状而不追究深层的原因，特别是第三世界国家中到底有哪些特定的环节受到了跨国媒介的文化冲击，接收发达国家的媒介内容对第三世界国家受众到底产生了什么样的意义等，对此理论的提升甚少，近年来虽有所研究但仍缺乏突破性进展。

---

① ［美］罗伯特·福特纳．国际传播——“地球都市”的历史、冲突与控制．刘利群译．北京：华夏出版社，2000.198.

第三节　文化帝国主义的理论

一、葛兰西的霸权思想

有关文化帝国主义的论断始于20世纪60年代，基本思想来源于意大利共产党创始人安东尼奥·葛兰西（Atonio Gramsci，1891—1937）在其《狱中札记》中提出的“文化霸权”（Culture Hegemony）理论。可以说，在当代西方大众文化理论中，葛兰西的文化霸权理论是影响最大的西方马克思主义学说之一。

1. 文化霸权的含义

文化霸权是现在经常提起的一个概念，它译自西方，和许多外来词汇一样，这个概念也有其西方文化历史的背景，不能只从汉语的字面意思去理解。“霸权”对应的英文是“Hegemony”。据考证，“Hegemony”一词的希腊文和拉丁文形式分别是“egemon”和“egemonia”，本义是指一个国家的领导人或统治者，一般用作国与国之间的政治统治关系。与此对应，汉语“霸”字的含义，可以指依仗权势或武力欺压他人的人或集团，如霸王、霸主、春秋五霸等；“霸权”有做事专横、蛮不讲理、欺压和统治的意味，可以指奉行强力政策或实行强力占有。①

但Hegemony还有另外一层意思，即“领导权”的意思。虽是同一个英文单词，译成不同的中文，意义却不太相同。“领导权”则排除了“霸”的含义，它是一种非暴力的文化意识形态控制手段，是通过社会中的大多数自觉自愿的认可和赞同来实现的。霸权和领导权有点像中国古代的霸道与王道，霸道是指以武力、刑法、权势等统治天下的政策。领导权的思想和中国古代文化思想中“王道”的意义相近，王道是指以仁义统治天下的政策，如荀子所说“隆礼遵贤而王，重法爱民而霸”。领导权是与霸权相对的概念，领导权没有暴力和强制性的意思。葛兰西著作的中文翻译者有的把Hegemony译成“领导权”，想把它和“霸权”区分开来，但大部分人更认可“霸权”两字。严格说来，文化霸权中的“霸权”和我们经常所说的“政治霸权”、“军事霸权”有所区别，它不是直接的强制统治，而是以强大的政治、经济优势强迫他人、他国服从和同意，进而实现领导权。

---

① 张其学. 关于“文化霸权”概念的再思考. 广东社会科学，2005（5）.

2. 葛兰西及其影响

安东尼奥·葛兰西作为西方马克思主义的奠基人之一，在20世纪20年代总结意大利和西方发达资本主义国家中工人运动失败的经验教训的基础上，形成了独树一帜的“实践哲学”，从而将马克思列宁主义与新的历史结合。葛兰西1911年在都灵大学文学系学习现代语言学，受克罗齐、黑格尔、拉布利奥拉等人的影响，走上了马克思主义道路。1913年，他在大学期间参加了意大利社会党，并担任该党机关报编辑。后来他与陶里亚蒂等人创办了《新秩序》周刊，退出社会党，继而与同仁一道创立意大利共产党。1924年，他担任意大利共产党总书记并被选为意大利共产党议员，领导意大利共产党反对墨索里尼的法西斯主义和专政，同时与党内教条的经济主义者作斗争。1926年被捕入狱，1929—1935年，葛兰西在狱中呕心沥血地写下了长达33册共3 000多页的笔记，战后以“狱中札记”为题发表，引起了巨大反响。

20世纪50年代末，葛兰西的思想被介绍到英国，对伯明翰学派产生了巨大影响，受葛兰西的文化霸权理论影响最大的是雷蒙德·威廉斯，他建立了至今仍然很有生命力的文化唯物论思想，并影响到当前北美的文化研究倾向。葛兰西对待大众文化的方法和立场得到以伯明翰大学“当代大众文化研究中心”（CCCS）为核心的英国文化研究者的肯定，他们发展了“葛兰西的方法”，用来分析复杂的文化现象，并作出理论判断。另外，葛兰西的霸权思想也被萨义德、斯皮瓦克等后殖民批评家借用，质疑西方对东方的重塑的合法性，指责西方话语对“第三世界”文化认识论的暴力，揭示出文化所负载的权力支配关系和种族压迫等问题。他的理论发端于英国伯明翰学派，尔后逐渐波及美国及西欧等地并且为日益活跃的文化研究思潮提供了文化政治、意识形态研究的批评武器，也是传播领域中批判学派所借用的理论之一。

20世纪70年代，随着《狱中札记》被译成英文，葛兰西的影响越来越大。葛兰西理论中最主要的概念是“霸权”，自20世纪70年代中期以来，该术语一直是文化研究中的核心概念（最近遭到了后现代主义的挑战）。一些用霸权概念来研究流行文化的性质和政治意义的理论家称自己的理论是新葛兰西霸权理论，他们认为流行文化是被统治者与统治集团斗争的场所。

3. 文化霸权理论的内容

文化霸权属于葛兰西意识形态理论的核心内容。霸权主要是指统治阶级对社会意识形态的控制和领导。葛兰西的文化霸权理论包含三个主要的理论层面，即统治权和领导权、市民社会，以及知识分子阶层。

首先，霸权主要是指思想意识形态上的领导权，是不以武力为基础建立的。霸权被用来指称一种状况，即统治阶级不是简单地“统治”一个社会，而是通过道德和知识的领导者来积极引导这个社会。一个社会制度的真正力量并不是统治阶级的暴力或其国家机器的强制性权力，而是被统治者对于统治者世界观的接受。文化霸权主要是指统治阶级对社会的控制和领导。在上层阶级的控制权受到威胁的情况下，这种领导权和文化控制权就只能通过使用武力（如警察、法院、监狱，必要时甚至动用军队）来实现，而在风平浪静之时，控制权只需借助于文化即可获得，根本无需使用直接的暴力。

对于葛兰西而言，问题是理解统治阶级怎样设法去赢得从属阶级的同意，后者将怎样设法推翻旧秩序，从而造就一种有普遍自由的新秩序。为此，他十分重视对意识形态问题的研究，强调在市民社会、文化和意识形态领域开展斗争的重要性。一个社会集团的最高权力往往通过两种方式来展现，其一是统治权（Domination），其二是知识和道德领导权（Intellectual and Moral Leadership）。在一定程度上，我们甚至可以把他们看成是与统治集团的意识形态共生、同谋的产物。当然，由于霸权是占统治地位的集团与居从属地位的集团之间相互“谈判”的结果，所以它实际上是一个“抵抗”和“融合”交替进行的过程；它绝不是一种由前者自上而下强加给后者的权力。不过另一方面，我们也应该看到，这样的“谈判”和让步是有一定限制的。正如葛兰西所论述的那样，它们绝不可以动摇或影响到统治阶级权力的经济基础，而且当发生危机之时，当道德和精神方面的领导层不能够确保持续的权威时，霸权过程就会暂时由“强制性国家机器”，如军队、警察和监狱系统等所取代。

葛兰西霸权理论的第二个内涵就是，霸权的产生、再生产以及转换都应该由市民社会（Civil Society）来负责，而国家则应该对运用高压手段担负责任。葛兰西理解的市民社会即私人领域，是各种民间组织的总体，包括教会、学校、工会、文化艺术团体、新闻媒体等机构。而政治社会主要是指国家行政机关、军队、监狱、法庭等专政工具。政治社会的特征是强制，而市民社会的特征则是同意、认同。政治社会国家实施压制，而市民社会则行使霸权。现代资本主义社会是市民社会和政治社会的结合。也就是说，人们意识到，发达资本主义国家不仅通过强制暴力工具，更重要的是通过意识形态领导权控制市民社会，使其心甘情愿地遵循由统治者钦定的道德观念和价值体系，认同统治者的审美趣味、行为规则和思维习惯。文化霸权是指在市民社会中，一个社会集团在文化、道德、意识形态上的领导权，主要通过使别的集团赞同、认可而不仅是用强制来获得。因此不能简单地将“文化霸权”理解为一种绝对的支配与被支配、压迫与被压迫的直接关系，而应看到它是在文化这个意义斗争的场所中，各个利益集团由于差异和矛盾而形成的既有冲突又有平衡，既有反抗又有妥协的复杂关系。

因为大众传媒和大众文化与霸权的产生、再生产及转换密切相关，霸权又通过市民社会的各种机构覆盖了文化生产和消费的各个领域。霸权在文化和意识形态方面运作时必须通过市民社会的各种机构，如教育、家庭、教会以及大众文化和大众传媒等一切自由民主的社会机构来实施。他认为，在西方资本主义社会中，资产阶级的统治主要不是依靠其政治社会、军队和暴力来维持的，而主要依靠其凌驾于整个社会各阶级之上的意识形态优势或霸权地位来维持的。因此，葛兰西强调指出，革命必须首先在文化意识形态领域内进行。

葛兰西霸权理论的第三个方面就是，霸权是由知识分子创建的。葛兰西把知识分子看成是统治集团的“管家”，他认为要是没有知识分子，那就没有组织者和领导者，也就是没有组织。他认为知识分子应按照其社会职能来划分类型。存在着两种类型的知识分子，即传统知识分子和有机知识分子（Organicintellec）。传统知识分子由于承担着文化传承的责任，因而感到自己仿佛游离于各个社会阶层之外，不受统治力量控制。有机知识分子的概念强调知识分子对社会公共事务、价值领域的介入和干预，支持知识分子越过学术体制的樊篱，能意识到并且能执行他们应在政治、经济、社会领域执行的职能。葛兰西提出知识分子问题是与“文化霸权”概念分不开的，他认为知识分子和领导集团在文化领导权中起着重要作用，他们是整个社会结构和上层建筑的中介。他们一方面在市民社会中充任文化领导权的主要行使者的身份，从而在普遍民众自觉自愿的基础上传播统治阶级的世界观，维护统治集团对全社会的统治；另一方面又在政治社会中强制行使直接的文化统治职能，并通过合法政府对对立或消极服从集团给予合法制裁。知识分子的社会功能就是实现某一社会集团在意识形态上的领导权的职能，而且是将发达国家的意识形态扩散到本国的中介。

葛兰西并没有一套清晰的国家、上层建筑与经济基础的理论，另外，“葛兰西的文化领导权思想中也有过分拔高西方文化的倾向，这表明他对东方文化甚至整个世界文化的偏见与无知”①。

4. 文化霸权理论的运用

20世纪四五十年代，批判学派对大众传播的分析与葛兰西有着惊人的相似，其中尤以“法兰克福学派”为代表。他们认为文化生产集中在少数企业手里，导致了标准化的商业性产品，形成了一种受大众传媒影响、依靠市场规则而繁荣起来的大众文化，这种大众文化淡化了人民大众对重大社会和政治问题的敏感性和批判意识，从而使大众屈从于统治精英，这方面的代表作如马尔库塞《单向度的人》。

---

① 孙晶. 葛兰西的文化霸权理论及其质疑. 马克思主义与现实，2001（1）.

研究文化霸权过程的批判派传播学者还研究了教育对文化霸权形成的作用，探讨了十几年的学校教育对学生形成了什么样的规则和价值观。霸权理论也可用于流行文化之间冲突的类型分析，对文化霸权过程感兴趣的学者们研究了青年亚文化（Youth Sub-Culture）在大众传播中的作用。相对于“主流文化”而言，“亚文化”常被视为异类和另类，但有时它是对主流文化的反叛；有时则是对主流文化的补充和加强，民族亚文化如意大利裔美国人在美国主流文化中的地位便是如此。显然，青年亚文化以其自身的方式，通过流行音乐等创造自身的意义，这种意义与文化产品制造商们所预想的意义截然不同。青年亚文化为我们解释了文化为什么只是作为一种反对和颠覆的过程而不是作为一种霸权的过程。

文化霸权的概念对大众传播研究的启示有以下三点：第一，它建议我们应该研究艺术、大众传媒和日常文化，并将研究过程作为了解世界的一个途径。第二，它坚持认为，理解、体验日常生活的既有方式具有重要的政治意义。第三，它提议，成功的文化霸权必须是灵活的，适合环境的变化，并为公众所接受。在变化的环境下，陈旧的信息或主张实施同样的文化霸权就不能发挥出威力来，达不到文化霸权的目的。

资产阶级霸权的一个核心缺陷就是，它要使人们达成这样的共识，即资本主义能带来普遍的物质丰裕，但人们面临的现实却是贫穷，即使在资本主义的核心地带也是如此。对此，主流霸权一方面不得不承认这种事实，却又摆出一副超然的姿态；另一方面通过大量有吸引力的娱乐和信息节目转移观众的视线，避免自己的霸权地位受到挑战。

二、席勒父子的文化帝国主义批判

文化帝国主义是从国际传播与全球传播的视野上，探究西方（特别是美国）传媒运作及其产品对世界格局和人类命运的影响。随着全球化的升温，这方面的问题越来越受到关注。比如，卡茨（E. Katz）等人对美国电视连续剧《豪门恩怨》（*Dallas*）的研究，多尔夫曼（A. Dorfman）与马特拉特（A. Matterlart）对美国动画片《唐老鸭》的解读，都是这类研究的范例。当然，这方面最著名的研究，还数美国加利福尼亚大学圣地亚哥分校的席勒教授（Herbert. I. Schiller）。

1. 赫伯特·席勒

赫伯特·席勒（1919—2000）在经济大萧条时期进入高中及大学读书，“二战”时从军，随后加入纽约市立学院任教，1960 年获得纽约大学经济学方面的博士学位，随后以访问学者的身份来到伊利诺伊大学的经济与商业研究所，在这里，他与斯密塞相识并接下了他的政治经济学课程。席勒自 20 世纪 60 年代末在经验学派的大本营中异军突起以来，一直被视为批判学派的巨擘，他对美国传媒的揭露与批判一向以犀利无情著称，与美国东海岸麻省理工大学著名语言学家乔姆斯基对美国政府控制媒介、营造舆论的批判形成东西夹击之势。

席勒的成名作是1969年出版的《大众传播与美利坚帝国》（*Mass Communication and American Empire*），明确提出文化帝国主义的思想。用加拿大批判学派的代表人物、西蒙弗雷泽大学的司迈斯（Dallas Smythe）在该书“序言”里的话说，该书对美国大众传播的结构、政策及其在政治经济方面发挥的重要作用进行了批判性的论述，堪称第一份全面而细致的研究。在这部书里，席勒以阿明、华勒斯坦、弗兰克等人的“依附理论”为据，着重探讨了他所说的“军界—企业界联合体”（Military Industrial Complex），分析了由政府、军界和民间企业一同构成的盘根错节的利益共同体，如何促成美国大众传播势力凌驾全球，又如何导致其他国家尤其是发展中国家文化主权的丧失。席勒因此受到该校保守势力的反攻，并于1970年离开该校到加利福尼亚大学圣地亚哥分校任教。

在圣地亚哥期间，席勒完成了一系列著作。《思想管理者》（1973）首次提出对信息社会观念的强烈批判。他以大量文献说明了诸如盖洛普民意调查机构、《读者文摘》、《国家地理杂志》等组织是如何拥有广泛的政治与文化势力的，信息与文化产业中的企业合并与海外扩张是如何进行的。他随后的著作《传播与文化统治》（1976）是文化帝国主义的代表作，在该书中，他第一个解释了“文化帝国主义”这个概念：文化帝国主义是许多过程的总和，通过这些过程，某个社会被吸纳进入现代世界体系之内，而该社会的主导阶层被吸引、胁迫、强制，有时候是被贿赂了，使他们塑造出的社会机构制度符合甚至是促进了现有世界体系统治中心的价值观，增强了现有世界体系统治的结构。席勒指出，美国有意识地将它的“正确政治”标准强加给世界，采取的方法包括竭力推销“信息自由流通”的观点。他与诺顿斯特朗合编的《国家主权与国际传播》（1979）是一本专门讨论世界信息与传播新秩序中心论题的论文集，其中他的《跨国媒介与国家发展》论文用依附理论阐述了发展中国家如何在世界体系中处于核心的边缘，而媒介充当了维护世界体系的“马前卒”。这些著作基本上都延续了文化帝国主义这一思路，围绕“信息的自由流通”和愈演愈烈的世界传播不平衡格局而展开论争，美国《当代心理学》刊物所做的民意调查发现席勒的著作备受读者欢迎。

20世纪80年代之后，随着各种新传播技术的发展，特别是多媒体、互联网、信息高速公路的兴起，席勒又将批判的矛头指向各种天花乱坠的时髦理论，包括全球化。因为这些理论无不宣称，新传播技术将为全球人类带来更民主、更多元的文化。而席勒在他的两本书《天晓得》（1981）与《信息与经济危机》

(1984) 中一针见血地指出，在互联网迅速扩张之时，由跨国公司和市场逻辑所支配的权力关系不仅没有丝毫改变，而且进一步加剧了原已极不合理的世界政治、经济与文化秩序，包括信息与传播秩序，如山似海的网络信息里充斥了西方的各种话语，如消费主义的意识形态。另外，他与诺顿斯特朗再次合作编著了《超越国家主权》(1993)，还与哈米德·莫拉那和乔治·格伯纳合作，编辑了一本研究国际媒介学者的论文集，对海湾战争提出了全球性观点。《希望与愚昧》一书记载了以美国为首的保守势力在联合国教科文组织中所取得的胜利。这本书起先由教科文组织牵头出版，当时该组织十分支持建立世界信息与传播新秩序的主张，但是在成稿之际，教科文组织正试图说服美国和英国重返该组织，因此拒绝出版此书，后来该书由明尼苏达大学出版社出版，但声明此书内容与教科文组织无关。

席勒是积极参加社会活动的学者，曾是国际大众传播研究协会的领袖人物。除了以多种主要语言出版有关其研究成果的论著以外，他还在一些地区和国家以及世界性组织中发表有关文化与信息论题的演讲，是国际上呼吁建立世界信息新秩序的主要推动力之一。席勒指出，电影、广播电视节目、书籍、新闻报道等随处可见的文化产品或服务，它们所提供的并不仅仅是消息和娱乐，同时也是传播社会价值或政治观点的工具；最终，它们会对全社会的精神结构产生深刻的影响。

席勒受到美国主流学术界的排挤，在学校也受到不公正的待遇。如费杰士(Fred Fejes) 和汤林森 (John Tomlinson) 认为席勒的论断太过宏观、武断，其整体观取向流于"空泛、浅薄，并且可能是太悲观了"①。他将媒介产品对发展中国家文化的操纵性效果看做是想当然却不加检视，更不考虑媒介在影响这些受众时会遇到中介因素的阻挠。

2. 丹·席勒

赫伯特·席勒之子丹·席勒 (Dan Shiller) 也是一位批判学者，在伊利诺伊大学香槟分校执教，出版了《数字资本主义》、《信息崇拜教》等著作。

丹·席勒的《数字资本主义》是以美国社会中的因特网为研究和批判的对象，探讨了因特网在经济全球化中的角色。在对因特网的欢呼声中，席勒教授肯定了因特网的社会影响具有复杂性，同时对因特网提出了一系列疑问。第一，受到质疑的是因特网环境的输出。即从美国和发达国家向发展中国家输出新自由主义经济制度，从而为发达国家的跨国企业建构发展的空间。20 世纪 70—80 年代

---

① ［英］汤林森. 文化帝国主义. 冯建三译. 上海：上海人民出版社，1999. 80.

跨国企业和跨国电信业务的发展以及因特网的冲击，导致了1996年底WTO新加坡会议上28个国家签署信息技术宣言，根据这一宣言，到2000年，84%的电信设备出口和88%的计算机及软件产品销售将享受免税。这一宣言的最大受益者是美国，因为美国是最主要的电信设备和计算机软件出口商。1997年初，WTO约70个成员国又在美国的压力下，签字同意开放电信市场，一向受到国家保护的各国电信企业将允许外国投资进入，外国公司可兼并、建立电信公司或持有现有电信公司大份额的股份。这些协议有助于西方发达国家打开发展中国家的经济大门，而且美国控制的WTO可以对违反或拖延的国家实行惩罚，结果是发展中国家的电信事业受到了猛烈的冲击。第二，电信基础设施和因特网的发展并没有改善社会的贫富极化现象。丹·席勒认为，美国电信资本为适应贫富差距加大的现象，确切地定义了目标市场的消费能力，加强开发以高收入阶层为对象的新技术和新产品，同时降低了对普通消费者的服务质量。① 第三，信息时代是美国信息霸权的时代。62%的全球信息技术企业的总部设在美国，美国的软件占有全球市场75%的份额，因特网市场份额几乎相等。第四，因特网作为大众传播媒介必将受到广告商的操纵。尽管受到行规和社会机构的监督，但是广告主通过广告费和赞助形式控制商业性媒介已经是众所周知的事实。第五，在广告主控制的因特网上，必然出现富人和穷人之间的“数字分化”，即使家庭上网的数量持续增加，也不能改变这种趋势。第六，丹·席勒批判了网络对教育商业化的影响。

丹·席勒在论文《数字资本主义，雇佣劳动与危机》② 中再次重申了数字资本主义在新形势下的发展，坚持认为在信息密集型的新经济时代，发展中国家雇佣劳动的超常增长正在极大地改变全球资本主义的流通路线。他主要论述了中国经济的快速增长给世界带来的变化，认为中国企业将成为现代化的销售与媒介营销的市场主导力量，而不是依靠外企。他提出要加强研究中国社会阶级和阶层的形成历史与阶级重构，才能更深地理解传播与阶级意识的关系。中国模式无疑将会给世界体系带来新的变化。

三、汤林森和萨义德的文化帝国主义

1. 汤林森视角下的文化帝国主义

英国诺丁汉顿大学（Nottingham Trent）约翰·汤林森以博士论文写成的《文化帝国主义》（1991）虽然是站在经验学派的立场去批驳文化帝国主义的论

① 孙五三．质疑数字化——席勒的《数字资本主义》读后．国际新闻界，2000（6）．

② ［美］丹·席勒．数字资本主义，雇佣劳动与危机．吴畅畅译．新闻大学，2011（1）．

断，但由于其资料的翔实和论述的缜密而不失为可供参考的力作。该书以法国哲学家福柯的话语分析理论对西方20世纪60年代开始出现、90年代又被人重提的“文化帝国主义”、“媒介帝国主义”等概念进行剖析，提出了自己对冷战后的文化态势的见解，最重要的是列举了文化帝国主义是否存在的双方观点，有助于我们从正反两方面看待这个问题。他认为，文本和听阅人之间有一种交际交互关系，不能低估听阅人的主动选择和解读作用。他还通过一些具体的案例来说明不同文化背景下的人对同一个文化作品的理解是大不相同的。

汤林森从四种途径对文化帝国主义进行解剖和分析：媒介帝国主义、民族国家的话语、批判全球资本主义的话语以及对现代性的批判。

第一，对于媒介帝国主义，绝大多数关于文化帝国主义的论述都把媒介作为重点，但媒介并不等同于文化，媒介也不是现代文化的核心，而且大多数论述认为并没有任何媒介能够对它们触及的文化产生直接操纵性的效果。批评媒介帝国主义现象的人，无论是从结构及制度层面的观点审度全球媒介，还是从政治经济学的角度进行批评，都难免引起争议。他认为媒介帝国主义只是谈论文化帝国主义的一种特殊方式，媒介帝国主义论者夸大了帝国主义媒介文本对受众的生活及人际关系冲击的严重性。

第二，文化帝国主义作为民族国家的话语最常见的说法是某种固有的本土文化受到外来文化的侵略，汤林森用“本地”代替“本土”，认为在现代世界中，文化从来就不可能是纯粹由“本地生产的”，而是经过历代对外来文化的借鉴以及影响，并且在成为这个总体化的部分之后，才仿佛变得“自然而本土”。他对文化帝国主义论者用诸如“侵略”、“攻击”之类的军事用语来描述文化现象提出了质疑，认为应该使用带有正面价值的词汇，如“影响”；而文化帝国主义论者经常将文化认同等同于民族国家认同，文化多元性必须在民族性的规范内。汤林森认为很多民族国家根本不存在统一的文化实体，而是具有文化多元性。他否认存在所谓的文化支配，认为在谈论文化帝国主义时应该从地理范畴转向进化历史范畴，借用全球的、历史的以及资本主义现代性的前进等范畴，才能正确看清文化帝国主义的面貌。

第三，汤林森认为，批判全球资本主义的话语遵循了列宁主义的传统观点，是从经济而不是政治角度界定“帝国主义”的内涵，所谓的“帝国”是指资本主义，而不是民族国家。资本主义文化的取向一个是造成“同质”文化，另一个就是资本主义文化的扩散等同于消费主义文化的张扬，文化帝国主义是为资本主义服务的。他认为这种论调经常落入功能论的窠臼，社会发展的一般驱力毋庸置疑朝文化聚合的方向发展，但文化同质化的概念并不那么简单，而且其影响也并不都是负面的，它是发展中国家的自主选择。他认为对消费文化也不能绝对排斥，因为我们与我们的消费文化关系暧昧，我们依附它而存在，它满足我们的许多需求。资本主义文化的重点是消费的行为过程和经验的“商品化”，它对第三世界国家民众具有潜在的吸引力，因为对于第三世界国家民众来说，首要的是满足他们基本的生存需要。

第四，文化帝国主义作为现代性的批判话语，强调文化帝国主义仿佛是对整个世界所发挥的种种效应，而不是就个别文化体系所受到的影响而论的。这种理论的浅层次就是抱怨同质化的发展而拥护文化的多元性，另外它将现代性概念等同于资本主义社会，更深层次就是由现代性产生对“发展”本身意义的质疑。汤林森认为“资本主义是现代性的某种‘映射’，而并不是说先有资本主义而后有现代性”①；同时要把视野放在现代性的文化语境中才能恰当地理解资本主义，批判现代性的人反复指责现代性，同时又将现代性所带来的物质收益视为理所当然而接受，这是互相矛盾的；第三世界国家的民众可能更乐意接受这种好处。

2. 萨义德的东方主义、文化与帝国主义

哥伦比亚大学教授、巴勒斯坦裔学者萨义德（Edward W. Said）的《东方学》自1978年问世以来，已经在许多国家、语种、学科中产生了广泛而持久的影响。他在书中阐释的“东方主义”（Orientalism）话语触及当今世界政治、经济、文化和意识形态冲突中的诸多问题，探讨殖民话语，是文化帝国主义思潮的一个组成部分。他从文艺批评入手，借鉴葛兰西的“文化霸权”和福柯的“话语权力”理论，从批评英国康德拉的小说《黑暗的中心》入手，指出西方文化中有一种“东方主义”。这种东方主义是以西方为中心，断言西方文化优而东方文化劣。“东方几乎就是欧洲人的发明，它自古以来就是充满浪漫传奇色彩和异国情调的，萦绕着人们的记忆和视野的，有着奇特经历的地方，是西方人对东方的无知和偏见制造出来的一个神话。”② 东方学者们的著作在描写“神秘的东方”时，总是出现那些刻板的形象：落后、奇异、怪诞、野蛮和丑陋，只懂得强权与暴力。东方主义有一种霸权心态和狂妄的优越感，认为东方只能被西方统治，凡西方给予的，东方都应接受。“可以将东方主义作为西方统治、重建和管辖东方的方法来进行讨论和分析。”③

萨义德的另一本专著《文化与帝国主义》（1993），是继《东方学》之后又一部揭示帝国主义文化扩张与其军事、经济、政治扩张一体性的力作。同样，它

---

① ［英］汤林森．文化帝国主义．冯建三译．上海：上海人民出版社，1999.55.

② ［英］汤林森．文化帝国主义·序二·冯建三译．上海：上海人民出版社，1999.7.

③ ［英］约翰·斯道雷．文化理论与通俗文化导论．杨竹山等译．南京：南京大学出版社，2001.132.

延续了《东方学》的思路，是以话语分析的方法，将后殖民理论应用于文学批判，通过对19世纪和20世纪英法文学经典的解读，探讨现代西方帝国主义问题。萨义德采用“对位阅读”（Contrapuntal Reading）的批评方法，分析阐述“文化”与“帝国主义”的“共谋”关系。诗歌、小说和哲学是为帝国主义服务的，帝国主义观念在现代传媒新的文化形式中得到进一步的表现，这种表现以及生产文化、规范、政治力量和相应的军事及人文现象的世界体系，具有一种已成为制度的倾向，可以制造出超出实际的国际形象，来引导国际范围的社会话语和过程。“文化话语中被内化了的规范、发表观点时要遵循的格局、相对于非官方历史的‘官方’历史：这些当然是所有的社会用来限制公众讨论的方法。不同的是美国在世界上的强大力量和与之相应的强大的国内共识力量。这种由媒介制造出的共识力量是前所未有的。”①

萨义德认为帝国主义在19—20世纪得到加强，但也不断遇到抵抗，包括文化上的抵抗。他希望能对帝国主义在文化领域中的拓殖历史进行描述甚至起到阻碍的作用，他“表达了促成‘富有创意的新人文研究范式’的愿望，希望以此对抗西方新闻和其他传媒的歪曲与操纵”②。但是正如他所说，这只是一种奢望。

萨义德还出版有《遮蔽的伊斯兰：西方媒体眼中的穆斯林世界》，主要从日常生活的观察了解伊斯兰公众从报纸电视接触到哪些信息，这些信息背后的生产者和传播者如何将伊斯兰塑造成为恐怖主义的刻板印象。特别是美国有关报道与评论对伊斯兰世界根深蒂固的偏见，并通过向世界范围的传播加深了西方对伊斯兰世界的误解。其最根本的原因是美国媒体、官方、学界形成的共识，西方人以冲突的心态来看待文明之间的关系。

3. 中国学者对文化帝国主义研究的评价

郭英剑在为1999年汤林森的《文化帝国主义》中文译本所作的序文中认为，汤林森在理论与方法上至少有两大缺陷：首先，他始终如一的西方中心论立场；其次，他虽然运用了福柯的话语分析理论，但只运用了其方法，而舍弃了福柯理论的主干——话语与权力的关系。这导致他否定了第三世界国家文化帝国主义的存在以及忽视了民族性而过分强调同一性。从总体上说，汤林森未对文化帝国主义的理论缺陷、现实处境、文化策略、语言编译、话语权力作出令人信服的说明。为此，郭英剑提出了几个值得深思的问题：首先，媒介是不是中立地、平等地扩散而没有把自己的意识强加于第三世界；其次，文化帝国主义能否为全球化所代替是大可怀疑的；再次，无论是文化帝国主义还是全球化，都涉及民族

① ［美］爱德华·W. 萨义德. 文化与帝国主义. 李琨译. 北京：三联书店，2003. 459.
② ［英］瓦莱丽·肯尼迪. 萨义德. 李自修译. 南京：江苏人民出版社，2006. 73.

性、民族文化与民族主义的问题，这是《文化帝国主义》中较少论及的地方。赵修艺则在序文中称汤林森的著作具有一定的学术深度，对当今文化问题的剖析具有一定的穿透力，但是无论其立论依据或是结论都颇有争议，如有评论者认为，汤林森的“全球性文化宿命”断言所有的社会都面临同样的走向，社会的差异性被抹去，其实是掩盖了不均衡的权力关系，具有为大国资本主义文化霸权脱罪的嫌疑。

有的学者对萨义德的《东方学》和《文化与帝国主义》提出了一些批评。在《东方学》中，萨义德主要揭示了西方资本主义国家是如何建构起“东方学”的，或者说如何通过东方学的建构，把“东方世界”纳入西方殖民主义的想象世界中，从而使他们得以言说、认识、把握、理解、想象、征服、控制“东方世界”。由于地理环境和意识形态方面的局限，萨义德的东方主义概念有着地理上和学科上的局限，同时也导致了他在比较文学方面的局限。在《文化与帝国主义》一书中，萨义德在批判西方殖民主义的文化霸权时只是作了一些客观的描述，而没有站在一个第三世界批评家的立场提出第三世界反对文化帝国主义的策略，他在阐述西方的后殖民策略时，由于态度暧昧，常常被误解为新殖民主义的代言人。另外，萨义德深受福柯影响，将社会和文化过程简化为纯文本的分析研究，忽略了受众的文化复杂性，不能对文化、文学与社会历史语境之间更为复杂的关系作出完整的分析与考察。

四、福柯的话语与权力

法国后结构主义者米歇尔·福柯（Michel Foucault）是在文化史研究中最著名的一位学者。福柯 1926 年出生于法国普瓦提埃，1984 年去世，是法国著名思想家、哲学家、心理学家和文化史学家。他早年曾就读于巴黎高等师范学校和巴黎大学，学习哲学和心理学，1952 年获得心理病理学学位证书，1960 年获得博士学位，从 1968 年起先后担任巴黎大学和法兰西学院等著名大学和科研机构的教授。作为一位著名的结构主义大师，福柯的思想惊世骇俗，私人生活云谲波诡，学术研究更是独辟蹊径。他创立了很多重要的学说，如“知识型”、“知识考古学”、“人的消失”以及“权力生产性”等，重要著作有《古典时代疯狂史》、《规则与惩罚》、《尼采、系源学与历史》、《地下笔记》、《性经验史》等。

福柯早年探讨各种哲学与文化论述，反对人文主义，超越结构主义，否认任何的真理宣称。但在 1968 年法国学生运动失败后，他开始转移重点，研究权力和知识的联结关系，论述与权力的关系，同时发展一种“谱系学”的方法，即一种对历史溯源的批判方法，认为任何事物均可孤立地看，否认历史的连贯性和必然的发展。他批判西方文化中的“求真意志”，揭示各种人文科学知识与权力运作的关系，旨在用被拒斥的历史体验来批判现代西方文明。

福柯被认为是反历史的历史主义者、反人文的人文主义者和反结构的结构主义者，他非传统的思维方式为权力的分析打开了局面。福柯将分析视点完全从权力自身转向对权力具体实施场景的考察，将权力认定为多重力量关系，这些关系是它们借以在其中起作用并构成它们自己组织的那个领域所固有的，权力成为各种力量关系最终运用的战术。既然权力是力量关系，那它就不是落入个人或集团手中而区分从属关系的东西，而是流通于权力网络的行动着的东西。只有在对各类关系的调度、利用和实施中，权力才以整合的外化力量呈现出来。

福柯主要关注语言与社会机构的关系问题，即“话语”。在他看来，对于话语和语言的研究，意味着去识别那些使某些特殊含义成为可能的机构（或团体）的规则；正是这些隐藏的规则或机制主宰着知识的产生。“在每个社会中，话语的制造是同时受一定数量程序的控制、选择、组织和重新分配的，这些程序的作用在于消除话语的力量和危险，控制其偶发事件，避开其沉重而可怕的物质性。”① 他宣称，任何一个社会在建立它的秩序并维护这种秩序的过程当中，必须确立和完善一种话语控制和限制机制。从根本上说，这种机制建立在权力的基础之上。权力是一种“行为模式”，是人们为特殊社会中的复杂境遇所取的名字，是现代社会中最具影响力的一种存在方式，不断地影响并塑造着作为“主体”的人。福柯认为，限制话语的程序或原则有三组，其目标就是通过行使话语的统治权来制定某种话语的规范和标准，以压制和排斥与统治话语相对立、对社会统治秩序起到危害和颠覆作用的话语。第一组是话语压制和排斥程序，它用“理性与非理性或疯狂”、“真与假”、“对与错”的标准来衡量哪些话语符合社会规范，排斥程序最明显和熟悉的便是禁律，其中控制最严密的领域是性和政治；另一排斥原则是区别和歧视，说真话的疯人就是被歧视的一种；而真理与谬误之分是一种历史的、可修正的、制度性的限制系统，这种系统是最主要的，其他两种也在不断地向其靠拢。这在人类文明史上造成了彼此对立的话语体系，使非中心的、处于社会边缘的话语被贬斥为“非理性或疯狂的”、“不真实的”、“错误的或异端的”话语而受到压制和禁止。第二组控制和限制话语的程序是内部程序，包括评论原则、作者原则和学科原则，“评论原则通过采取重复和相同这种形式的同一性作用来限制话语中的偶然因素。而作者原则限制同样的偶然性

① ［法］福柯．话语的秩序．徐宝强，袁伟．语言与翻译的政治．北京：中央编译出版社，2001. 3.

因素则是通过采取个性和自我这种形式的同一性作用”①。学科是通过同一性的活动来限制话语，其形式是规则的永久重新启动，是一种控制话语生产的原则。第三组控制和限制话语的程序是决定话语的应用条件，对话语持有者给予一定的规范，包括规定言语个体的资格和行为模式的仪规，使话语封闭在一定空间的话语社团原则，排斥异端保持忠诚的信条原则，通过教育维持和修改话语占有以及其所传递的知识和权力的社会占有。在哲学领域与这些限制与排斥活动相对应的是通过否定话语的具体实在性来强化限制和排斥，包括使用空洞的语言形式的创建性主体、先验性的原初经验、通过理性的逻格斯（逻辑）的普遍中介，这样话语成为空洞的符号而已，其实在性被否定或忽略。

要抗拒这些控制和限制程序，摆脱对语言的恐惧，必须遵循方法论上的一些原则。首先是反向原则，探索话语的源头，辨认出对话语进行切割和冲淡的活动；其次是断裂原则，把话语当做不连续的实践来对待，恢复语言之力；再次是特殊性原则，将话语视为我们强加于事物的一种暴力或实践，摆脱预先存在的意义；最后是外在性原则，不要走向话语的思想和意义的核心，而是走向话语外部的可能性条件以及引发这些条件的偶然性因素。为此，福柯计划从两个方面进行分析：一是批判分析，运用反向原则分析话语控制的实例；二是谱系分析，即研究话语的形成和发展变化的过程。“批判分析的任务是分析冲淡的过程，但也包括重组和统一话语的过程；谱系分析则将研究它们那同时是分散的、断裂的和有规律的形成。”② 这两种任务是不可割裂的。

福柯与德国首席思想家哈贝马斯曾进行过一场辩论，福柯认为一切知识和人类实践行为都基于权力，否认有理解事物的普遍规范；哈贝马斯认为权力确是社会背后的操纵者，但可分出合法和不合法地运用权力的方式，并认为可建立理想的论述处境，从对话建立共识。

福柯的话语理论虽然不是直接论述文化帝国主义，但是他的话语与权力理论为文化帝国主义论者广泛引用，成为很多理论的基础。他再一次提出了世俗知识分子的使命问题，即如何从话语控制和限制中看清话语后面的权力关系，警惕并挑战文化霸权主义。

---

① ［法］福柯．话语的秩序．徐宝强，袁伟．语言与翻译的政治．北京：中央编译出版社，2001.11.

② ［法］福柯．话语的秩序．徐宝强，袁伟．语言与翻译的政治．北京：中央编译出版社，2001.26.

五、其他文化帝国主义理论

北美的政治经济学学派对文化帝国主义的批判，注重把对国家与企业的分析置于国际舞台的背景下考察，这类研究主要是从斯密塞与席勒创建的学术基础上发展起来，同时也借鉴了西欧与拉美学者的一些观点。他们的焦点主要是跨国公司特别是电信公司和国家权力的关系，全球权力结构如何介入媒介及电信业，对各国尤其是对发展中国家产生了什么样的影响。这些议题涉及媒介帝国主义的构成及其与一般霸权过程的关系、信息控制的延伸和意义、受众的接受活动与接受权力等。

在英国威斯敏斯特大学任教的加汉姆（Nicholas Garnham）曾经从事过电影业，创办了《媒介、文化与社会》杂志，主要著有《电视的结构》、《资本主义与传播》、《电视经济学》、《大众传播政治经济学》等。加汉姆利用马克思主义对商品的分析，认为文化产品的使用价值在被受众体验的同时也就拒绝了同质化的倾向；文化产品应被视为一种斗争的产物，它具有“巨大的颠覆力量”。他欣赏法兰克福学派，但也对其提出了批评，强调大众媒介已远远超越所谓相对自主性的地位，而是一个经济实体，“成为一种存在于具体社会体制与经济、政治和意识形态所赋予的商品特有形式中的紧密缠绕的关系”①。

出生于比利时的法国学者阿芒·马特拉（Armand Mattelart）一直致力于研究传播学尤其是传播的国际化问题。他先是在智利大学任教，1975—1982 年在巴黎第七大学任教，1983—1997 年在法国雷恩大学任教。马特拉担任了各种国际机构委托的非洲、亚洲、欧洲和拉丁美洲的研究项目，写作（包括与他人合著）30 余本学术专著，论题涉及文化、政治、大众媒介和传播历史及理论，其中在欧美传播学的学术界和教育界产生影响的著作有《跨国公司和传播体系》（1976）、《电视，无边界的游戏》（1980）、《计算机和第三世界》（1983）、《文化反对民主？跨国时代的视听》（1984）、《世界传播与文化霸权》（1992）、《传播的世界化》（1996）、《全球化乌托邦的历史》（1999）和《信息社会的历史》（2001）等。马特拉除了分析传播权力的类型，还对文化帝国主义进行了细致的分析研究，提出有关“二次帝国主义（Secondary Imperialism）”的问题以及复杂的形态。他的著作《世界传播与文化霸权》史论结合，认为传播的全球化即意味着经济和社会的全球化。马特拉提出了传播的三个支撑点：首先是战争对传播具有推动作用。传播是为了用来进行战争，战争和战争的逻辑是国际传播的历史

① ［加］文森特·莫斯可．传播政治经济学．胡正荣等译．北京：华夏出版社，2000. 102.

及其学说和理论的主要成分，国际传播就是战斗的话语。其次，传播推动着进步。随着传播技术的飞跃发展，传播成为经济增长和民主发展的测量仪，许多人甚至将其看做是新社会的基石。他还从词源学上分析了“国际化”演变成“全球化”，是商品实用主义的地理经济学的产物。再次，传播还是文化。在商品的标签下，跨国传媒集团通过文化工业和全球化运动强制性地带来的同质化和大众消费文化削弱了文化的独特性，世界市场习惯于把自由引向商业自由，把公民权利引向消费者主权。他按照这三个支撑点的顺序来谈论国际传播的理论和发展历史，对国际传播争议中双方的极端观点进行了批判，力图描绘国际传播历史中碰到的三个主要障碍，第一是“传播”这个词的多重含义。他的结论是将传播定位于文化气氛中。第二个危险是让自己被封闭在“国际的”围墙中，好像有些人在传播网络的另一端时可能被禁锢在孤立状态中。他认为应该将国际的、地方的、地区的和国家的意义进行连接，强调其间的互动作用，拒绝二难推理和二元对立。第三，最根本性的危险是一种国际历史的读者或作者能否逃脱民族中心主义？他认为“现在比任何时候都更要预防并反对一种集体身份向种族中心论的后倾”①。

马特拉是西方发达国家的“左翼”学者，他并非书斋式的学者，而是积极参与实践，对历史进行反思，认为“以商品原则为唯一动力的全球化演进与人权、公民权的维护和捍卫是相左的，坚持传播既是民族空间的结构手段合理性原则的投射载体，又对后冷战时期重新崛起的民族中心主义观念保持足够的理论警惕”②，从而为国际传播研究开拓了新的视野。当然，他的历史反思并非不承认全球化的真实现象，而是抵抗文化宿命论的安排。

以色列学者凯兹（Katz）比较偏重于从内因探究“媒介帝国主义”理论，他与亨德尔合著的《第三世界的广播：期许与表现》指出，不同的发展中国家的“媒介依赖”在程度或种类上都有巨大差别，受到动力（内在媒介的结构、社会政治制度、文化传播、经济结构）和外在因素（“中心”国家所强加的影响）的交互作用。他们认为，国际传播对输入国有正负面的影响，但内在力量在社会变化过程中有它的自主性，第三世界并非束手无策，可以采取一些必要的行动来抵制外来文化的入侵，如政府规定外来节目的最高比例，或者缩短外来节目播出时间（这些措施在加拿大、泰国、马来西亚等国已实施）。另外，在引进外来节目时也可作一些选择。他们还反驳了跨国传播使世界文化趋同的观点，并反对一味排斥外国媒介的策略。

---

① ［法］阿芒·马特拉．世界传播与文化霸权．陈卫星译．北京：中央编译出版社，2005. 303.

② ［法］阿芒·马特拉．世界传播与文化霸权·序．陈卫星译．北京：中央编译出版社，2005. 16.

此外，美国著名政治学家萨缪尔·亨廷顿在《文明的冲突与世界秩序的重建》一书中阐释了“文明”的概念，分析了不同文明的冲突以及产生冲突的原因、西方普世文明的价值，预测了未来文明发展的方向。他探讨了西方普世主义、穆斯林的好战性和中国对自身文化的伸张所导致的冲突，伊斯兰和以中国为代表的东亚文明都强调自己与西方的文化差异。亨廷顿认为现代化不等于西方化，美国的政体对其他国家没有借鉴意义。普世文明是西方文明的独特产物，但是由于美国和欧洲自负地认为西方文明是世界的普遍文明，所以在推广的过程中必然会带来战争和帝国主义。因为宗教是文明的核心因素，所以21世纪的主要冲突将可能是宗教冲突。他的目的是对冷战后全球政治的演变作出解释，提出一个对学者有意义、对决策者有用的看待全球政治的框架和范式，唤起人们对文化因素和文明冲突危险性的注意，最终有助于促进整个世界文明的对话。他的研究属于跨文化传播的范畴，但也为分析文化帝国主义的历史渊源和文明的发展趋势提供了重要的理论。

第四节　文化帝国主义的消解

近年来，虽然发展中国家争取建立世界信息和传播新秩序的斗争陷入了低潮，但捍卫文化主权，抵御并消解文化帝国主义却是各国日益关注的问题。在国际性会议上，关于文化帝国主义的论争一直延续到21世纪初期。对于发展中国家来说，一般可以从以下三个方面着手去抵御并消解文化帝国主义：

一、坚持国家主权和文化主权的原则

广大发展中国家在面对文化帝国主义的威胁时，要加强主权意识，利用国家主权制定严格的法规和政策，利用国家政权的力量对国际传播加以宏观调控，坚持主权的完整性，这是抵抗西方文化入侵、维护和发展本民族文化的根本途径。

在1996年南非的“信息社会与发展”部长级国际会议上，美国再次重申了全球信息化的五个原则：私营化、鼓励竞争、灵活的政策、开放使用和普遍服务，这几乎都是为美国利益服务的，更为美国在全球进一步推行其文化帝国主义找到了极佳的突破口。这五个原则遭到了发展中国家和其他发达国家的反对，有的发展中国家代表提出全球信息化不应变成“全球西方化”或“全球美国化”；法国和加拿大等中等发达国家也都强调要保持语言和文化的多样性。

国家主权在文化上的表现就是文化主权，具体到传播领域就是信息主权，一

个国家完整的主权不仅包括领土，也包括文化信息等方面。

二、制定合理的文化政策法规

制定合理的文化政策法规，是消解文化帝国主义的重要宏观调控手段。具体包括以下六个方面：

（1）法律手段。法律手段的特点是公开性、普遍性和权威性。发展中国家通过制定相关法律法规来保障本国、本民族文化的安全，是抵御文化侵略的重要手段之一。一方面，通过制定法律法规来限制外来文化产品的市场占有率。面对美国强大的文化全球化趋势，一些发达国家也开始进行抵制，制定了颇为严格的限制政策，到 1992 年，大多数欧共体成员国对电视节目的播出都实行了配额制，其中法国、英国、荷兰等国都要求国产节目必须占到 50% 以上。另一方面，通过立法对外来文化产品进行政治上的审查和价值观与伦理道德方面的审查，将不符合本民族文化价值观念的“文化污染”拒之于国门之外。

（2）语言手段。语言是民族文化的一个重要组成部分，它往往充当了文化扩张的先锋。2000 年《日本 21 世纪的新标准》报告建议日本应规定英语为第二官方语言来适应全球化的趋势，引起激烈争议。一些西方学者甚至主张将英语作为亚洲的语言，当然，学习英语不可避免地会带来西方文化、西方价值观念和思维方式的“入侵”，因此他们认为应该发展各个国家的英语变体。为了适应全球化的趋势，更好地进行文化交流，学习西方语言是必要的，但是不能因此而放弃本民族的语言，甚至让英语取代本国语言，而应该大力发展和推广本民族语言。

（3）行政手段。通过行政手段建立全国统一的对入境信息和文化产品的管理体系，同时积极鼓励和扶持本国传播基础设施的建设及相关人才的培养，打造和组合国内传播的整体实力，增强其对外竞争力。一些发展中国家制定了禁止境外节目的相关政策，如独立相对较早、经济相对发达的尼日利亚从 2004 年 4 月 1 日起禁止境内媒体直播国外媒体的新闻报道类节目，而且该国早已开始大力扶持本国传媒业发展。中国政府也禁止公民个人接收境外卫星节目，同时对传媒行业进行整合，组建大型传媒“航空母舰”，以与境外跨国媒体集团进行竞争。

（4）经济手段。对文化事业实行高投入政策，通过直接拨款、对本土文化产品实行优惠税率、设立文化基金等经济手段扶植本民族文化的发展。1999 年中国文化部赴欧洲艺术管理考察团发现，西方发达国家为了宣传其本土文化，在政策、经费上给予充分的保证。如柏林歌剧院年预算 9 000 万马克，国家拨款

7 500 万马克[①]。法国战后一直对电影实行补贴制，经费来源于国家电影部门下属的“支持电影基金会”。1996 年，意大利颁布剧院改制的“367 号法”，虽然将原来主要由政府拨款的剧院财政制度改为私有制基金会管理，但是私人资本在基金会建立时投入的资金可以享受税收优惠，国家设立的文化扶助基金会要按照私有资本注入的数量划拨等额资金[②]。虽然发展中国家经济不富裕，但是也要增加文化产业在国家整体预算中的比例，扶植本民族传统文化的发展。

（5）文化舆论引导。专家们站在一定的高度对引进的外国文化进行适当的点评，帮助民众正确地理解不同的文化内容，吸收精华，去除糟粕。如美国 20 世纪 90 年代的影片《廊桥遗梦》在中国播出时引发关于家庭伦理道德和爱情观念的争论，很多媒体对此设计专门的栏目进行讨论。政府还可以通过舆论导向，在民众中增强民族文化安全意识，提高民族文化的自觉性。

（6）技术手段。发展中国家可以利用技术对境外卫星电视的落地、网络进行限制，另外还可以利用技术手段在国际规则允许的范围内对境外电台、电视台进行电波干扰。信息战是现代战争的主要形式，有的发展中国家在高科技方面的发展已经走在世界前列，如中国和印度。

三、加强发展中国家间的文化合作

一个发展中国家的力量可能是薄弱的，但是团结起来力量就大得多，发展中国家携手合作，建立双边的、多边的和地区性的信息交换组织，是加强相互文化交流与合作、增进人民互相了解、抵御西方文化帝国主义的重要渠道。从 20 世纪 70 年代开始，亚非拉等地区的发展中国家在跨国信息传播领域中，纷纷建立了许多地区性和跨地区性的合作组织，如在亚太地区建立的“亚洲——太平洋地区新闻交换网”、“亚洲电视新闻交换网”、“东盟国家通讯社”等。1977 年开始的东盟 10 国与中日韩 3 国的“10 +3”合作已经扩展到多个领域，包括经济、金融、社会、文化、政治等，新闻交流和媒体合作也是其有机组成部分，通过媒体推荐和报道达到增进友谊、促进各自发展进步的目的，同时对于不同文化背景造成的认识差异与误解进行解疑释惑。1998 年成立的亚洲新闻联盟是由亚洲不同地区的国家级报纸组成的新闻联盟机构，其核心理念是“我们更了解亚洲”，理想是努力实现“亚洲人报道亚洲”，如今已经成为亚洲最大的国际媒体组织。这些合作组织和区域性的文化论坛如博鳌亚洲论坛等，确实为发展中国家联合抵

---

① 蔺海波等．文化部赴英、法、德、意艺术管理考察团报告．艺术教育，1999（6）．

② 张凌霄．意大利三大歌剧院的体制改革．中国文化产业网，2008－03－07．http：//www.cnci.gov.cn/news/culture/200837/news_ 13618_ p2.htm，2012－02－28．

御文化帝国主义、保存和发展文化的多元化形态起到了积极的作用。

一些具有文化相似性的国家提出地区性的文化价值观，与西方文化或美国文化相抗衡。20 世纪 90 年代新加坡总理李光耀提出的“亚洲化”得到了亚洲各国的热烈反应，李光烈主持《北京广播电视学院学报》时期曾经对此进行过专门的讨论。经济的发展和文化的共同性使得亚洲形成了一个整体，甚至连亲近美国的日本也开始倾向亚洲化，亚洲的国际地位得到提高。一位日本著名记者于 1993 年宣称：“美国打喷嚏，亚洲就感冒的日子已经过去了。”一位马来西亚官员补充了这个隐喻：“即使美国发高烧，亚洲也不会咳嗽。”这意味着西方正迅速地失去使亚洲社会在人权和其他价值观上遵循西方标准的能力。亚洲人甚至野心勃勃，想要通过传播使亚洲文化决定世界新秩序。马哈蒂尔总理于 1996 年对欧洲国家的政府首脑宣称“亚洲价值是普遍的价值，欧洲价值是欧洲的价值”①。

不同民族丰富多彩的文化形态是全人类共同的财富，发展多元文化，促进各国、各民族之间的了解与交流应当是国际传播的最终目的。各国应该自力更生，努力发展和提高自己在国际传播市场上的竞争力，让世界听到自己的声音。同时，国际文化的交流与碰撞也是不可避免的，关键在于加强对外来文化的鉴别与消化，将其融入本国的文化体系中，才能更好地发展、丰富本民族文化，更为积极地抵御并消解文化帝国主义的影响。

---

① ［美］塞缪尔·亨廷顿．文明的冲突与世界秩序的重建．周琪等译．北京：新华出版社，1998. 110.

第五章　传播与国家发展理论

"二战"后，亚非拉各殖民地纷纷脱离原殖民宗主国而独立，其最主要的任务就是发展经济、提高国家整体实力，并在国际舞台上占有一席之地。如何积极推进现代化建设，提高人民的文化水平，摆脱传统社会中阻挡现代化进程的因素，成为发展中国家最急切的愿望，"发展"成为一个最响亮而时髦的名词。20世纪五六十年代，大众传播媒介被认为是促进国家现代化的催化剂，西方国家认为，在落后的、新独立的国家中，更快发展的捷径是积极发展大众传播媒介，通过大众媒介既可以动员人民积极参与国家建设，加快都市化进程，加速社会变迁；同时也可以提高人民的文化水平和现代化意识，实现思想观念向现代化的转变。

西方发达国家为了在新独立的发展中国家抢占资源和树立新的政治影响力，在资金和传播技术等方面对发展中国家进行了一定的扶持。李金铨（1983）认为，"国家发展"和"现代化"是美国社会科学家受到美国政府积极鼓励所创造的名词，美国政府为了遏制共产主义在第三世界国家蔓延才在经济上大力扶持亚非拉新独立的国家。美国和西方一些发达国家的学者，在政府和企业的资助下，将研究的兴趣投向亚非拉，开始对发展中国家的贫穷根源与援助措施、文化适应等方面进行探讨工作。联合国的一些机构，如国际劳工组织、世界银行和教科文组织等，每年出资数百万美元用于促进第三世界国家发展项目，同时也积极组织和委托各个领域的专家学者开展对发展问题的研究和调查。第三世界国家的学者、政治家也开始对本国的发展以及西方国家资助的效果等问题进行研究。随着涉足这方面研究的学者越来越多，学术成果竞相问世，各种力量由此汇聚而形成一个跨学科的领域——发展理论或发展研究。

发展理论认为，如果发展中国家采用了西方国家建议的步骤，利用大众传播媒介对传统的社会进行有利的改造，就会带来政治与经济的发展以及社会变迁，最终实现西方式的民主。而发展研究主要是以第三世界国家的发展问题为研究对象，全面探讨这些国家的现代化理论、模式、战略和具体政策。

发展理论在传播学方面就是"传播与国家发展"理论，自欧美学者提出以来，已走过了60多年的发展和演变历程。发展理论大致可分为三种学派或三种范式，也是逐渐递进的三个阶段，即20世纪50年代的现代化理论、60年代的依附理论和 70 年代的世界体系理论。尽管每一种理论的兴起都是建立在对原有理论批判的基础上，但这并不意味着原有理论的失败或消失，而是各种学派共同生存、互相争论。

第一节　现代化理论

国家发展理论最早起源于“二战”以后的社会变迁理论，即现代化理论。现代化理论认为，社会的变革，首先是经济发展，经济发展可以带动其他部门的发展。经济发展过程中，最重要的环节是产业结构的改变即工业化。工业化除了需要投入资金、技术和设备外，还特别需要大量具有现代知识、技能和现代观念的劳动力资源，因此，人的现代化问题显得十分重要。20 世纪 50 年代以后，现代化理论学者认为，只有社会中大多数人的人格结构现代化，社会整体的现代化才有可能实现。现代化理论的代表人物是丹尼尔·勒纳（Daniel Lerner）、埃弗里特·M. 罗杰斯（Everett M. Rogers）和威尔伯·施拉姆（Wiburt Lang Schramm）。他们赋予媒介以强大的威力，认为媒介是一个巨大的“增殖器”（Multiplier），媒介在促进传统社会向现代社会变迁中将发挥巨大而积极的作用。施拉姆甚至把大众媒介比喻为社会发展的原动力，罗杰斯则把社会变革视为西方思想观念与科学技术的传播推广过程。他们的这些观点被称为“传播与国家发展”理论的第一代“范式”。代表作是勒纳的《传统社会的消逝——中东的现代化》、罗杰斯的《农民的现代化：传播的冲击力》、施拉姆的《大众传播媒介与社会发展》以及贝罗的《大众传播与国家发展》，这些均是由施拉姆创办的东西方中心出版的系列著作。

一、丹尼尔·勒纳

1950—1951 年，美国哥伦比亚大学应用社会研究所对埃及、土耳其、约旦、叙利亚、黎巴嫩、伊朗六个中东国家作了一次大规模的社会调查，获得了丰富的调查资料。美国社会学家、马塞诸塞州技术学院的社会学教授、国际研究中心成员丹尼尔·勒纳负责土耳其部分调查工作，后来他对所有国家的调查资料作了详尽的分析、研究，于 1957 年在美国《行为科学》杂志发表了题为“传播系统与社会系统”的论文。在这篇论文中，勒纳首次分析了传播与社会之间的关系，指出了传播在社会变迁中的重要作用。1958 年，勒纳又在此基础上出版了著名的《传统社会的消逝——中东的现代化》一书，该书全面、系统地推出了他的关于传播与社会发展的理论框架，奠定了他在发展传播学史上的开创者地位。勒纳的逻辑简单来说就是“增加工业化便会提高都市化；提高都市化便会提高（人们）读书识字能力；提高读书识字能力会增加媒介的使用；增加媒介的使用会促进经济和政治生活的参与”①。这种模式是世界上所有正在进行现代化的社会都在重复出现的模式。他认为国家发展的社会动力来自两个方面：一是人的“移情能力”能够塑造现代化人格；二是“魔幻增殖器”（Magic Multiplier）——大众传播媒介的作用。他以工业化作为国家发展的先决条件，因为工业化会吸引人们移居都市，这是“地理的移动性”；都市化的过程会造成人们职业角色和地位的改变，即“社会的移动性”；但是社会改变的原动力是“精神的移动性”即“移情能力”，就是转变人的想象力，给予他高度认同新环境的能力，或者是从别人的角色来观察自己的能力。这样一个人才能够跳出传统的职位、角色、地位和身份，成为易于接受变革的现代人。因为传统社会的人格存在内在封闭性与稳固性即惰性，是实现现代化的障碍。而大众媒介是刺激、传递“移情能力”最好的工具，可以将现代化人格扩散到社会各个角落，这样，传统人格和传统社会的生活形态就将消失，第三世界将走向现代化。

勒纳关于传播与发展理论的前提是将传统社会与现代社会视为对立的两端，认为社会的发展是从传统社会趋向现代社会，介于它们之间的则是过渡社会。勒纳认为，所谓现代化，是从传统社会向现代社会演变、过渡的一个系统过程，是都市化、教育、大众传播的普及和公众的参与这四个因素相互作用的过程。在这一过程中，大众传播是重要参与者，传播系统是整个社会系统变化的指针与动因，对现代化进程具有重要的促进和推动作用，没有发达的大众交流体系，现代社会就不可能有效地发挥功能。

对于发展传播学来说，勒纳的创始之功是不容抹杀的。其传播与发展理论揭示了传播与社会变迁之间的因果关系，开辟了一个将传播学探讨和社会发展、社会现代化过程联系起来的新思路。在他的影响下，大众传播作为社会发展和现代化过程中的重要因素引起了人们的关注。在学术界与相关机构中，研究者们开始广泛思考传播在社会变迁、社会发展过程中的角色与作用。勒纳的研究直接启发了施拉姆和罗杰斯等人。之后，许多第三世界国家的学者也纷纷开展了这方面的研究，他们从发展中国家的具体国情出发，注意克服西方学者的某些偏见，寻求符合本民族社会需要的理论与对策，从而使研究工作不断深入。

勒纳关于大众传播无所不在的理论遭到了质疑与非议，有人将其视为狭隘的

---

① 李金铨．国际传播的挑战与展望．台北：时报文化出版事业有限公司，1983．120．

媒介决定论，认为其过于强调媒介对社会历史发展的决定作用，忽视了社会形态、结构及其他因素对大众传播的制约作用，也忽略了其他传播形式对人格的塑造作用，如教育、宗教等。其理论的另一个局限就是明显的西方化取向，即以西方社会为蓝本，忽略了第三世界国家的民族特点、文化传统和具体社会条件。任何一个国家的发展都不是某个单独的因素在起作用，而是政治、经济和文化综合因素的结果。

二、威尔伯·施拉姆

施拉姆是美国传播学的集大成者，他对国际传播的研究是从1956年冷战中苏伊士运河危机开始的，1959年写成了《世界新闻界的一天》，分析14个国家的主要报纸对苏联进军匈牙利和英法、以色列进攻埃及两个事件的报道内容，认为每一份报纸的意识形态立场直接影响它的报道方向。1964年他受联合国教科文组织委托撰写的著名报告《大众传播媒介与社会发展》使其成为国际传播学领域中的重要人物。此外，他还具体研究了有关教育性电视系统在拉美、非洲国家和地区的作用；帮助印度创建了“印度大众传播研究所”，在博士计划中招收国际学生等；他在夏威夷创立的东西方中心也是促进美国与亚洲之间知识合作和交流的机构，为亚洲学生提供奖金，组织亚洲和美国的传播学会议，从事相关的研究、出版工作。

在《大众传播媒介与社会发展》中，施拉姆认为，社会变革的重要条件是人的改变，广泛地传授文化和技艺知识是发展中国家唤醒民众去发展经济的唯一办法，而提高文化知识的唯一办法是充分利用现代传播事业，因为教育的成本高且比较缓慢。大众媒介的信息传播可以加速经济发展所需的社会转变，“特别是加速和顺利进行全国人力资源的动员”①，而迅速的变革通常比缓慢、渐进的变革带来更少痛苦。传播是一种温度控制器，当发展中的经济还不可能满足人们的需求时，提高人们的期望可以使社会温度上升；也可以通过提供解释、给予奖励、加速发展等触动整个文化，从而使社会温度下降。传播具有以下三方面的作用：看门人、决策和教育。传播与社会是相互影响的，不发达国家的传播系统一定也是不发达的。大众传播使得发展中国家的信息流量产生巨大的增长，为国家的发展提供了一种气候。但是信息在国家间流动的现实是：信息交流的通道主要被少数国家所拥有，新闻和信息资料都是从高度发达国家向欠发达国家流动，发展中国家媒介少，接触媒介的人更少。

---

① ［美］威尔伯·施拉姆．大众传播媒介与社会发展．金燕宁等译．北京：华夏出版社，1990. 28.

大众传播媒介在国家发展中起到重要的作用，“在为国家发展服务时，大众传播媒介是社会变革的代育者。它们所能帮助完成的是这一类社会变革：向新的风俗行为、有时是向新的社会关系的过渡”①。所以，“当一个社会开始现代化时，发展的第一批迹象之一即是传播渠道的延伸”②。那么，在社会变革中如何高效地使用大众传播媒介呢？他认为第一就是尽可能地地方化，使民众能够理解、需要媒介内容而且容易进行反馈。第二，在某些传播任务中，大众传播媒介要起到协助人际传播的作用，特别是在改变牢固的信仰和行为方面。他特别强调在进行传播研究时要重视受众反馈，了解发展中国家受众类型和条件、需要等，对于发达国家的研究成果不能照搬照抄，但是可以借用他们的研究方法。

发展中国家怎样才能使传播系统实现现代化并为国家发展服务呢？第一，要增加大众传播投资比例及加强管理；第二，设计一个将大众传播发展列入经济社会发展总体的周密的计划，并且积极推行；第三，培训专业的传播人才。施拉姆对大众传播的作用并不是无限夸大，而是考虑到发展中国家的传统观念和习俗，但是他提出的发展大众传播措施在现实中仍不能全部实施，因为如果国家经济不发展，便无法增加大众传播的投资。

三、埃弗里特·M. 罗杰斯

罗杰斯是美国著名的传播学者之一，曾在南加利福尼亚大学和新墨西哥大学任教，他的著作包括《创新的扩散》、《大众传播与国家发展》、《传播学史》、《农民的现代化：传播的冲击力》、《传播网络：趋向一种新的研究范式》、《议程设置研究：它在哪里，它往何处去?》等，他也认为传播是社会变革的基本要素，变革的过程就是创新与发明的传播扩散过程。他把社会变迁的类型分为两大类：一为内生型，一为接触型。后者的动力来源于外界的新思想和信息的传播。他认为第三世界国家的发展大多属于接触型变化，由于第三世界国家接触了西方发达国家的思想观念和科学技术，致使本国社会结构发生变革。

罗杰斯在《农民的现代化：传播的冲击力》中对南美哥伦比亚五个村庄农民现代化的进程进行了考察，认为识字率、教育、社会地位、年龄和是否具有世界性眼光等因素与农民使用媒介的程度有关，农民接触媒介的程度也和移情能力、创新精神、政治知识、成就需求、对教育和职业的欲望成显著的正比。罗杰斯的这种调查和结论也遭到学者的质疑，因为它不足以代表整个第三世界国家的

---

① ［美］威尔伯·施拉姆．大众传播媒介与社会发展．金燕宁等译．北京：华夏出版社，1990.121.
② ［美］威尔伯·施拉姆．大众传播媒介与社会发展．金燕宁等译．北京：华夏出版社，1990.88.

农民，而且分析模型中的前因、后果和中间变项也过于机械化和随意。

四、现代化理论实质

现代化理论代表人物还有主张“发展即是现代化”理论的带头人埃弗里特·罗伯茨（Everett Roberts）等人，他们将西方发达国家的经济资助机构和教育组织在亚洲和拉美的调查研究称为“散播过程的革新”，使用的是一种自上而下研究传播学的方法，把传播过程看做是单向的流动。现代化理论从本质上来说是一种由外向内的发展理论模式，媒介在这一模式中起着决定性的作用，也就是说，媒介的效果是非常强大的。这种早期传播与发展理论都十分看重大众传播媒介在国家发展中的作用，认为大众传播媒介是桥梁和二传手，第三世界国家通过引进西方先进的传播技术，模仿西方的传播模式，向广大民众传播、扩散现代化信息，从而复现西方发达国家的社会情境。没有媒介的存在，第三世界的发展将是没有指望的。

20 世纪 60 年代现代化理论发展达到高潮，联合国甚至宣布 60 年代为“发展的十年”。现代化理论伴随着西方国家的一系列援助，在发展中国家产生了一定的影响。它的研究提供了大量关于第三世界国家人群的行为、态度和价值观的资料，并帮助那里的大学成立了传播学项目和研究机构，它提出的措施也被发展中国家有限度地接受。拉丁美洲的麦卡纳尼（McAnany，1986）指出，这里的第一代与第二代的本土传播学者，都受过美国功能主义传统的训练。大多数传播研究也都是由美国政府资助，支持现代化理论的。

现代化理论也为分析媒介发展与经济增长之间的关系作出了有益的尝试，但是由于其以西方社会为中心的偏见，主张发展中国家照搬西方模式，因而被认为是替资本主义霸权辩解的借口。在理论上，它看不到大众传播的负面作用而只是单纯强调其正面功能。实际上在许多发展中国家，大众传播媒介通常是受当权者控制的宣传工具，维护的是统治阶级的既得利益，很少鼓励社会改革。它对大众传播在发展进程中的作用也过分扩大，将媒介发展的程度作为一种社会整体发展的指标，却忽略了媒介本身就是社会、政治、经济和文化的产物，而这些因素在发展中具有决定性作用。而勒纳所设想的现代与传统社会的对立也太过绝对化，传统与现代是不可分割的，任何一个社会都不可能完全摆脱过去的传统，特别是在思想观念上，传统文化的影响是深远的，如中东地区仍然保持其伊斯兰的传统世界观。个人的移情能力并不能改变整个社会的结构，现代化不能直接从外面移植，而必须与传统中的精华相结合。

现代化理论和支援计划实施以来，在改善第三世界国家的实际经济状况方面却不尽如人意，贫富差距日益扩大，文盲的人数反而增加，粮食与医药更加匮乏，特别是原有的贫困状况并未得到根本改善，所谓的“发展”逐渐减缓下来，现代化不是解决发展中国家发展问题的灵丹妙药，于是逐渐兴起的批判主义者开始质疑发展主义者计划的正确性，检讨现代化理论的漏洞；同时，第三世界国家特别是拉美国家的学者运用政治经济学进行分析，认为现代化进程最主要的受益者不是第三世界国家的城市贫民，而是西方跨国公司和西方媒体，它们以现代化和发展的名义推销其产品，实行新形式的殖民统治。自 1969 年在教科文组织蒙特利尔会议上詹姆斯（Halloran James）对现代化理论提出质疑后，1970 年巴西学者弗莱雷（Paulo Freire）的《被压迫者的教学法》中对其批评也颇有影响，甚至有人质疑现代化研究是有政治目的的，认为勒纳的研究其实就是在美国政府秘密资助下为美国之音进行的受众研究计划。批评者认识到现代化并非西方化，现代化没有固定的模式可循，发展中国家只能根据本国国情走自己的道路。有学者甚至认为向发展中国家兜售传媒、加速现代化理论是一种犯罪。

20 世纪 70 年代中期，由于推行数十年的发展策略几乎没有获得成功，再加上学者们的质疑，现代化理论修正了他们原先的观点，这些观点被称为新发展主义。罗杰斯开始反思其早期的研究结论，依据在拉丁美洲、中国和柬埔寨的研究，他推翻了以前的一些观点，写下了《传播与发展：批判的观点》。修正后的新发展理论认为，发展政策是讨论传播与发展的先决条件，发展政策确定后，经过大众传播的推动，才有国家的发展。罗杰斯等人认为，大众传播与人际传播同样重要，在制定发展政策时要考虑发展中国家的实际情况，争取群众的参与；地方精英在现代化的进程中也发挥着重大的作用。他们否定了大众传播的强大效果论，认识到传播作用于发展是一个缓慢的过程。而且他们将对大众传播的热衷转变成对新的信息与传播技术潜力的推崇，强调要建设先进的电信传播和电脑设施，建设一个优良的数字化传播系统，通过有效率的私人公司将第三世界国家整合纳入全球信息经济的体系中，参与国际分工。

修正版发展论的实质仍然是继续输出西方科技，只不过不仅仅局限于大众传播媒介，而是扩展到电信等其他高科技，实际上仍然是主张学习西方的模式。其进步之处在于不再强调单纯地接受西方价值观，而是呼吁在接受西方价值观的同时，也结合本土文化，有批判性地接受。这说明其从最先的人格心理入手，发展到结合地方社会结构与文化实践，更加符合现实。

第二节 依附（依赖）理论

20世纪60年代末到70年代，随着对第一代“传播与国家发展”理论范式的质疑和修正，第二代范式——依附理论应运而生。在西方现代化理论学者进行反思的同时，第三世界国家的学者也在急切地为自己的国家寻找现代化发展的病因，他们用依附理论来解释经济、政治和文化发展的状况，其中以拉丁美洲的学者最为突出。

依附理论（Dependency Theory）最初起源于劳尔·普雷维什（Paul Prebisch）1950年在联合国任职期间起草的拉丁美洲经济委员会的经济报告，后来通过许多专门研究拉丁美洲经济发展问题的经济学家们的著作而成为一个独特的理论框架。1976年，墨西哥成立了拉美研究所，主要研究跨国媒体公司及其在拉丁美洲的消极影响，由此促进了对现代化理论的批判。由于依附理论大部分是关于拉丁美洲经济状况的研究，因此也可以称之为“拉丁美洲不发达理论”。

依附理论受到新马克思主义政治经济学方法的影响，摒弃了现代化理论所说的第三世界国家社会经济的不发达应归之于这些国家缺乏合适的现代化观念、社会结构、人力与财力资源、开放政策等方面，认为在阿根廷、秘鲁、智利和巴西等拉丁美洲国家普遍存在持续贫困正是由于它们对发达国家的经济和政治渗透完全开放所造成的。依附理论并没有统一的、系统的著述，只是一些分散在世界各地基本观点相似、遥相呼应的学术思想，它们的中心观点就是：大多数跨国公司的基地都在北方发达国家，在它们各自政府的帮助下对发展中国家进行控制，其手段是通过设置国际贸易条款来主导市场、资源、生产和劳动力。依附理论学者都认为发达国家和发展中国家是一种“中心”与“外围”或“边缘”的关系，发展中国家对发达国家存在着依附关系，稍有分歧的是一派认为这种关系导致了发展中国家“不发达的发展”，造成经济成长缓慢、国内所得分配不平均，代表人物如劳尔·普雷维什（Paul Prebisch）、A. G. 弗兰克（Andre Gunder Frank）、萨米尔·阿明（Samir Amin）等。弗兰克1966年发表的论文《不发达的发展》（*Development of Underdevelopment*）在学术界产生了很大的影响，他认为在“中心—外围”的国际格局下，第三世界国家不可能取得真正的发展，充其量只能是“不发达的发展”。这一派观点被称为古典依附理论。另一派依附理论被称为发展依附理论，代表人物是费尔南多·卡多佐（F. H. Cardoso）、恩佐·法莱图（E. Faletto）、皮特·埃文斯等，他们对“二战”后欠发达国家的情况进行了研究，发现虽然资本主义渗入既有剥削欠发达国家的现象，但也起到了协助当地发展的作用，存在着和依附国家相联系的发展。巴西著名社会学家、总统卡多佐认为，外国企业的利益在某种程度上和依附国家的内在繁荣是相协调的。从这种意义上说，它们促进了发展。他用“联合依附发展”（Assiciated - Dependency Development）模式来解释这种现象，但也强调了由“联合性依附”产生的发展所付出的代价，例如，巴西的经济繁荣的基础是收入分配的倒退和相对贫困的增长。另外，卡多佐指出了这种依附性发展是片面而不完全的，因为它缺少“自主的技术”和充分发育的金融体系，不能成为技术型的进入国际经济循环的自主经济实体，是一种不完全的发展。卡多佐还把依附从经济范畴拓展到政治范畴，把依附看做是一种社会、政治现象。卡多佐认为：“在我们当今时代，发展的问题不能仅仅局限于对进口替代、出口和非出口政策、国内国外市场以及经济目标等的不同的发展策略的讨论。主要问题在于群众运动以及他们对自身利益的意识。”①

一般认为，古典依附理论是以拉丁美洲国家和部分非洲国家为蓝本而建立的，主要适用于拉丁美洲国家，不具有普遍性，不能简单地套用到所有不发达国家，特别是亚洲国家。但发展依附理论却可以应用于亚洲国家和地区的发展实践，被学者用来说明亚洲经济腾飞的原因，认为发展计划已经在诸如新加坡、韩国以及中国香港和台湾地区实现。依附理论有广泛的影响力，但也受到不少批判。古典依附理论批判了西方现代化理论，揭露了帝国主义侵略、剥削的本质，为不发达国家人民的觉醒和团结奋斗提供了理论依据，同时启迪人们充分关注不发达国家的发展问题。但它只重视跨国企业在发展上的外部影响力，忽视了对内部阶级与权力关系的分析，特别是当地买办精英的作用等。主张不发达国家割断与发达国家的关系，走一条完全与他们隔绝的道路，具有很强的空想色彩。发展依附理论分析了不发达国家内部的各种条件，变被动接受经济全球化为主动参与经济全球化，并想方设法在相互依附中发展，借助发达国家资本、技术、管理等优势，获取发展的捷径，从而实现由外围向中心的移动，这种思路为不发达国家提供了一个创造性的取向。但它不能说明亚洲经济发展的情况，因为这种经济发展是非常脆弱的，而且过于追求经济发展会带来自然环境的恶化，不是良性的发展。

依附理论为文化分析提供了更大的空间，在传播方面主要研究跨国媒体政策和传播集团及其与西方政府之间的关系，认为第三世界国家在媒介和文化产品的

---

① 周长城．新依附理论：卡多佐对传统依附理论的挑战．社会科学研究，1997（4）．

生产、流通、消费等领域存在着对发达国家的依附现象，从而形成媒介和文化的依附理论。

拉丁美洲学者从政治经济学的角度对媒介结构与实践进行了具体研究，包括广告、国际新闻体制、电视，研究媒介在拉丁美洲政治风云中所起的作用。马特拉等人还研究了社会反抗与流行文化的建构传统，他们最新关注的是反对通过电脑传播新技术进行的依附延伸，因为这些新科技成为商业化生产的核心，同时也是商业活动进行全球整合的核心，这些新科技的发展强化了媒介的依附现象。如对于有些学者认为第三世界国家民族精英及其媒介运作势力的不断壮大抵消了依附理论的不良后果，奥利维拉（Omar Souki Oliverea）认为依附现象依然存在，“非发展型发展（即不发达的发展——笔者注）如同一个协作互动过程，涉及了依附型的工业化、大众媒介、国际广告业、输入的消费方式以及收入集中化现象等”①。传播政治经济学理论泰斗达拉斯·斯密斯（Dallas W. Smythe）研究兴趣是电子传播的政策、受众商品论和加拿大传播业的依附状况。他的《依附之路：传播、资本主义、意识和加拿大》对加拿大传播依附性的垄断资本进行了具体的分析，说明在非主流的发达国家也存在依附性。

非洲的学者布封（S. T. Kwame Boafo）、尤格鲍亚（F. O. Ugboajah）、尤克（Luke Uke Uche）等人从流行文化到新科技、媒介业的传统问题等方面对殖民统治和新殖民媒介系统所造成的后果提出尖锐的批判，从马克思主义的立场提出要维护国家主权，进行文化的反抗。南非非洲人国民大会1992年施行的《媒介宪章》，内容包括要致力于现代化发展，但必须以民主化为前提，由全体公民充分平等地参与。

亚洲在研究依附模式时比较注重传播与信息新科技方面，因为亚洲一些国家在传播新科技方面突飞猛进，而且运用这些新科技参与国际分工，如印度计算机技术的发展使其成为发达国家信息服务的海外中心。印度的萨伊奈斯（P. Sainath）运用阶级分析来考察新闻的生产与扩散是如何受到西方的影响和地方精英的控制，对西方企图将印度纳入其贸易服务体系作了批判性的分析。加拿大的印度移民学者曼珠奈斯·潘达库尔（Manjunath Pendakur）则偏重从电影、电视和全球传播政策等议题，探讨文化产业在新殖民时期所扮演的重要角色，提出类似依附形式的重建的话题。他认为像加拿大和印度等国拥有一些发展极佳的民族精英产业，却面临巨大危机，是因为这些买办精英为了在国际上占据一席之地不惜牺牲国家主权，最后却被发达国家所抛弃；同时由于国家政治、经济、文

---

① ［加］文森特·莫斯可．传播政治经济学．胡正荣译．北京：华夏出版社，2000. 122.

化自主权的丧失，这些精英也面临国内民众的反对。日本学者梅棹忠夫（Umesao Tadao）以“文明的生态史观”考察欧亚文明历史，将欧亚大陆划分为第一区域和第二区域。第一区域包括日本和西欧，是现代文明高度发展的地区；第二区域包括中国、印度、俄罗斯、伊斯兰世界和地中海领域国家，在古代曾经显赫一时，后来却都走向衰落。第二区域是人类文明的发源地，第一区域从第二区域引进文明。但日本现代化的成功并不完全是西方文明的影响，而是日本内部已经积聚了足够必要的现代性因素，西方文明只是催化剂。铃木莫里斯（Tessa Morris-Suzuki）特别研究了电脑等科技传播所产生的社会后果，探讨了电脑传播方式如何将亚洲贫穷国家纳入国际分工的新秩序中。

依附理论与文化帝国主义的研究有密切的联系，许多学者从“帝国主义”的角度看依附理论，英国学者屠苏将依附理论与文化帝国主义、媒介帝国主义理论放在一起论述，因为它们都是研究以美国为首的发达国家如何利用跨国传媒集团控制以电子为基础的世界传播新体系，而第三世界国家面临传统文化被破坏的危险。但是台湾学者李少南认为依附理论与传播（媒介）帝国主义理论是有区别的：首先，前者并不假定文化及传媒产品输出国有侵略意图；其次，传播依附理论不一定把所有输入的西方资本主义先进国的文化产品视为有害无益；最后，依附理论的研究重点会放在文化产品输入国在吸收及调节外来文化时所扮演的角色上。倘若一国的传播资讯长期依附一些资本主义大国，并且被其制宰，依附理论者会认为这些依附别国的国家本身也有一定的责任。①

依附理论是对文化帝国主义理论的进一步深化，从政治经济学的角度探讨文化帝国主义产生的根本原因，尽管有一些观点和思路不尽完善，但是对于探索第三世界国家的发展模式仍具有启发意义，而且提醒人们关注权力、财富、信息、机遇等社会结构的分配重组，以及在全球化浪潮下如何合理地吸收他国的科技文化成果。依附理论虽然证明的是第三世界国家在政治、经济、文化方面对发达国家存在着依附关系，但目的是要找出摆脱依附的正确道路。

第三节　世界体系理论

世界体系理论的创始人是美国历史学家、社会学家、国际政治经济学家伊曼纽尔·沃勒斯坦（Immanuel Wallerstein），他的三卷著作《现代世界体系》把资

---

① 李少南．国际传播．台北：黎明文化事业公司，1994. 174～175.

本主义历史作为一个体系来进行研究而不是单个的国家，这个体系是由中心区、半边缘区、边缘区三部分组成的一个整体结构。“中心区利用边缘区提供的原材料和廉价劳动力，生产加工制品向边缘区销售，并控制世界体系中的金融和贸易运转。”①

20世纪80年代，社会学家弗兰克（A. F. Frank）对旧的世界体系理论产生怀疑，由此产生新的世界体系理论，形成两大世界体系理论流派。沃勒斯坦的“诸世界体系”从“整体主义视角出发，认为尽管人类经历了多个世界体系，但只有16世纪西欧兴起的资本主义世界经济体系才是真正意义上的世界体系，这就是500年历史的现代世界体系”②。而弗兰克的“单一世界体系”从人类中心主义出发，认为世界体系已经存在了5 000年，从古至今人类有而且仅有一个世界体系。弗兰克认为在资本主义的世界经济体系中形成了不平等的两极：“宗主国”（中心）和“卫星国”（边缘）。处于中心地区的西方发达国家具有经济技术和传播技术方面的巨大优势，剥夺并占有边缘卫星国的经济剩余并用于自己的经济发展，造成卫星国的不发达状态，从而形成卫星国与宗主国的依附关系。他在1998年出版的著作《重新重视东方：亚洲时代的全球经济》（中文译名为《白银资本——重视经济全球化中的东方》）提出了关于世界经济体系演变发展的新观点。他通过考察1400年到1800年间世界经济的结构与发展，发现亚洲尤其是中国在1500年以后在世界经济中居于支配地位。直到1840年鸦片战争以后东方才衰落，西方才上升到支配地位，但这只是暂时的，世界经济的重心正重新转向东方。当然，他并不是简单地用中国中心论取代欧洲中心论，而是将其放到全球经济整体的框架中进行考察。用一种体系架构来更仔细地考察中国与世界之间的关系。他希望“能够帮助中国读者看清中国以及读者本人在这种世界历史进程中所处的位置，而这是西方大多数人至今无法认识到的——主要是因为他们不想正视现实，而宁愿继续仰慕西方的、尤其是美国的大树”③。新世界体系理论认为，发展不单单是经济方面的，还有政治、社会各层面的，是全方位的发展，是一种内外并举的发展模式，任何发展都需要国际上的协调、合作，这是发展的外因，外因要通过内因起作用，起决定作用的还是第三世界国家内部的政治、经济结构和文化背景等因素。

---

① ［美］伊曼纽尔·沃勒斯坦．现代世界体系（第一卷）·序．尤来寅等译．北京：高等教育出版社，1998.5.

② 张建新．大国崛起与世界体系变革．国际观察，2011（2）.

③ ［德］贡德·弗兰克．白银资本——重视经济全球化中的东方·序．刘北成译．北京：中央编译出版社，2000.21.

世界体系理论的研究视角也与上述现代化理论和依附理论不同，它是站在第三世界国家的立场，以批判的眼光，从全球的整体角度来探讨国家发展理论的因素以及传播与国家发展的模式。

随着对传播与国家发展理论的深入探究和不断反思，具有批判精神的传播研究者，从再认识“帝国主义”与“殖民主义”的角度，分析世界体系中国与国之间的政治、经济和文化关系，以国家主权为核心，在全球经济与信息传播的结构中探讨媒介在社会发展中的作用，从而形成了传播与发展理论的第三代范式。该范式的出现，一是因为社会传播科技的飞速发展使媒介显示出前所未有的威力，使得人们对媒介的功能和作用更加重视。另一个因素是由于国际传播界对建立国际信息新秩序的呼声和对文化、媒介帝国主义的理论批判，联合国教科文组织的报告《多种声音　一个世界》提出第三世界国家要努力建立属于自己的话语体系和传播体系，争取国家的话语权和传播权，发挥传播技术的潜能，引导全民参与，这样才能带动国家的发展。所以在这一范式中，媒介在国家发展中的巨大作用再次被突出强调，但是同时也更加看重均衡的传播环境，与现代化理论相比，对媒介功能及其作用的复杂性进行了更多的思考。媒介在国家发展过程中的作用，除了受到国际传播环境和是否全民参与的内部条件限制外，还受到其他五个因素的影响：

1. 社会整合程度

从宏观角度来讲，社会整合程度是指维持社会系统运行的过程，它直接决定媒介所处的社会地位和所扮演的角色。一般来说，社会整合程度与媒介力量成反比关系。社会整合程度越高，社会意识形态越统一，媒介越不自由，所发挥的力量就越小。社会整合程度越低，媒介越自由，所显示的力量就越大。如一些学者研究了中国香港和新加坡的新闻体制，认为香港社会整合程度较低，“政府既不准备通过传媒去营造一种意识形态，也没有许多的社会政策要推销，故此不需要通过控制传媒来积极推动发展”①。而新加坡是通过积极的干预政策动员人民来参与发展，所以对传媒的控制比较严，媒介不能对政府实行有效的监督。当然，整合不仅仅包括政治权力对媒介的控制，还包括经济、文化、法律等各方面，“权力结构不是影响新闻自由的唯一因素，虽然它可能是最基本的因素。其他因素应该包括新闻工作者的新闻理念、法治水平、政治文化、人民对新闻自由的要求和经济发展水平等。这些因素若要产生作用，前提是政、社、经的整合程度要低。否则，它们本可以发挥的开放性作用都可能会被政权所压制，或者它们根本

---

① 陈韬文．权力结构、经济发展与新闻体制：香港和新加坡的比较．现代传播，1997（3）．

就没法发展起来”[①]。在一个高度整合的社会中，媒介只能是统治阶级意识形态的传声筒。

2. 媒介制度

媒介制度决定媒介的所有权和媒介的自由程度，合理的媒介制度有助于媒介发挥作用并推动国家的发展，而媒介制度是否合理取决于发展政策与媒介之间有没有形成良性互动，造福民众。一定制度下的媒介如果能有助于社会发展、满足民众对信息的需求，这种媒介制度就是合理的。而在世界体系下，任何国家的媒介制度都不可避免地受到世界（国际）体系的影响和制约。中国加入WTO就将自己置身于世界体系之中，“中国介入全球化的程度越深，国家主权的控制力与影响力就越受到制约，媒介制度安排就越容易受到国际体系的影响”[②]。所以传统的一元化传播体制已经不可能存在，而是在不断地向西方学习、调整，以适应中国社会发展的需要。但是到底哪种媒介制度更合适，至今还没有定论。

3. 受众整体的文化水平

作为大众媒介的接受者，受众的文化水平决定着媒介的质量和水平，也决定着媒介是否能够在国家发展中充分发挥作用。发展中国家大多数国民整体素质较低，使得有些媒介难以普及，如印刷类媒介和网络等高科技媒介；而受众整体文化水平越高，就越能利用媒介参政议政，实现传媒与社会发展的良性互动。

4. 国家和地区的经济状况

经济因素一方面制约着传播事业的发展，经济不发达必然导致传播事业的不发达；另一方面也影响到传播媒介的普及，每千人受众的媒介拥有量是衡量一个国家媒介是否发达的标志，发展中国家的千人报纸拥有量一般都处于未达基本线的状况。

5. 媒介技术因素

从书籍到报纸，从报纸到广播，从广播到电视，从电视到电脑、通信卫星，媒介技术呈现加速发展的趋势，媒介的种类也呈现依次叠加、逐渐增多的趋势，媒介文化成为整个社会大众文化最突出的特色，对大众文化的形成具有决定性作用。正是因为媒介的作用在社会中越来越重要，很多学者持有媒介决定论的观点，如加拿大的伊尼斯（Harold Innis）和麦克卢汉（Marshall Mcluhan）都是以媒介技术来划分不同的历史时期，伊尼斯认为媒介对社会形态、社会心理都产生

---

① 陈韬文．权力结构、经济发展与新闻体制：香港和新加坡的比较．现代传播，1997（3）．

② 潘祥辉．论国际体系作用于中国媒介制度变迁的途径与机制．杭州师范大学学报（社会科学版），2010（2）．

了重要的影响，“一种新媒介的长处，将导致一种新文明的产生”①。但是传播与发展的早期理论范式正是因此而招致了挫折，从历史的长河中进行考察更加可以发现，媒介并不能决定历史的发展速度及其趋向，科技是人类智慧的结晶，人才是创造历史的决定性因素。仅仅靠发展传播媒介并不能全面实现国家和社会的发展，媒介一方面可以促进和推动社会发展，另一方面也会给社会发展带来负面的影响。

上述五个因素在各个国家和地区都有不同的体现，同时在全球化浪潮下，各个因素也都会受到西方发达国家各方面的影响。媒介在国家发展中的效果是政治、经济、文化等综合因素的结果，但是传播与发展理论三代范式对于媒介作用的复杂性研究始终是一个薄弱环节。随着新的媒介技术的不断涌现，传播与国家发展的新课题也将不断产生。特别是后工业社会媒介力量急遽提升，如何看待媒介角色及其功能，如何看待媒介的细分化与融合以及由此带来的全球性变化，都是我们需要重新慎重加以研究的。

① ［加］哈罗德·伊尼斯．传播的偏向．何道宽译．北京：中国人民大学出版社，2003. 28.

第六章　文化同质化、多样性与本土化

文化是人类社会创造的物质财富和精神财富的总和，有广义和狭义之分，本章主要指的是狭义的文化，即精神文化和制度文化。英国人类学家泰勒（E. B. Tylor）对文化的定义是："包括知识、信仰、艺术、法律、道德、风俗以及作为一个社会成员所获得的能力和习惯的复合整体。"① 随着冷战的结束和经济全球化的深入，不同文化间的相互接触比以往任何时候都更频繁，由此带来两种不同的文化交流后果，一是以美国为首的西方文化对发展中国家民族文化的冲击，带来世界文化同质化的倾向，人们担心各地区、各民族的文化混同为一种单一的、同类的全球文化；二是文化冲突更加频繁，导致一些发展中国家极端民族主义的复活，不同民族、宗教之间的碰撞、摩擦乃至对立、冲突，成为影响世界稳定的重要因素。

人们对20世纪60年代第一个国际"发展十年"进行检讨时，发现经济并不是衡量社会发展的唯一指标，所以在70年代第二个国际"发展十年"，人们开始重视社会和文化的因素。联合国教科文组织1970年在威尼斯召开了第一次讨论文化政策的国际性会议，接着又举行了一系列地区性会议，1982年的墨西哥城世界会议更是提出了"世界文化发展十年"的计划，并于1986年获得联合国大会的批准，1988年开始执行（1988—1997），主要是加强在发展过程中对于文化的重视。墨西哥城世界会议认为，"与那种以国民生产总值为标准来衡量的经济增长过程比较起来，发展过程的内涵要复杂得多、丰富得多、广泛得多"②。联合国开发计划署（UNDP）也对文化问题进行了研究，并撰写了报告。

对文化同质化和多样性的讨论比文化帝国主义具有更广泛的意义，因为文化帝国主义具有某种"侵略"、"被迫"的意味，而文化的同质化和多样化的研究呈现的是不同文化群体之间的融合与冲突，当然，美国文化仍然占有绝对的强势，并由此产生发达国家内部不同层次国家之间的分裂，如加拿大、法国等次发达国家对美国文化的抗拒。正如荷兰传播学者汉米林克所言，"文化同质"是一个比"文化帝国主义"更为广泛的概念，因为它可能包含非帝国主义的关系。

① ［美］威廉·哈维兰．当代人类学．王铭铭等译．上海：上海人民出版社，1987. 241.

② ［美］欧文·拉兹洛．多种文化的星球·序．戴侃等译．北京：社会科学文献出版社，2004. 8.

换句话说，外在的影响可能是被强制的，也可能是源于内在的需求。“文化同质”的过程是指中心国家通过说服的传播方式将其文化传给接收国，其流通不仅是单向的，还牵涉“同化”的概念。尽管接收国对西方文化的吸收有内在需要的成分，但结果是接收国的文化自主受到威胁，文化特性受到摧残。

第一节　文化同质化

一、文化同质化（Cultural Homogenization）现象

文化间对话很大程度上取决于跨文化能力，而西方发达国家在跨文化能力方面具有明显的优势。自20世纪80年代以来，愈来愈多贴着美国商标的电影、录像带、软件、硬件、媒介形式和格式等反映大国文化和价值观的东西影响着世界范围内的文化意识。西方节日、麦当劳以及即使意识形态相对淡薄的纯粹娱乐性的节目也在有意无意间展示、倡导西方社会的生活方式而对发展中国家的人们尤其是年轻人产生了重大影响。电脑、电信和媒介产业之间的融合确保了更多的信息在数字化时代在全球畅通无阻地传播，同时国际关贸协议的一些规定使得发展中国家不得不降低服务贸易壁垒，向西方国家打开市场。由于美国及西方发达国家控制了大部分信息传播所依赖的软件和硬件，加上美国政府一直在推行文化扩展战略，将其生活方式和人权观、价值观通过大众媒介强加给别的国家，“美国化”已对一些国家的社会、政治、法律等文化价值观构成严重威胁。前美国商务部高级官员大卫·罗斯科普在谈到全球化促进不同文化整合时说，“未来的世界文化一定要由美国文化来支配”。“如果世界趋向一种共同的语言，它应该是英语；如果世界正在由电视、广播和音乐联系在一起，节目应该是美国的；如果共同的价值观正在形成，它应该是符合美国人意愿的价值观。”① 在国际传播过程中，由于不平等的文化交流，发达国家处于绝对优势地位，使得传播流通变成了单向的文化倾销，使各国各地区的大众自觉或不自觉地接受和认同美国等西方文化，导致各国各民族独特的文化色彩逐渐消失。

在全球传媒市场，毫无疑问，以美国为首的西方发达国家控制着信息与娱乐在国际上的流动，即使进入21世纪，这种世界信息流通的不平衡仍然存在。语言影响我们对事物的体验，营造知识与文化的氛围，构筑我们的思维方式，还帮助个人与集体找到归属感，但是语言学家认为世界上相当多的语言将逐渐在21

① 雷文. 美国文化如何打遍天下. 世界新闻报. http：//www. sina. com. cn，2003 - 11 - 06.

世纪消失，而使用得多的交际语言特别是英语将成为世界性语言。移动电话、互联网等传播技术为人类提供了新的交流方式，但也带来新的身份认同问题。文化产业在全球贸易中所占的比例不断上升，根据联合国教科文组织的报告，20 世纪 90 年代，经济合作与发展组织成员国的文化与创意产业以每年两倍于服务业、四倍于制造业的速度增长。2006 年，传媒和文化产业制造的全球 GDP 超过 7%，总价值约 1.3 兆美元，几乎是当年国际旅游业 6 800 亿美元总收入的两倍。但是，“文化与创意产业的掌控权慢慢被集中到了一些大型跨国多媒体集团和全球媒体巨头手中。单就平面媒体而言，其出口市场主要由经济合作与发展组织成员国主导，而同样的现象在广电行业的内容生产源上也不难发现。电影业的普遍趋势是一些本土制作与电影业巨头生产的大片竭力竞争，而大部分发展中国家尚不能充分发挥创造力来发展该行业”①。媒介提供的内容不断增加，却不能带来文化的多样性。在过多的选择面前，一些消费者倾向于仅关注一小部分自己所熟悉的题目或题材，而不去了解其他未知或不一样的内容。“受众越来越多地形成各种‘粉丝团’或‘派系’，其成员之间几乎没有直接联系，且往往不愿容纳其他思维方式。这种现象可能会导致‘多样性假象’，掩盖某些人仅愿意与那些拥有文化参照的人交流的事实。”② 在美国覆盖全球的强势媒体和媒介网络中，培养了一个“全球精英族”的中产阶级，他们采取相同的消费方式，青睐国际品牌，“居住在名为‘国际空间’的单一流行文化世界，欣赏相同的录像和音乐，为经营鞋、T 恤和牛仔裤的设计者提供了巨大市场”③。

私人化的、依靠广告运营的西方商业电视模式的全球化带来了全世界消费文化的盛行，这种消费主义的全球化被称为“可口可乐化”或者“麦当劳化”，耐克、麦当劳等美国的名牌以及美国篮球运动员乔丹等名人就是这种文化的缩影。儿童和青年是广告业及品牌业特别关注的目标用户，而他们对美国文化的认同对未来世界文化的发展方向具有重要影响。发达国家（尤其美国）在有意或无意地控制发展中国家的媒介系统和文化生活，通过消费文化的输入和渗透，逐步实现了物质文化的趋同，进而实现政治文化和心理文化的趋同。

---

① 联合国教科文组织．着力文化多样性与文化间对话．France：& place de Fontenoy 75007 Paris，2009.18.

② 联合国教科文组织．着力文化多样性与文化间对话．France：& place de Fontenoy 75007 Paris，2009.19.

③ 联合国开发计划署．2004 年人类发展报告：当今多样化世界中的文化自由．北京：中国财政经济出版社，2004.87.

二、文化同质化的实质

西方发达国家以经济领域为代表的关于全球化的后果有三个假设：在高新科技压力下人们需求的同质化；价格竞争的同质化；贸易经济的同质化。[①] 伴随着经济的全球化，发达国家总是利用既有的科技优势，凭借大众传媒网络和各种舆论工具，不遗余力地宣扬西方主流文化实践和价值观，以单一的视角告诉人们应该如何生活，强调西方主流文化的一元性，并以此为标准去衡量他人的行为和文化，压制文化多元主义的发展，严重地损害了其他非西方国家的区域性文化传统和价值观。

文化的同质化现象是近年来争论激烈的一个话题，从20世纪70年代末到80年代，出现了不少讨论当代世界文化被强势文化（西方文化）同化的著作，其中包括席勒（Herbert Schiller）的《传媒和文化统治》、哈姆林克（Cees J. Hamelink）的《全球传媒中的文化自主》、马特拉（Armand Mattelart）的《跨国际和第三世界：为文化而斗争》等。有人认为文化同质化是文化发展的必然趋势，因为文化交流是不可避免的趋势；有人则对全球文化同质化表示担忧和警戒。20世纪90年代以后，国际传播研究的重点转向了传播和媒体的文化维度。

全球化过程中文化的一元化与多元化之间的张力和冲突，是全球化文化互动的核心问题。强调文化"同化"（一元化）的理论一般集中于两个命题：西方化和商品化。西方化又称美国化或西方毒化，是指以美国为首的西方发达国家利用自己的经济和科技优势，积极推行全球化一致的思维模式、行为模式，对非西方文化及民族文化形成强烈冲击，因此有学者认为全球化就是西方化、美国化。同时，经济全球化带来文化消费主义盛行，"全球化对民族文化的冲击还表现为消费文化的飙兴以及大众文化的风行，它使人们的生活经验发生严重分化和分裂，而对人类共同的文化的意义作出截然相反的解读，从而使人们的文化认同受到了严重冲击"[②]。

由于国际传播多数是跨文化传播，而且传播的内容和产品又属于文化产业，因此国际传播中的文化问题成为无法回避的问题。随着传播科技的迅速发展，传播手段的日臻完善和传播效率的相应提高，社会互动和文化交流日渐频繁。国际传播媒介的普及和时效性的提高，使得整个地球成为一个地球村，每个人都能尽情享受全球的资讯，获得雷同的信息。经过长期的比较，人们可能都慢慢习惯于

---

① 苏国勋．全球化背景下的文化冲突与共生（上）．国外社会科学，2003（3）．

② 陆岩．试析当代西方文化思潮主流思想及其走势．理论探讨，2006（4）．

选定几个固定的获取信息的形式和内容，而这反过来又会刺激同样的形式和内容被重复加工生产，进而导致各民族独特的文化色彩逐渐暗淡，文化差异逐渐消失，取而代之的将是一种世界范围内的单一样式，人们的生活方式和文化意识趋于统一，从而出现“文化同质”现象。美国在现代国际传播活动中占有绝对优势，因此这种“文化同质”可能就意味着各国特别是发展中国家有意识或无意识地认同“可口可乐式”的文化。文化同质化实质上代表着文化的贫乏，代表着各民族创造精神的消亡，导致各文化群体之间的界限越来越模糊，强势文化通过传播媒介对弱势文化进行吞噬。

三、文化同质化的相关理论

随着全球化的发展，越来越多的人强调全球化统治，强调“世界民主”甚至“世界大同”，他们认为文化差异必然会导致社会、经济和政治冲突，因此只有统一的世界文化才能实现人类的和平共处。1993 年联合国教科文组织在《多种文化的星球》的报告中强调了统一性，认为统一性和多样性的平衡对人类的未来至关重要。统一性并不等于一致性，统一性只能补充而不是损害多样性。20 世纪后半期，任何国家和社区无论在经济的发展还是生态与领土的安全方面都得依赖别人，这样一来，“就很需要让各个社区和各个国家之间的关系便于在实践中逐步实现以现今的多样性为基础的更高程度的统一性”①。一些学者甚至对民族国家的存在心存质疑，主张以世界主义的民族观取代民族主义，建立一个世界性国家。

1. 世界主义

世界主义是一种主张世界国家、与民族主义相对应的社会理想。世界主义并不是要抛弃民族国家，而是主张建立一种全球性的精神共同体。1989 年，首次世界主义国际研讨会在波兰举行，讨论了作为新视角的世界主义和当前价值等级问题以及国家地位和世界主义问题。成立了世界主义国际协会，该协会的宗旨是在理论和实践上推进世界主义理想，促使人们建立世界主义的意识，并使之逐渐成为一个保障健全、和平、公正的世界秩序的最有效工具。

纳斯鲍姆（Martha C. Nussbaum）承认自己早期是个世界主义者，认为作为世界公民，应能够逾越国家和民族的地域局限，站在全球、全人类的角度看待问题，关心国际间的正义。但后来她又否认自己是个世界主义者，而是持有更加辩证、更加复杂的观点，不过她仍然认为世界主义是合乎情理的学说之一，当今世

---

① ［美］欧文·拉兹洛．多种文化的星球．戴侃等译．北京：社会科学文献出版社，2004.5.

界有很多问题是国家自身无法解决而有待于各个领域共同研究的国际共识，“合作往往比民族—国家要更有力量”①。

早期德国很多哲学家都具有世界主义的思想，这是德国成为两次世界大战发动国的主要思想来源。德国历史学家弗里德里希·梅尼克（Friedrich Meinecke）在《世界主义与民族国家》中通过对这些哲学家的思想分析，揭示了“德意志从文化民族向国家民族的传统，是通过逐步克服世界主义观念、树立民族思想与民族国家思想才达成的”②。即使这样，德国学者中仍有不少新的世界主义者。哈贝马斯（Jürgen Habermas）也主张世界主义或全球主义，他认为应在保存民族国家作为政治和国际关系主体的前提下，抛弃民族国家的政策，并建立跨国机制以弥补民族国家能力之不足。这种跨国机制的最终完善状态或理想状态，就是一种“没有世界政府的世界内政”③。他认为近些年来世界贸易组织、世界银行和国际货币组织等国际经济体系的建立说明全球主义不仅仅是一种意识形态，而是体现了资本主义结构从国际的向超国家的结构转变的倾向。“我认为，我们在社会发展的某些方面会比在文化领域看到更多的趋同性。第二次世界大战以来我们看到，尤其是在西方社会中诸如贸易和生产、交通和通信、公共教育、城市化等基础结构方面存在着趋同性。甚至连阶级和家庭结构的变化也遵循着同样的模式。”④ 但是他认为各民族社会仍具有富于表现力的特点，还保存着自己明显的特征，民族国家仍有存在的价值。全球化道路既不是“同化”，也不是纯粹的“共处”，而是一种“团结他者”的模式。

德国著名社会学家乌尔里希·贝克（Ulrich Beck）认为，世界已经进入风险社会，世界所有国家和民族已经被纳入一个休戚与共、相互依存的“风险共同体”。⑤ 为了防范文明风险、解决世界当前危机，现有民族国家必须转型为世界主义国家，联合起来，统一行动，为此必须构建一种世界性的协商机制，成立一个国际治理机构。他宣称“世界主义是一种继历史地衰退的国家主义、民族主义和自由主义思想之后出现的又一种可望实现的伟大思想。它与建立一个统一、安全、可持续发展的世界目标联系在一起，指出了人类文明走出当前困境的唯一

---

① 谭安奎. 古今之间的哲学与政治——Martha C. Nussbaum 访谈录. 开放时代，2010（11）.

② ［德］弗里德里希·梅尼克. 世界主义与民族国家·序. 孟钟捷译. 上海：上海三联书店，2007. 11.

③ 苏国勋. 全球化背景下的文化冲突与共生（上）. 国外社会科学，2003（3）.

④ ［德］哈贝马斯·阿纳森. 哈贝马斯谈全球主义、新自由主义和现代性. 国外理论动态，2002（1）.

⑤ ［德］乌尔里希·贝克. 自由与资本主义——与著名社会学家乌尔里希·贝克对话. 杭州：浙江人民出版社，2001. 104.

出路”[①]。贝克一方面认为在全球性危机和风险的时代，民族国家的传统观念已经不能适应现实世界的挑战；另一方面也承认世界主义的思想在现阶段不是要解散或取消民族国家，而是要在一种理想和原则的指导下正确阐释它。贝克认为世界主义与全球主义不同，“世界主义承认真正的多样性，而全球主义否定真正的多样性”[②]。全球主义是一种主张由世界市场统治一切的意识形态，世界市场意味着“美国化”，意味着一种新的帝国主义。世界主义既要照顾到民族利益，又要对其进行合理的平衡与限制；既要反对狭隘的民族主义情绪，又要抵制霸权主义的行为方式。

国际传播中媒介传播内容和形式的趋同、民众消费方式和思维的趋同等现状，是由于发达国家强势向发展中国家不断灌输和兜售其文化产品的结果，却被一些学者认为是理所应当的存在，并由此而产生出“世界大同”的乌托邦幻想，没有看到世界文化的多样性和复杂性，实际上是不可能实现的。

2. 文化消费主义及其批判

文化消费大概出现于20世纪20年代，随着技术革命首先在发达国家出现，进而向发展中国家扩散，并成为发达国家进行文化同化的有力武器。各种媒介特别是广告在消费主义的扩散中起到推波助澜的作用。媒体文化承担着购物指南的功能，同时它本身也是可供娱乐和消费的，是名副其实的“消费的”文化。

波德里亚（Jean Baudrilltard）的《消费社会》既对消费社会现象进行了描述，也分析了消费主义横行带来的弊端。他认为消费“是一种主动的集体行为，是一种约束、一种道德、一种制度。它完全是一种价值体系，具备这个概念所必需的集团一体化及社会控制功能”。“消费社会也是进行消费培训、进行面向消费的社会驯化的社会，也就是与新型生产力的出现以及一种生产力高度发达的经济体系的垄断性调整相适应的一种新的特定社会化模式。”[③] 大众媒介通过消费将个体卷入了消费的集体仪式，阅读一份报刊等于加入这一报刊读者的行列，作为阶级象征来进行一种“文化”活动。计算机媒介只是集体媒介的技术实现，只是这一“最小公共文化”符号系统的技术实现，这一系统促使每个人都来参与，而且每个人都参与相同的事情，不停地更替、重复循环。无论是大众传播内容、广告还是流行艺术，物品的本质或意义不再具有对形象的优先权了，而是作

① 章国峰．“全球风险社会”：困境与出路——贝克的“世界主义”构想．马克思主义与现实，2008（2）．

② ［德］乌尔里希·贝克．自由与资本主义——与著名社会学家乌尔里希·贝克对话．杭州：浙江人民出版社，2001. 205.

③ ［法］波德里亚．消费社会．刘成富等译．南京：南京大学出版社，2000. 72.

为符号在发挥作用，并且是“刚刚从流水线上下来”[①] 的符号，神话般地运转着，到处充满了美国性。大众传播将文化和知识排斥在外，体现的只是一种符号，“电视、广播、新闻、广告：这是一串不连贯的符号和信息，其中所有秩序都等同化了”[②]。这种符号意味着大众媒介所提供的信息并不是真相，而是“与这些传媒的技术实质本身联系着的、使事物与现实相脱节而变成互相承接的等同符号的那种强制模式”。越是使用“直播”，用色彩突出等手段来报道、追踪真实，“对世界真实的缺席随着技术的日臻完善就会越陷越深”[③]。所以大众媒介就提供了一种包装和曲解的功能，“画面消费”的后面隐约显示着解读系统的帝国主义。所以消费世纪是一个彻底异化的世纪，是一种被商品逻辑支配着的工业和社会生活的普遍化模式，它的特征是先验性的终结，在消费的普遍化过程中，再也没有灵魂，没有先验性，没有思考，只有符号的发送和接收，个体缺少对自身需求的审视。

消费主义是以追求和崇尚过度的物质占有或将消费作为美好生活和人生目的的价值观及其行为实践。消费主义具有很强的诱导性，促使低收入阶层向高收入阶层的消费模式看齐，通过跨国新闻媒介的报道和广告、电影等形式宣扬西方发达国家的生活方式，形成发展中国家对西方文化的认同，以消费主义的一元性排斥其他生活方式和存在方式。莱斯利·斯克莱尔（Leslie Sklair）认为全球体系中的消费主义只有被当做一种文化—意识形态的实践时才能被完全理解，他认为不是西方文化，而是“消费主义文化—意识形态”支配着第三世界，因此应该去分析某些特定的跨国资产阶级和跨国公司是如何将体现全球资本主义发展的消费主义文化—意识形态传播开来的，他写作《跨国资本家阶层》也正是为此目的。斯克莱尔认为“某些本土文化是可能被毁灭的，但是另外一些本土文化形式，如果它们有利于全球资本主义利益的话，就能够存在下去，甚至走向繁荣”[④]。但是它们将不可避免地被改头换面，特别是朝着商业化方向变形。斯克莱尔所说的这种现象无疑是客观存在的，我们对民族文化走向世界的结果不能持盲目的乐观态度，因为这些民族文化必定为了迎合西方或世界的口味而进行了重新诠释和包装，已经不再是传统和正宗的本土文化。

3. 文化同质化及其批判

荷兰传播学者哈姆林克（Hamelink）认为，过去文化与文化交流都是双向

---

① ［法］波德里亚．消费社会．刘成富等译．南京：南京大学出版社，2000. 121.
② ［法］波德里亚．消费社会．刘成富等译．南京：南京大学出版社，2000. 128.
③ ［法］波德里亚．消费社会．刘成富等译．南京：南京大学出版社，2000. 130.
④ ［英］莱斯利·斯克莱尔．全球化社会学的基础．田禾，黄平译．社会学研究，1994（2）.

的，即使在古代或中古世纪，强势文化如中国、埃及、希腊等国的文化与其他文化都曾相互影响、相互交融。即使在进行军事侵略时，也没有完全消灭对方的文化。但是20世纪的文化帝国主义却具有相当的毁灭性，西方工业国家在对外进行军事、政治或经济扩张的过程中，文化影响是其核心目标，这导致文化同质化情况日益严重。哈姆林克认为，文化同质的过程指的是“中心国家某些文化的发展，是以说服的传播，而传给接收国”。因此，这不光是单向的关系，更牵涉“同化”的基本概念。[①] 哈姆林克认为文化同质过程有两大管道：一是跨国广告，二是传播科技的转移。有四个国家主导着国际广告业，其中又以美国最为重要，世界上最大的广告公司大半来自美国，广告业在美国的国际化商业传播文化的计划中起着重要的支撑作用。很多顶级广告商和市场机构有着紧密的联系，进一步限制了在国际广告业活跃的跨国公司的数量。由于发展中国家相继对电视业解除管制，美国广告公司以惊人的速度成长、高度集中，并成为大型公司的跨国市场服务机构。如今广告业所扮演的角色已经超出了它以往的传统业务范围，而提供一整套全球性业务，包括广告、销售、商品宣传、媒介服务、公共关系和管理顾问。由于广告不像新闻、电视节目那样明目张胆地宣扬发达国家的价值观和生活方式，跨国广告通过消费的形式诱发发展中国家人们的消费欲望，改变其消费形态，以潜移默化的方式改变人们的生活形态，从而加深其对发达国家的经济和文化依赖。不断发展的数字化技术和光纤通信使跨国公司可以在全球范围内提供新的传播形式和服务，卫星终端的可移动性和轻便性确保国际传播变得更方便。为了使新的传播科技更多地为跨国集团所利用，以美国为首的西方发达国家对世贸组织、国际电信联盟等国际机构施加压力，迫使发展中国家同意更多地开放市场，方便西方国家科技的进入。这些发达的传播科技成为文化的重要载体，全球性文化的同质性导致发展中国家丧失了资源分配的能力，使发展中国家的文化主权受到了损害。

很多学者认为全球化同时存在着文化同质化与多样化两个极端，美国的福山（Francis Fukuyama）虽然认为存在着政治和经济意识形态的趋同现象，但他否定全球化必将导致文化同质化的看法。他指出，各民族尽管面临压力但仍将继续保持它们的个性。对于深层次的文化因素，人们是不会轻易抛弃的。“在当代世界，我们看到一种奇怪的双重现象：一边是普世的大同世界的胜利，一边是各民族依然存在；一方面现代经济和技术以及理性认可作为世界唯一的统治合法性基础的理念在普及，使人类不断地同化，另一方面到处都在重新确定（至少在政

① 彭芸．国际传播与科技．台北：三民书局，1991. 207.

治层面上）抵制这种最终会强化人民和民族之间隔绝的文化价值。”①

英国历史学家汤因比（Arnold Joseph Toynbee）的《历史研究》中讲述了各个民族的兴起与衰落以及前景，他认为人类将会实现政治和精神上的统一，不过这种统一必须以平等为前提，自主实现而不是通过侵略或强制，而且西方国家文明将走向衰落而以中国为代表的东方文明将再次复兴，为未来的统一作出贡献。

加拿大的赵月枝和罗伯特·A. 汉凯特承认，无数人同时在体验着一致的媒体形式、媒体产品、渠道和景象，媒体的管理也有全球同质化的趋向，西方媒体的市场管理体系多多少少都被发展中国家所采用。但是媒体效果并非能够同质化的，“大量研究证明，不同社会阶层和文化背景下，受众对媒体文本的解读具有差异性，对不同形式的媒体接受程度也不同”②。

4. 对文化同质化的抵制

世界上很多国家已经意识到文化同质化给民族文化带来的危害，世界电影和电视节目的模式化带来文化的同质现象，直接影响到国家文化、信息主权的完整性。认识到这一点，从欧共体到伊斯兰世界再到东南亚、中国和印度，都已表现出对传媒全球化给民族文化所带来冲击的关注，各国都在致力于通过传播媒介宣扬自己的政治主张，保护自己的民族文化，防止被演变和同质化。许多国家都制定了相关规定以抵御美国文化的渗透，维持一定数量具有本地内容特色的电视节目，并且大力提倡本土文化。如加拿大广播公司要求其全部节目时间的60%必须是加拿大的节目，电台要反映加拿大生活和文化的现实和特色。法国要求电影和音像节目至少60%必须是欧洲的产品，且至少40%必须是法语原创节目。③法国政府还规定用英语做的广告必须加上法语的译文，而且必须保证大小一样；同时大力支持本国电影业的发展。

一些发展中国家采取行政或技术手段限制对国际电视的接收，如新加坡、马来西亚、印度尼西亚和伊朗等国纷纷禁止进口、销售和使用卫星接收天线。中国政府也明确规定由国家对卫星地面接收设置的生产、进口、销售、安装和使用实行许可制度。各个国家通过节目规划或技术控制等手段引导文化意向，在一定程度上抵制了文化侵略。

不可否认，各国在发展本国文化的过程中也面临不少问题，最根本的是由于政治、经济的不独立、不发展造成的。面对西方发达国家的文化同质化现象，发

---

① ［美］弗朗西斯·福山．历史的终结及最后之人．黄胜强等译．北京：中国社会科学出版社，2003. 276.

② ［加］赵月枝，罗伯特·A. 汉凯特．媒体全球化与民主化悖论．新闻与传播评论，2003.

③ ［英］达雅·屠苏．国际传播：延续与变革．董关鹏主译．北京：新华出版社，2004. 225.

展中国家一方面不能一味地闭关自守，排斥外来文化，因为自古至今没有一种文化是封闭的系统，而是在不断汲取外来文化精华的基础上不断地完善、丰富本民族文化；另一方面，发展中国家的文化在国际传播中处于弱势，很难与西方发达国家竞争。如何解决这些难题是发展中国家面临的重要课题。

第二节　文化多样性

一、联合国对文化多样性的重视

文化的多样性是一种现实，不同民族国家历史的起源不一，形成的文化特色也是不一样的，这是世界的精彩之处。联合国自 20 世纪 90 年代后期以来在世界文化报告中一再强调同质化和多样性同时并存，“鉴于很多西方模式在科学技术的支持下正在发挥着巨大影响力，文化侵蚀问题已然成为全球关注的焦点。尽管如此，将全球化等同于标准化、文化同质化却是言重了”①。1998 年《世界文化报告——文化、创新与市场》、《2004 年人类发展报告：当今多样化世界中的文化自由》、2009 年世界报告《着力文化多样性与文化间对话》，以及教科文组织 2001 年通过的《世界文化多样性宣言》、2005 年在巴黎会议上通过的《保护和促进文化表现形式多样性公约》等，都确认文化多样性是人类的一项基本特性。

1993 年联合国教科文组织在《多种文化的星球》的报告中，把世界文化定义为由欧洲文化、北美文化、拉丁美洲文化、阿拉伯文化、非洲文化、俄罗斯文化和东欧文化、印度文化和南亚文化、中国和东亚文化等不同部分构成的有序组合，以及经过整合加以平衡的多样化的产物。联合国开发计划署《2004 年人类发展报告：当今多样化世界中的文化自由》对一些批判多样性的谬论进行了批驳，这些谬论主要包括以下五点：第一，人们的民族身份是与他们对国家的归属感相冲突的，因此承认多样性和统一国家之间存在取舍；第二，各民族群体在价值观的碰撞中很可能产生暴力冲突，因此在尊重多样性和维持和平之间存在取舍；第三，文化自由要求捍卫传统习俗，因此在承认文化多样性和发展进程、民主和人权进步等其他人类发展的优先事项之间存在取舍；第四，民族多样性的国家较难发展，因此在尊重多样性和促进发展之间存在取舍；第五，有些文化更有利于推动发展，有些文化拥有固有的民主价值，而其他文化则不然，所以在文化

---

① 联合国教科文组织．着力文化多样性与文化间对话．France：& place de Fontenoy 75007 Paris，2009. 6.

包容和促进发展与民主之间存在取舍。对此，该报告认为，个人可以也确实拥有互为补充的多种身份，包括民族、语言、宗教、种族以及公民，可以在多个团体中取得认同；没有经验证据显示文化差异和价值观的碰撞是暴力对抗的原因，甚至有学者认为文化多样性减少了冲突的危险；文化自由并不是盲目地效忠传统，文化是在不断地创新的过程，人们会随之进行调整；国家发展与多样性没有关联，马来西亚、印度是多元化文化的国家，但是近些年来也取得了较大的发展；无论是数据分析还是历史研究，都没有证据表明文化与经济进步和民主之间有因果关系。因此各国应该制定多元文化政策，促进多样性和多元化。

对于如何利用传播媒介促进文化的多样性，联合国教科文组织报告认为，第一，要制定传播与文化内容多样性的政策。第二，“组建多样化的新闻编辑队伍，形成在文化背景和性别等方面多样化的媒体结构，会对保持媒体内容多样性发挥关键作用”①。第三，创新媒体运作方式和挖掘用户提供内容的潜力。媒体要不断改革新闻报道的方式，进行跨媒体的联合；网络用户则提供了非主流信息的来源，促进了传播的民主化。第四，传播内容的多样性。要不断创新传播内容，拓宽内容的生产和发布渠道，确保在各种讨论中实现观点的平衡。

二、同质化中的传媒“逆流”

随着美国高度职业化与商业化的媒体运作模式给全球带来的媒体融合与同质化的趋势，发展中国家也在积极整合力量进行应对。数字技术与卫星网络的应用，使发展中国家一些地区性的媒体机构发展成为全球性的媒体，从而在发达国家流向发展中国家的信息主流中出现了一种“逆流”现象，即有些发展中国家的媒体在某些方面成为国际信息的主要来源，使全球媒介版图出现了一些变化。“一些发展中国家逐渐在文化和媒体设备出口、内容生产领域崭露头角，推动了所谓的‘逆流’。”②

由于制定了增强全球竞争力的战略，发展中国家的文化和媒体设备出口量在1996—2005年间迅速增长，导致媒体内容地方市场和区域性新媒体中心崛起，如泛阿拉伯中东广播电视中心、拉美影视剧（被称为“telenovelas”）在全球日益受到重视。卡塔尔的半岛电视台在美国“9·11”事件之后声名鹊起，被称为中东的“CNN”，它多次率先播放本·拉登和其他基地组织领导人的录像声明，

---

① 联合国教科文组织．着力文化多样性与文化间对话．France：& place de Fontenoy 75007 Paris，2009. 20.

② 联合国教科文组织．着力文化多样性与文化间对话．France：& place de Fontenoy 75007 Paris，2009. 18.

从而引起了全世界的广泛关注。每当阿拉伯世界发生危机时，它的受众就大幅攀升，特别受到西方精英的重视，希拉里·克林顿2011年3月在美国参议院外交委员会关于中东的发言中说："我们处在一场信息战中，我们正在失去这场战争……半岛电视台赢了。"[①] 印度的宝莱坞电影主导着南亚影院市场，在阿拉伯世界、中亚、俄罗斯和许多非洲国家都十分流行。印度建立了世界上最大的电影与录像带产业，"好莱坞可影响全球26亿人，而宝莱坞则影响着36亿人"[②]。印度的卫星电视频道Zee TV在全球125个国家用7种不同语言播放的经典连续剧《罗摩衍那》、《摩柯婆罗多》被包括英国、美国的电视频道在内的世界众多频道重播。但是两者在电影出口总收入上是不能相提并论的，1993年，美国电影出口的收入是印度电影的750倍。[③] 中国中央电视台已经在全世界多数国家落地，面向海外华人的凤凰卫视也具有一定的影响力，中国的电影也引起世界的关注。巴西的环球电视在与美国时代生活集团合作的情况下，把电视频道、电视节目、广告出口到世界各地，1999年向全球130个国家出口娱乐节目，成为拉丁美洲最有实力的媒介集团之一。此外还有韩国的流行音乐和电视剧在世界带来的"韩流"现象、日本的动漫和电子游戏对西方青年的影响等，都是文化逆向流动的典范。

之所以会出现这种"逆流"，第一是因为发达国家科技手段和传播模式起到一定的帮助作用，许多跨国公司在发展中国家提供的印刷、传播技术提高了媒体产品的品质和传播速度；在内容和传播方式上，许多发展中国家都是参照发达国家的传播模式，打入世界市场。第二个原因是发展中国家政治的民主化和文化复兴运动。随着越来越多的国家走向民主政治，放松了对媒体的管制，这些国家的媒介市场越来越繁荣；国家对文化产业的民族化制作大力支持，各种促进传播与文化内容多样性的政策在繁荣多元主义、促进不同观点自由流动方面发挥着重要作用。第三个原因是网络、移动电话及其他新兴媒介工具催生了一些小型的媒介机构，使得有特色的小型媒介也能够引起国际关注。

这些文化"逆流"提高了非西方文化的国际地位，泛地区或跨国新闻网的不断涌现都反映了"自下而上的全球化"，这种全球化创造了很多新机遇，让来自不同群体的声音有机会被更多人听到；同时使传媒与文化内容的生产和发送、

---

① ［英］柯林·斯帕克斯．不断进行有价值的探索与努力——国际传播与信息新秩序漫谈．吴长伟译．中国记者，2011（8）．

② 联合国开发计划署．2004年人类发展报告：当今多样化世界中的文化自由．北京：中国财政经济出版社，2004. 86.

③ ［英］达雅·屠苏．国际传播：延续与变革．董关鹏主译．北京：新华出版社，2004. 278.

消费模式等经历了翻天覆地的变化。但是这些文化的“逆流”并没有使西方媒介的控制力缩小，也没有充分说明媒介文化多样性已经成为国际主流。上面所说的“逆流”案例大部分是跨国公司的杰作，其成功之处也主要是模仿西方发达国家的媒体运作方式。印度大众媒介研究主要采纳英国和美国的传统观点，再加上印度自身的影响，形成了正统传播学的印度版本。

三、文化多样性的理论

1. 文化多元主义

文化多元主义是20世纪50—60年代兴起的主张承认并尊重族裔文化差异的文化思潮，重要代表人物有威尔·金里卡（Will Kymlicka）、詹姆斯·塔利（James Tully）、亚瑟·施莱辛格（Arthur M. Schlesinger）、查尔斯·泰勒（Charles Taylor）、迈克尔·沃尔泽（Michael Walzer）等。虽然其中又分很多流派，但是基本的一点就是承认文化差异的客观事实，因为差异性为世界的丰富多彩、生活方式的多元选择提供了可能性，“差异性被视为人类昌盛的必要条件，它向个人，不论男女提供各种选择权，使他们的自主权富有意义”[①]。他们认为文化之间的转化是非常困难的，消除文化差异的做法将付出巨大代价。他们还主张文化平等，无所谓文化优劣，即使是少数群体也应享有平等的文化和政治权利。如迈克尔·沃尔泽主张多元主义正义论，认为应当存在一种唯一的多元主义原则和一种唯一正当的多元主义，而正义原则包括自由交换、应得和需要。国际正义也应当以多元主义为依据、以复合平等为目标，彼此尊重各自的主权、历史文化和自决权。

有些文化多元主义论者并不是真正站在少数群体或劣势文化方面，而是站在白人优越论和等级论的基础上，表面上承认文化多元，实质是维护强势文化。保守主义的多元文化论者施莱辛格认为美国这个文化大熔炉正面临着多元文化主义的挑战，他指责“多元文化主义有关差异政治和族裔少数群体权利的主张过分彰显了族裔文化的差异性和独特个性，这将极大地影响美国的国家认同与凝聚力”[②]。他认为多元文化主义依赖于对种族的狂热崇拜，是与极端的民族主义和国家分裂主义联系在一起的，将会导致美国社会的碎片化和部落化。为避免这种危险，必须塑造美国国家认同的美国信条。

2. 文化民族主义

文化民族主义是民族主义的一个分支，强调自身文化的发展自主权。民族主

---

① ［美］迈克尔·沃尔泽．论宽容．袁建华译．上海：上海人民出版社，2000.11.

② 王敏．多元文化主义差异政治思想：内在逻辑、论争与回应．民族研究，2011（1）.

义的研究在西方已经拥有长期的历史积累，美国学者里亚·格林菲德在《民族主义：走向现代的五条道路》中对民族主义的概念及其历史发展进行了分析。认为民族主义最初是16世纪在英国出现的一种意识形态，它包括民族认同与民族意识以及有关民族的现象和意识形态，其原则主要是平等主义、世俗主义和人民主权，对于自己民族的集体尊严、民族声望、民族地位的维护和重视导致民族主义天生就具有竞争意识，这种竞争影响了国际政治领域和军事扩张，也影响了各种文化创造领域。他用民族主义定义现代性，认为民族的观念构成了现代性的本质元素。依存于符号而存在的文化是人类生存的不可缺少的条件，“文化所提供的社会等级的独特意象构成了所有给定社会的本质元素”[①]，当然，文化又受到宏观情境的结构制约。不过，格林菲德的民族主义不是狭隘的国家或民族，他认为一个民族也可以是全世界，从而产生世界公民，这与世界主义又有相似之处。曾流浪多个国家的美国爱尔兰裔学者安德森（Benedict R. O’ Gorman Anderson）不同意西欧是民族主义发源地的观点，他认为18世纪末、19世纪初发生在南北美洲的殖民地独立运动才是第一波民族主义，是一种不以语言为要素的民族主义；1820年后在欧洲出现的第二波民族主义是一种群众性的语言民族主义；19世纪中叶后欧洲的第三波民族主义被称为“官方民族主义”。民族主义何以会在人们的心中激发一波又一波的历史巨浪呢？因为关于民族的想象能在人们心中召唤出一种强烈的历史宿命感。“‘想象的共同体’不是虚构的共同体，不是政客操纵人民的幻影，而是一种与历史文化变迁相关，根植于人类深层意识的心理的建构。”[②] 有学者顺此思路提出“想象霸权”，如中国的民间故事《花木兰》被美国人做成了动画片，在全球最大范围地传播，“结果全世界对‘花木兰’的想象，就成了美国人的版本——想象的话语权被美国人拿到了。埃及王子、阿拉丁神灯……其他国家的形象也一样都被美国人拿到。也就是说，强势文化以这样的方式来改写你的想象”[③]。《功夫熊猫》是中国的文化材料，却被好莱坞塑造成美国的价值观。民族主义不再只是一种意识形态或政治运动，而是一种更复杂、更深刻的文化现象。

英国学者柏林（Berlin，I.）认为民族主义有四个特征：“坚信归属一个民族是压倒一切的需要；坚信在构成一个民族的所有要素之间存在着一种有机关

---

① ［美］里亚·格林菲德．民族主义：走向现代的五条道路·导言．王春华等译．上海：上海三联书店，2010. 19.

② ［美］安德森．想象的共同体：民族主义的起源与散布·序．吴叡人译．上海：上海人民出版社，2003. 13.

③ 李宏宇．《指环王》是否在洗你的脑．南方周末（文化版），2004－04－08．http：//www. south-cn. com/weekend/culture/200404080013. htm.

系；坚信我们自己的价值，仅仅因为它是我们的；最后，在面对争夺权威和忠诚的对手时，相信自己民族的权利至高无上。”①

民族主义按照内容可以分为政治民族主义、经济民族主义和文化民族主义等，按照思想的开放性又可以分为自由主义的民族主义和保守主义的民族主义等。文化民族主义是一种运动，也是一种思潮。文化民族主义的兴起是和文化全球化相伴而生的产物，在文化全球化过程中，许多西方学者以西方文化为母体，认为西方的消费模式和大众文化在全世界的传播正在创造一个普世文化。但是这种观点不被发展中国家学者所认可，20 世纪世界各地特别是发展中国家掀起文化民族主义的浪潮：20 世纪上半叶，拉丁美洲的文化民族主义潮流在史学领域、文化艺术领域、建筑领域和电影领域都有广泛的涌动；中国内地在 20 世纪 90 年代至 21 世纪初，文化民族主义形成一股强劲的社会文化思潮，兴起汉服热、国学热等民族文化热，对西方说“不”、抵制圣诞节等思想文化运动；韩国 1994 年也开展了一场以减少外国文化对青少年影响为主旨的运动，对西方音乐、电影的进入实行严格的限制，并在广告牌、商品标签标上“身土不二”的标志。

关于文化民族主义的定义，中国的郑师渠认为，“所谓文化民族主义，实为民族主义在文化问题上的集中表现。它坚信民族固有文化的优越性，认同文化传统，并要求从文化上将民族统一起来”②。日本吉野耕作认为，“所谓的文化民族主义，是指民族的文化自我认同意识缺乏、不稳定，在受到威胁时，通过文化自我认同意识的创造、维持、强化，争取民族共同体再生的活动”③。

文化民族主义研究有两种趋向，一种认为文化民族主义是反现代化的、非西方化的，如美国学者艾恺（Guy S. Alitto）在《世界范围内的反现代化思潮：论文化守成主义》中所说，“传统与现代化是水火不相容的，前者代表着人性，而后者代表着非人性”④。另一种认为文化民族主义在现代化进程中的作用是积极的，文化民族主义不是文化保守主义，文化保守主义具有排拒性，而文化民族主义主张在灌注时代精神和融汇世界文化基础上推动民族文化现代化。大部分中国学者对近代以来中国的文化民族主义研究得出的结论都是文化民族主义是一种现代化思潮。但也有个别学者，如陶东风在其著作《现代中国的民族主义》中认为，在中国，文化民族主义与文化保守主义基本上是同一个东西。

---

① ［英］柏林．反潮流：观念史论文集．冯克利译．南京：译林出版社，2002. 411 ~412.

② 郑师渠．近代中国的文化民族主义．历史研究，1995（5）.

③ ［日］吉野耕作．文化民族主义的社会学——现代日本自我认同意识走向．刘克申译．北京：商务印书馆，2004. 70.

④ ［美］艾恺．世界范围内的反现代化思潮：论文化守成主义·前言．贵阳：贵州人民出版社，1999. 4.

当代文化民族主义与传统的文化民族主义不同。殖民地时代的文化民族主义的目的与任务在于塑造一种民族优越感和认同意识，从而鼓舞民族的成员建立属于自己的拥有独立主权的民族国家。这种文化运动具有强烈的政治目的，也就是人们常说的“文化搭台，政治唱戏”。但是随着大众文化和大众传媒的发展以及雅俗文化的互动，全球化时代的文化民族主义具有语言中心主义、跨国性和稳定性等特点，强调在文化趋同的国际形势下的民族文化特色，文化民族主义强烈主张学习西方，是将自己民族的文化传统与西方文化结合起来，既不盲目排外，也不固执传统。“文化民族主义的核心思想是：各民族文化相互尊重，多元民族文化和平共处，它是自由的、平等的、开放的及和平的。”① 当然，在现代社会也存在着极端的文化民族主义思想，如民粹主义、原教旨主义等，这些思想是导致文化冲突的主要根源。

3. 第三文化

近年来，在全球文化和文化全球化的讨论中，逐渐形成了“第三文化”（the Third Culture）这个说法，主要原因之一是在讨论中人们越来越意识到过分强调同质化的全球化理论并不能充分说明当今全球文化的复杂结构和面临的问题。

“第三文化”的概念是由美国的科技史家斯诺（C. P. Snow）在其著作《两种文化》（1964）中首次提出的，他设想了一种科技与文艺之外的“第三文化”，科学家和文艺家可以通过“第三文化”的平台实现直接的对话。但是这种设想并没有引起当时人们的注意。

1990 年 6 月，英国《理论、文化和社会》杂志出了一期《全球文化》专刊，同年以“全球文化：民族主义、全球化和现代化”为题作为论文集单独出版。编者费瑟斯通（Mike Featherstone）用“第三文化”这个概念来总结这些论文对全球文化的认识。全球文化的融合并非是各个民族文化走向同质化、西方化或者美国化，这是当代学者对于文化现代化的基本论调。费瑟斯通认为，对全球文化的理解必须以一种世界状态结构为前提，就是说民族文化的融合与分裂不仅仅发生在国与国之间，还有可能超越国家的发展，成为“第三文化”。“第三文化”这一概念大致包含以下四层意思：第一，全球文化是一些以具体文化流动（人员、技术、资金、媒介形象和意识形态）为处所的跨国际文化，不是不着边际的霸权“文化形态”；第二，全球文化处在“整合”和“差异”这两种不同驱动力的相互作用之下，并不是单一地同质化；第三，跨国际文化并不只涉及世界少数几种主要文化，而是涉及世界上一切文化；第四，第一和第三世界之间的

① 钱雪梅. 文化民族主义刍论. 世界民族，2000（4）.

文化关系只是“第三文化”的一种形式，全球文化研究需要突破仅囿于此一种形式的局限。[①]“第三文化”是一种跨民族国家文化，又可称为“跨国际文化”(Transnational Culture)。在这个意义上的“第三文化”首先是相对于疆域性地区文化而言的，也可以说是一些国际职业文化（与跨国工作市场相联系），或者一些形式多种多样、内容相当专门的文化。“第三文化”是因当今世界上的多向文化流动而产生的多元、多重组合形式的文化，是具有原生性的母体文化，即“第一文化”与西方移植于异质土壤的“第二文化”碰撞交融而派生营造的文化景观，“第三文化”是复数的文化，实际上就是各种文化融合的结果。它的提出将强势文化与弱势文化的对立变成了三元关系，相当于所谓的普世文化，但这种普世文化不是以西方文化为标准，而是在国际平台上诞生的新文化形式。

1996 年，科普书籍出版家布偌科曼（John Brockman）重新借用了斯诺的术语来定义网络文化，在他的《第三文化》一文中，提出网络所构建的“第三文化”的平台使科学家和艺术家这样平时高高在上的精英可以与平民百姓进行互动，甚至受到后者的挑战。他这样写道：“第三文化与（人类）以往的智力探求不同，它不是一群特权人士在边缘的吵吵闹闹，它会影响地球上每个人的生活。”[②] 这里所谓的“第三文化”成了一种技术手段，科技也是文化的一种形式，在网络社会中，技术成为文化的主导力量，如在网上虚拟空间生存的各种各样的群体、由网络衍生出的大量新词汇等，网络文化是科技与文化相结合的产物。

第三节　文化本土化和文化自主

一、文化本土化

本土文化是近年来随着全球化的升温而逐渐兴起的一种文化意识，相对于外来文化而言，具有鲜明的民族性。每个民族都有自己的文化传统，都有自己的主体文化意识，具有鲜明的本土性。本土文化的产生和存在具有鲜明的自然、地域、民族特征，是一个民族情感、道德和理想的载体。越是民族的就越是世界的，文化本土化是文化民族主义的一种表现形式，“强调本土人民的独特性及其文化精神的优越性”[③]。

---

① 徐贲．第三文化．读书，1998（5）．

② 史安斌．全球网络传播中的文化和意识形态问题．新闻与传播研究，2003（3）．

③［美］艾恺．世界范围内的反现代化思潮：论文化守成主义．贵阳：贵州人民出版社，1999. 227.

全球化对文化本土化构成了极大的冲击和威胁，对文化同质化的担忧使得许多国家在国际传播和国内传播中都开始实行文化本土化的策略，在国际舞台上为文化的多样性进行辩护，用各种手段保护本土文化的存在。本土文化为民族国家提供了内在的凝聚力，为世界奉献了多姿多彩的文化景观。

不仅发展中国家文化本土化的呼声愈发高涨，一些经济发达的国家也开始主张文化本土化，因为即使是西方文化本身也具有多元性。在国际传播中，西方发达国家为了避免发展中国家的文化排斥心理，在对发展中国家进行文化传播时也都尽量使用本土化策略，新闻报道的主持人和记者、编辑尽量使用当地经过培训的人，发行报纸杂志的地方版本，广告也使用当地的语言和明星形象，传播内容尽可能地考虑受众的需要，最重要的还是遵守各国政府的传播制度和法律。电影方面更是将其他国家的经典故事或影片通过好莱坞式的改编，赢得对发展中国家文化的解释权。迪斯尼俱乐部为许多国家量身制作地方性版本，新闻集团的星空卫视原来主要针对中国内地，现在也有日本、印度、菲律宾等本地化频道。全球媒介跨国集团利用本土文化资源推广它们的产品，目的是尽可能地获取商业利益而非尊重当地民族文化，也不是从根本上将西方文化改造为当地文化。“所以文化本土化的结果不等于民族文化本身，而是民族文化的异化或者消费化。”①

同时，当代背景下发展中国家文化的本土化也多数不是强调纯正的民族特色，更不是完全反对西方物质文化，正如艾恺所说，文化民族主义者并不是真的反对现代化，而是“实质上倡行一种本土精神与外来物质文化的混合、连接或融合。许多都隐然地意味着本土精神文化的高超性，却同时提倡从现代文化作选择性的引借”②。对本土文化复苏与重振的想法“同时也包括了摈弃与否定传统文化中某些不适于现代社会的因素，在这同时界定真文化的‘核心’与‘要义’”③。

有学者认为全球—地方文化的互动正在导致一种混合文化的形成，罗伯逊（Robertson）把这种现象称为“全球地方化”，“以文化间的融合为特征，这种融合是为适应本地语言、风俗和文化习惯而使用传播技术对西方媒体流派进行改造的结果”④。有的学者称其为“文化交互、混杂化与本土化趋势”⑤。由于媒介处在民族文化的发展前沿，是经济、文化角逐的沙场，所以发展中国家的媒介承担

① 高鑫，贾秀清．经济全球化、文化本土化与发展中国家的媒介意识（上）．现代传播，2003（1）．
② ［美］艾恺．世界范围内的反现代化思潮：论文化守成主义．贵阳：贵州人民出版社，1999.225.
③ ［美］艾恺．世界范围内的反现代化思潮：论文化守成主义．贵阳：贵州人民出版社，1999.227.
④ ［英］达雅·屠苏．国际传播：延续与变革．董关鹏主译．北京：新华出版社，2004.247.
⑤ ［英］达雅·屠苏．国际传播：延续与变革．董关鹏主译．北京：新华出版社，2004.283.

着一项复杂的任务，“媒介技术把人类推进了一个公共生存空间，而当人类越来越依赖于媒介化生存时，我们的媒介又必须担当起复兴民族文化个性的大义”①。媒介是文化变迁、文化同质化的重要因素，借助媒介，人们加深了对西方文化的了解；同时又可以把各国的本土文化呈现在世人面前，使各种文化出现交流、互补与融合。

文化本土化过程中容易出现两种极端现象，一种是过于强调本土文化的优越性，而视外来文化为洪水猛兽，趋向文化保护主义，由此形成了全球化与本土化的文化冲突。托夫勒（Toffler）夫妇曾经指出：“随着第三次浪潮对民族经济的改变，民族经济被迫放弃部分主权，接受国与国之间经济与文化的相互渗透。因此，当经济落后地区的诗人和知识分子还在创作国歌的时候，第三次浪潮国家的诗人和知识分子已在讴歌‘无国界世界’和‘星球意识’的理念了。由此产生的冲突，反映了两种完全不同的文明截然不同的需要。在未来的岁月里，这一冲突可能会招致最坏的流血事件。”② 原教旨主义和伊朗宗教对美国文化的极端敌视就是导致中东冲突的主要原因。另一种极端现象是对发达国家文化不假思索的“拿来式本土化”③，忽视外来文化对本土文化的过度异化，也即同质化，最终将会导致民族文化的消失。只有在发展民族文化的基础上将西方文化的精华融入本土文化中，才能实现文化的现代化。媒介必须在全球化与本土化之间的矛盾地带为自己定位，纯粹的防守型的本土化只是掩耳盗铃式的文化“阿Q”，而非建设性的意识和行为；但是用西方文化代替本土文化只能导致文化的衰落和民族的消亡。美国是唯一提出“现代性全球模式”的国家，其实推行的是美国的文化和价值观，对此，法国前总统密特朗指出，“帮助推广一种唯一的文化模式将是灾难性的，这是连集权主义制度最终都没有能实现的事情，难道金钱原则加上技术的联盟就可以做得到吗？”④

二、文化自主

文化自主是在文化本土化的基础上对文化自主权的强调，也是文化民族主义的一种表现。文化主权是指现代民族国家将本民族文化的习惯、信仰和价值观念上升为国家意志，意味着对本民族文化所拥有的最高和独立的权力和权威。文化

---

① 高鑫，贾秀清．经济全球化、文化本土化与发展中国家的媒介意识（上）．现代传播，2003（1）．

② ［美］阿尔温·托夫勒，海蒂·托夫勒．创造一个新的文明．上海：上海三联书店，1996. 19.

③ 高鑫，贾秀清．经济全球化、文化本土化与发展中国家的媒介意识（上）．现代传播，2003（1）．

④ ［法］阿芒·马特拉．世界传播的新构图——网络全球化的危险性．陈卫星译．国际新闻界，1999（2）．

主权是近几年才出现的主张，但传统国家主权的概念中始终包含着文化主权的内涵。文化独立是民族自立的重要标志，是国家主权的重要体现。1973 年联合国大会第3148 号决议认为，“各国拥有根据其自己的情况与需要，来制定和实施增进其文化价值和民族遗产的政策与措施的主权”。文化自主是一个国家的软权力，是文化自由的重要象征。文化自主是一个国家美好的愿望，但是这种愿望常常与全球化的现实相矛盾。文化同质化是一种现象，而文化自主是一种理想，特别是发展中国家的理想。如果一个国家的文化不自主地被他国的文化所渗透甚至控制，则表明该国的国家主权已经丧失，成为殖民地国家。法国作家阿尔封斯·都德（Alphonse Daudet）的《最后一课》就表达了在普法战争中法国沦陷后不能再使用本国母语的悲愤爱国之情，日本侵占中国台湾后也在学校实行日语教育。所以各国在追求文化自主的理想中方式很多，但最基本的一条就是国家政治、经济的独立。文化是一个民族、国家生命的体现，也是这个国家、民族的“基因身份证”①。在文化帝国主义时代，生活中普遍呈现的是经济、文化领域的“霸权”，民族主义必定是受到社会的伤害所作出的反应，这是发展中国家文化民族主义盛行的主要原因，也是为什么发展中国家强烈要求文化自主的原因。“在我们这个时代，文化是一种决定性的力量。许多表面上看来是政治性的冲突，实际上反映了文化上的深刻分歧。”②

全球化确实会带来某种全球文化的同质化现象，其中强势文化当然会占据主要地位。但是文化没有优劣之分，发展中国家应该对自己的民族文化有信心，积极地发展新的本土文化，不盲目照搬照抄西方强势文化。同时也要反对文化保守主义和孤立主义，因为任何一个文化都不可能闭关自守，它任何时候都是一个动态的、开放的系统，它的发展、壮大永远离不开与其他文化的交流、沟通和传播，特别是在网络等传播技术高度发达的现代社会，国际文化的交流通过大众媒介和跨国旅游、移民、留学等人际传播更加频繁多样。

要做到文化自主，首先是国家具有制定自己文化政策的决定权，提高国家的文化软实力。“软实力”的概念是美国学者约瑟夫·奈（Jpseph S. Nye）提出的，软实力不同于军事力量和经济实力等硬实力，它指的是“通过吸引而非强迫或收买的手段来达己所愿的能力。它源于一个国家的文化、政治观念和政策的吸引力”③。文化软实力是一个国家综合国力的重要组成部分，特别是当今世界国家之间的竞争已从单纯的军事较量转向了软实力的角逐，文化软实力体现了国际竞

---

① 严昭柱，贾磊磊等．如何提高我国文化软实力．时事报告，2012（1）．

② ［美］欧文·拉兹洛．多种文化的星球．戴侃等译．北京：社会科学文献出版社，2004. 211.

③ ［美］约瑟夫·奈．软力量——世界政坛成功之道．吴晓辉等译．北京：东方出版社，2005. 2.

争力。其次，必须由本国人民自主决定文化的方向和方针，文化的技术、符号和社会形态必须被人民认可，才有其生存的环境和活力。要增强人民对自己文化的认同和文化自信，进而才能争取文化自强。再次，既要保存本民族的传统文化精华，又要积极发展一套有生气、有弹性的新文化内容与表现方式。文化也要与时俱进、不断创新，从世界不同民族文化中汲取营养，而不是一成不变地固守传统的文化。

三、媒介文化的本土化

文化本土化在中国具有悠久的历史渊源，在多民族的中国历史上，经常发生民族间的冲突，文化的争夺也异常激烈，但即使在元、清等由少数民族统治的朝代，以汉族为主的中原文化仍然是中华民族的内核；同时中国文化又在不断地吸收外来文化，补充和完善本土文化，如中国本土的道教、儒教与印度教融合成中国特色的佛教，增强了中国文化的丰富性和生命力，各种外来文化在中国的生存都是以本土化为前提的。

现代媒介手段的普及必然带来媒介文化的同质化，同时又使得人人有机会接触这种同质化的文化。在网络时代，人人都是记者，人人都是接受者，国际的交流互动更加快速、方便，发展中国家民众对境外文化的接触也更加频繁，受其影响是不可避免的。但是也要认识到媒介对文化同质化和控制人们意识形态的影响不是万能的，一方面，媒介受到文化环境的制约，它的传播要素会受到所在社会的政治、经济、文化等各种因素的影响，因而本土化是其主要的内容；另一方面，受众对外来媒介的接受也有复杂的文化情境制约。从传播的实际情况来看，相比于本土文化，外来媒介文化的接受人群数量少，接受心理也主要以猎奇、开眼界为主。亚洲的一次调查表明：在卫星电视播出较多的香港，收视率居前20位的电视节目全部都是由本地制作的；同样，在印度尼西亚、菲律宾、新加坡、泰国和韩国，收视率在前20位的节目有90%是本国制作的。[①] 1984年的一项调查亦显示，超过60%的人喜欢看本地节目多于外国节目，喜欢看美国节目的只有15%。[②] 但是这部分受影响的少数人却是发展中国家的社会精英，他们对公众和文化政策影响甚大。

广东的有线电视观众至少可以收看来自境外的9个电视频道：香港无线的翡翠台和明珠台、香港亚视的本港台和国际台、凤凰卫视中文台、新闻集团旗下的

① 徐梅，张志军．跨国传播：本土文化的破坏者？．中国广播电视学刊，1998（2）．
② 李少南．国际传播．台北：黎明文化事业公司，1994. 129.

星空卫视、TOM集团旗下的华娱卫视以及维亚康姆旗下的MTV台、澳亚卫视（2006年落地），其中香港无线和亚视的收视率一度超过广州本土电视节目，但是2006年，境外电视收视份额从1999年的72.5%下降到35%，境内电视的收视市场份额由1999年的27.5%上升到65%，[①] 打破了境外电视20多年来对广州地区收视市场的垄断。而在2007年广州地区对受众接受境外电视呈现的社会价值观认同度的调查表明，“在广州生活的时间与有关生活方式的社会价值观呈负相关，亦即在广州生活时间越长的受访者，对西方社会的生活方式就越不喜欢”；“收看广东本地电视的时间与有关性态度的社会价值观呈负相关，即接触广东本地电视台时间越长，就越不赞同非传统观念的性取向”。[②] 这说明由于国内媒介比境外媒介在本土化上具有先天的优势，所以走本土化道路是与境外媒介竞争的最有效策略。

中国人民大学新闻学院陈力丹教授在2002年武汉大学传媒发展中心成立大会上曾提出，在讨论媒介文化本土化的问题时，需要考虑一个明显的问题：为什么我们的媒介会出现如此规模化的跟进潮流的现象？通过批判媒介帝国主义、大谈本土化能解决这个问题吗？他认为媒介文化的生产方式决定了媒介文化的全球化。如今的媒介文化，特别是影视文化，早已不是由单一国家完成再走向国际市场的，而是在广泛的国际交流的背景下逐渐生成的。“我们说的本土化本身，不过是人家有个‘达拉斯’，我们要‘本土化’，其路子只能是比他们更‘达拉斯’，‘达拉斯’本身成了我们必须跟进的模式。如果一定要说这是本土化，当然可以说，但是，实质上仍在既定的媒体文化圈里，不可能跳出去。”[③] 所以，中国媒介文化总是跟着人家走，不是主观意愿可以决定的，这是由于中国媒介文化发展起步晚，在全球媒介大环境已基本形成的情况下要获得市场不得已的路子。现代媒介本身就是从外国引进的，如果一定要在这个领域找出本土的东西，只能从一些极具中国特色的文化方式中找，比如中国自创的邸报形式、京剧和各种中国地方剧等，所以他认为现代媒介在追求文化自主时不应该硬给其扣上一顶“本土化”的帽子。他的观点对于中国媒介如何实现真正的本土化、实现什么样的本土化提出了另一种思路。

如今世界上的各种文化都在它们的多样性中摇摆，同时文化在交流碰撞中逐

---

① 打破境外电视20年垄断　南方广播影视传媒集团成立三周年．南方日报（网络版），2007－01－19. http://www.southcn.com/news/gdnews/sd/200701190012.htm，2012－03－20.

② 谢毅，杨洸．跨国传媒集团旗下电视频道对受众的影响研究——以星空卫视和华语卫视为例．现代传播，2007（3）.

③ 陈力丹．全球化以及媒体文化的同质化问题．声屏世界，2002（10）.

渐趋向同质，“文化的碰撞会产生一定的趋同和互补。媒体文化的趋同比其他任何文化都大得多”[①]。媒介文化作为文化的重要组成部分，加强本土化特色，提升国际竞争力是提高文化软实力的重要手段。中国共产党从十七大到十七届六中全会都把提高国家文化软实力作为一项重要任务提出来，近年来中国的文化软实力不断提升，约瑟夫·奈于2005年底在《华尔街日报》上发表了《中国软实力的崛起》，承认中国的软实力正在崛起，而美国的软实力却呈现下降的趋势。英国《金融时报》刊登了斯科尔科沃—安永新兴市场研究所根据接纳的移民人数、全球一流大学的数量、传媒产品出口、入境游等指数推出的2010年各国软实力排名，美国以总体87分高居软实力榜首，法国以及德国则紧随其后。而中国以30.7分排在软实力榜的第八位，印度排名第九。[②] 但是中国与美国分数相比仍有较大差距。

“‘十一五’时期，新闻出版业总资产、总产出、总销售比‘十五’时期翻了一番。目前中国已成为世界第三大电影生产国和第一大电视剧生产国。2010年中国核心文化产品进出口总额143.9亿美元，同比增长15.1%，文化逆差有所缓解。”但是从实效来看，文化逆差依然存在，“中国商品出口总量居世界第一，但文化产品所占比例微乎其微。进口影片仍占据国内市场半壁江山，相比之下，美国电影产量仅占世界总量的7%，却占据了世界电影市场90%以上的份额”。[③]

在传播使得地球成为一个村庄的时代，文化本土化不可避免地伴随着文化的异化，绝对的本土化是不可能的，可能的是一些外来文化被吸收、融合进本土文化。中国媒介在实行本土化策略的同时，也要实行“走出去”的战略，整合文化资源，将新闻信息的硬性传播与文化的软性传播的内容与方式有机结合起来。国家要在促进文化多样性上投入更多的人力与财力，而且建立一套机制监督涉及文化多样性的各项公共政策，确保本土文化多样化。

---

① 陈力丹．全球化以及媒体文化的同质化问题．声屏世界，2002（10）．

② 王进雨，黎史翔．比拼软实力　中国居第八．法制晚报，2011－12－21（A21）．

③ 严昭柱，贾磊磊等．如何提高我国文化软实力．时事报告，2012（1）．

第七章　国际宣传和国际舆论

第一节　国际宣传

一、宣传和国际宣传

宣传是从“一战”开始比较突出的一种活动，起源于战争中对宣传心理战这一特殊传播活动的关注和研究。20 世纪 20 年代，美国新闻记者沃尔特·李普曼（Walter Lippmann）出版了他的名作《公众舆论》，政治学家拉斯韦尔（Harold Dwight Lasswell）也发表了他的博士论文《世界大战中的宣传技巧》，这两部作品后来被人称为早期传播学和宣传舆论学的经典著作。

“宣传”这个词很难进行确切的定义。拉斯韦尔认为，宣传仅仅指“通过重要的符号，或者更具体但是不那么准确地说，就是通过故事、谣言、报道、图片以及社会传播的其他形式，来控制意见”。“宣传关注的是通过直接操纵社会暗示，而不是通过改变环境中或有机体中的其他条件，来控制公众舆论和态度。”① 1937 年他又对宣传下了一个稍有不同的定义，“就广义而言，宣传是通过操纵表述以期影响人类行为的技巧。这些表述可以采用语言、文字、图画或音乐的形式进行”②。他认为广告和消息发布都属于宣传，宣传包括说服的全部内容。

埃卢尔（J. Ellul）在《宣传：男性态度的形成》中对宣传的定义包括心理作用、心理冲突、再教育或洗脑、潜移默化、公共关系和人际关系，他认为“宣传就是一切。宣传人士一定要利用所有可供使用的科技手段——报纸、广播、电视、电影、海报、演说，甚至挨家挨户地登门游说”③。中国学者李良荣认为“宣传是运用各种有意义的符号传播一定的观念，以影响人们的思想、引

---

①［美］哈罗德·D. 拉斯韦尔. 世界大战中的宣传技巧. 张洁，田青译. 北京：中国人民大学出版社，2003. 22.

②［美］沃纳·赛弗林，小詹姆斯·坦卡德. 传播理论起源方法与应用. 北京：华夏出版社，2006. 107.

③［美］罗伯特·福特纳. 国际传播：“地球都市”的历史、冲突及控制. 刘利群译. 北京：华夏出版社，2000. 95.

导人们的行动的一种社会行为"[①]。

福特纳认为，许多从事宣传的人士非常不愿意承认自己的所作所为是宣传，却积极地给别人贴上宣传的标签，因为大部分人基本上都认为宣传是个贬义词，是用于影响、改变和破坏他国的一种信息活动。若罗（C. J. Rolo）说："实际上，在英文里，'宣传'是贬义词，通常与极权主义者偏爱的说谎、恐吓和谩骂有关。它被认为是不民主的、非君子的、'非本性的'。"[②]宣传还被冠以各种名称，如被认为是心理战、政治战、国际政治交流或公共外交。马克思和恩格斯在讨论、交谈、通信、鼓动等广泛的意义上使用"宣传"一词，根据他们谈论的精神，"宣传是通过传播观念或通过实际行动影响人们的思想和行为的一种精神交往形态"[③]。宣传在汉语中的含义是"对群众说明讲解，使群众相信并跟着行动"[④]。由于中国共产党非常重视宣传的作用，宣传的使用不是贬义而是中性的。

对于宣传的界定是件困难的事情，困难之一是宣传意图的界定，人们并不总是公开承认宣传的目的，许多国家甚至完全否认他们从事宣传，如第一次海湾战争中，西方记者就怀疑自己是否已沦为宣传者了，因为他们所采用的新闻稿已经经过伊拉克、沙特阿拉伯、以色列等国及多国部队的严格审查，他们尽力所获得的新闻也只能是表面上的"客观"而已。困难之二是关于信息的目标受众。国际传播有时针对的是某些特殊群体，如决策者、学生、特殊政治运动团体或特殊语言使用者，这些群体虽然不是大众或一国的全体国民，但也是宣传的目标受众的一种。

宣传的政治意图非常明显，正如纳粹分子的宣传头子欧根·哈达莫夫斯基所说，"意识形态、宣传和权力三者密不可分"[⑤]。互存敌意或持不同意识形态的国家常常喜欢将宣传当成标签，贴在另一国上。如纳粹分子和意大利法西斯分子认为，20世纪30年代英国广播公司的外语广播节目就是宣传；而英国却认为英国广播公司的节目只是试图提供真相、打破法西斯的谎言而已。苏联长期将美国之音、自由欧洲电台、自由电台的节目视为宣传，美国则认为这些节目只是对共产党所作的信息误导的纠正而已。通常，"学者认为宣传是一套专门用来混淆事实，激发热情，或标识敌人、丑化敌人的办法，说谎、只说一半真相或对事实的

---

① 李良荣．宣传学导论．福州：福建人民出版社，1988. 14.

② ［美］罗伯特·福特纳．国际传播："地球都市"的历史、冲突及控制．刘利群译．北京：华夏出版社，2000. 97.

③ 陈力丹．精神交往论．北京：开明出版社，1993. 206.

④ 现代汉语词典．北京：商务印书馆，2002. 1424.

⑤ ［美］罗伯特·福特纳．国际传播："地球都市"的历史、冲突及控制．刘利群译．北京：华夏出版社，2000. 97.

有利于自己的解释等都是宣传中公认的做法”①。

宣传既可以针对国外，也可以针对国内，用来稳定人心或引导合法的民主选举。一般敌对政治势力常常指责对方“有党派偏见”或“玩弄政治”，实际上他们这也是在进行宣传，只是用词比较含蓄。而对外的国际宣传特指一国政府导演的针对另一国人民所进行的宣传。国际宣传是一种国际传播活动，大众传媒是宣传的主要工具，国际宣传离不开国际传播系统的运用；由于国际传播大部分都有一定的政治目的，因此带有明显的国际宣传意图，国际宣传是国际传播的重要内容。

国际宣传的特点主要有：有目的地跨越国界；目标针对外国居民，而非外国政府；有既定目标，即说服人们相信宣传者的行为、对事件的解释，或反对宣传对象所在国的政府或领导；使用各种说服技巧以达到目的，包括使用各种真实的和非真实的策略；将受众视为大众而非个体，即宣传者针对的对象是有共性的群体。②

拉斯韦尔认为宣传有以下四个主要目标：

（1）煽动对敌人的仇恨。

（2）保持与盟国的友好关系。

（3）保持与中立国的友谊，在可能的情况下争取他们的合作。

（4）瓦解敌人的斗志。③

要想煽动起对敌人的仇恨，就要把对立国家描述为危险而凶残的侵略者，如2002年美国总统布什将伊朗、伊拉克和朝鲜并称为三大“邪恶轴心国”。为保持与盟国的友好关系，通过展示自己的尊重与敬意，衷心认同盟友崇高的战争目标。要想赢得中立国的友谊，就要引导中立国认识到它可以从击败我们的敌人这件事中获益。要想瓦解敌人的斗志，就要用新仇代替旧仇，在敌人内部散布沮丧情绪和煽动失败主义。

进行宣传和提供信息之间的区别不是很明显，是不是宣传，取决于观察者的意识形态。西方人认为英、美两国在“一战”期间所采用的传播策略，目的都在于避免宣传。苏联被西方学者认为是第一个“宣传国家”。“二战”中法西斯的宣传之所以成功，怀特（A. B. White）认为，德国和意大利宣传的“主要目的

---

① ［美］罗伯特·福特纳. 国际传播：“地球都市”的历史、冲突及控制. 刘利群译. 北京：华夏出版社，2000. 95.

② ［美］罗伯特·福特纳. 国际传播：“地球都市”的历史、冲突及控制. 刘利群译. 北京：华夏出版社，2000. 96.

③ ［美］哈罗德·D. 拉斯韦尔. 世界大战中的宣传技巧. 张洁，田青译. 北京：中国人民大学出版社，2003. 161.

是将人们驯化成温顺听话的大众，遵从它们的意志，相信它们希望相信的，感觉它们希望感觉的，从而漠视个人的意愿和兴趣”①。

二、国际宣传机构

国际宣传是一种政府行为，其主要的传播者就是政府，因而利益集团和经济因素对其影响远远小于其他大众传播活动。两次世界大战期间，由于宣传的重要性，注重国际传播的国家都成立了专门的宣传机构进行国际宣传。

1. 美国的宣传机构

美国在“一战”期间就成立了一个公共信息委员会，由陆海军部长、国务卿和新闻记者乔治·克里尔组成，克里尔专门负责国内外宣传事务。“二战”期间，美国政府成立了两个专门负责对外宣传的机构：美洲内部事务协调委员会（CIAA）和信息协调办公室（COI）。1942年，信息协调办公室把自己的位置让给了美国战时新闻局（又称战时情报局，U. S. Office of War Information，OWI）和战略服务局（OSS）。1943年，白宫对这两个单位作了明确分工，战时新闻局的使命在于“引导国外信息和公开的宣传战役，战略服务局则专门负责地下活动（隐蔽的宣传）”②。战时新闻局在欧洲、非洲、亚洲等地建立了26个分支机构——美国新闻处（U. S. Information Service，简称“美新处USIS”），在世界各地实施国务院对外信息和交流计划。战后，1945年8月杜鲁门总统宣布解散战时新闻局，但保留了其海外分支机构——美国新闻处，附设于美驻外使馆内，划归国务院领导。1947年，战略服务局被改组为中央情报局。

1952年1月16日，美国国务院发布第4号公告，宣布将美国新闻处和美国教育交流处合并为一个半独立的机构——国际新闻署（International Information Administration），设立各个区域办公室，负责世界各地的宣传和交流计划。1953年8月1日，一个独立的宣传机构——美国新闻署（U. S. Information Agency，USIA）成立，取代了国际新闻署，署长由总统任命，直接向总统汇报工作，下辖美国之音广播电台、自由欧洲电台、拉美自由广播电台和全球电视网等单位，美国新闻处也归其领导。“美国新闻署的目标是利用传媒技术向其他国家的人民表明，美国的目标和政策与他们对自由、进步与和平合法的抱负是协调一致的，并将促进他们对这些抱负的实现。”③ 由于宣传具有贬义色彩，美国在外交活动

---

① [美] 罗伯特·福特纳．国际传播：“地球都市”的历史、冲突及控制．刘利群译．北京：华夏出版社，2000. 96.

② [法] 阿芒·马特拉．世界传播与文化霸权．陈卫星译．北京：中央编译出版社，2005. 96.

③ 郭又新．从国际新闻署到美国新闻署．东南亚研究，2004（5）.

中就以“公众外交”代替“宣传”一词。一位美国学者曾指出，“‘公众外交’是用来指对外宣传活动的一个很恰当的词汇”①。

1978年4月，卡特政府对美国新闻署作了较大的调整，把它与国务院的教育和文化事务司合并为一个新的组织——国际交流署（International Communication Agency），直属白宫管辖。原美国新闻署、美国新闻处同时被撤销，原有的工作范围全部划归国际交流署。1982年，里根总统将国际交流署的名称重新恢复为美国新闻署；1997年4月，克林顿政府宣布将其并入国务院；1999年10月1日，美国新闻署正式并入美国国务院，其新闻局成为国务院的国际新闻局（International Information Program），教育文化事务局也成为国务院的一个下属部门，而负责美国之音广播电台等的国际广播局并未并入国务院，而是成为一个独立的联邦政府机构，但要接受国务卿的政策指导。国务院设立了专门负责公众外交和公共事务的副国务卿，同时成立了更具权威性的“国际公共信息小组”（IPI），以统一协调对外宣传，加大舆论对外渗透的力度，更有力地配合美国推行其全球战略。美国新闻署利用广播、新闻出版、影视等各种媒体，通过散布在全球的庞大分支机构，成功地影响了国际舆论，推销和宣传了美国的形象。美国学者尼古拉斯·J. 库尔（Nicholas J. Cull）2009年出版的著作《冷战与美国新闻署》，介绍了美国新闻署在冷战时期的对外宣传战。

2002年7月，美国成立了全球传播办公室（the Office of Global Communications，OGC），主要目的是“协调海外传播策略”，传达“清晰而有力的信息”，“整合美国总统的理念以及美国的政策和价值观”，从而“防止误解与冲突”，更好地保证“国际受众的知情权”，宣传美国形象。2003年2月又成立了白宫全球宣传办公室，专门进行国际舆论宣传工作。

此外，美国在战争时期还成立了临时的战争宣传管理机构②，如越南战争时期成立了居民工作部和美国第六心战营；海湾战争时期，多国部队成立了联合信息局；伊拉克战争时期，美国国防部成立了战略影响办公室。战略影响办公室是后来成立的全球信息办公室的前身。

美国的宣传机构在不断地调整，“尽管这些机构名称各异，目标也有所侧重，然而其在媒介外交方面的职能基本相似：一是负责和大众传媒沟通，表明政府对外政策，获取媒体支持；二是创办国际广播和电讯社，进行对外宣传；三是在特殊时期实施严格的新闻管制”③。

---

① 韩召颖．公众外交：美国对外政策的重要工具．南开学报（哲学社会科学版），2001（6）．

② 王培志．美国战时主要舆论战机构设置．军事记者，2005（10）．

③ 刘伟．美国政府推行媒介外交的手段与策略．对外大传播，2006（7）．

2. 英国的宣传机构

英国早期的宣传机构经历了长期错综复杂的变化，1917 年成立了新闻部（Department of Information）；另外还成立了一个咨询委员会，由北岩勋爵等组成，内阁的一位成员负责协调各个机构。1918 年，英国外交部新闻司升格为新闻部，原新闻部撤销。战时设立了对敌宣传司、对中立国宣传司、情报司和电影宣传司等部门，后来成立了一个由北岩勋爵负责的宣传政策委员会（Propaganda Policy Committee），统一了宣传工作。英国与美国的宣传机构最重要的区别就是英国“把对外宣传和对内宣传交给了同一等级的官员”①。1939 年有议员建议成立新闻部作为宣传管理部门，没有获得批准，但是当年 6 月英国外交部成立了一个对外宣传司（Foreign Publicity Department），这个对外宣传司成为战争爆发后建立的英国新闻部的核心。“二战”爆发的同时战时新闻部也宣告成立，由一名内阁大臣专门负责协调与管理工作。但是由于一系列频繁的内阁大臣和新闻部门的变动，新闻部早期并没有较大影响，直到后来才与新闻界和公众建立起良好的关系。新闻部中有一个部门是专为对美国的宣传设立的，“二战”早期英国为了赢得美国的支持和说服美国参战做了大量的宣传工作。战争时期美、英两国还合作建立了一个宣传机构——美英联合宣传委员会。在 1941—1943 年北非战场时期设立心理战总部。英国对外宣传的媒体主要是广播，英国广播公司（BBC）是英国对外宣传的“喉舌”。成立于 1922 年的英国广播公司，1927 年获得皇家特许状，由理事会负责公司的运作，理事会成员由政府任命。战时的 BBC 可以说是带有半官方性质的，虽然 BBC 在经济上要依赖纳税人向政府缴纳的接收执照费来维持，但它也经常获得政府的特别拨款。

战后英国主管对外宣传的是中央新闻局，除定期编写对外宣传材料，通过英国驻外使馆向驻在国各界散发外，每年还安排、接待数千名英国官方、半官方邀请的外国记者前去采访。此外还有专门的媒体管理机构，如独立电视委员会（ITC）、无线管理局（RA）和通信管理局（OFCOM）等。

3. 德国的宣传机构

“一战”中，德国各个政府和军队组织都有宣传部门，但是相互之间的协调很少，只有每周两到三次的记者招待会上，各部门都要参加，主席之职则由大家轮流担任。1914 年，德国外交部成立了一个专门的外国报刊服务总局，出版了大批对外宣传资料。由于感受到协约国宣传的威力，军事部门要求建立宣传部，最后成立了德国战时新闻局。“二战”时纳粹是靠宣传起家、维持政权和发动战

① ［美］哈罗德·D. 拉斯韦尔. 世界大战中的宣传技巧. 张洁，田青译. 北京：中国人民大学出版社，2003. 30.

争的，1933 年德国成立了德国广播协会，把全国电台统统收归国有；在党、政、军三大系统中建立了庞大的宣传组织机构，纳粹党的宣传机构主要是全国宣传指导处，其于 1928 年成立，1929 年起戈培尔（Paul Joseph Goebbels）任宣传领袖。1933 年 3 月，德国政府成立国民教育与宣传部（简称“宣传部”），戈培尔任部长，整个国家都成为一个宣传机器。最初宣传部下设五个司——宣传司、广播司、新闻司、电影司和戏剧司，到 1941 年发展到 17 个司，这之后进行过合并和调整。

如今德国对外宣传工作由联邦政府新闻与信息局主管，与政府各部平行，直接对联邦政府总理负责。它用 22 种文字出版对外宣传杂志，包括中文版《德国》，由德国驻外使领馆散发。德国之声电台（包括电视）是专门从事对外传播的媒体机构，国家每年拨款 6 亿马克（合人民币 36 亿元），每天用包括汉语在内的 37 种语言对外播出，并且每年制作大批各种语言的盒式磁带免费向世界各国赠送。

4. 苏联的宣传机构

1920 年苏联在中央委员会中建立了宣传鼓动局，1948 年升级为宣传鼓动部，该部门一直存在到 1991 年苏联解体，其间进行过多次调整，名称也多次变换为宣传、鼓动和出版部，文化和宣传部，文化—教育工作部，宣传鼓动局，宣传部等。

“二战”爆发之初的 1941 年 6 月 24 日，苏联成立了苏联新闻局；为进一步集中领导对军队和敌方的宣传与反宣传工作，两天后又决定成立苏维埃军事政治宣传局，后改名为军事政治宣传委员会，任务是在敌国的居民和军人中进行政治宣传；另外军队中的政治部门也负责对敌宣传。1944 年，苏联情报局又成立了协同宣传处，负责对无线广播委员会、塔斯社等机关的对敌宣传活动，并与英、美盟国宣传机构保持联系。

“二战”结束后，苏联宣传管理机构的体系基本被保留下来，对外宣传分散在很多不同的机构，包括苏联情报局、苏联对外文化协会、塔斯社、广播委员会、国际出版社、贸易联合会中央理事会国际部以及几个反法西斯委员会。面对冷战思维中西方的宣传，苏联人意识到“其海外宣传正面临着缺乏专业性、僵化、不合时宜、分散、不协调等问题”①。苏联感到有必要建立一个对外宣传的机构，因此设立了一个专门委员会（由宣传部负责人任主席）来研究苏联的对外宣传工作，但是该委员会没有起到实质性作用。1962 年 12 月，赫鲁晓夫将宣

---

① ［俄］V. O. 别恰特诺夫 . 挫折中的运用：冷战初期的苏联对外宣传（1945—1947）. 褚国飞译 . 冷战国际史研究，2006（2）.

传鼓动部、科学高等教育和学校部、文化部合并为苏共中央意识形态部。勃列日涅夫上台后重新将其拆分为三个部门——苏共中央宣传部、文化部、科学与院校部。1980 年苏共中央还增加了中央对外政治宣传部。在众多的意识形态机构中，苏共中央宣传鼓动部、苏共中央文化部、国家新闻保密局和克格勃第五局地位极其特殊。1967 年成立的克格勃第五局的主要任务是“组织反间谍工作，与境内的意识形态破坏活动作斗争”①。戈尔巴乔夫时代除苏共中央宣传部外，还有苏共中央国际宣传部专门针对海外宣传。日本人池田德真认为苏联的对外宣传是向英国学习的，抓住“平等”、“个人利益”和“群众感情”② 这三点，在宣传上大做文章，取得了极大的成功，而且一直到 20 世纪 80 年代俄国革命成功 60 多年，其宣传还是重复上述三点。

1991 年苏联解体，叶利钦设立了俄罗斯新闻出版部，并且成立了俄罗斯联邦新闻中心，直接受俄联邦总统领导。普京时期俄罗斯政府成立了联邦出版、广播、电视和大众传媒部。政府组建的唯一国有传媒企业是俄罗斯国家广播电视公司，其任务是在进行宣传的同时，监督与管理地方电视广播公司。2005 年 4 月成立对外地区和文化合作局，隶属俄联邦总统办公厅，主要是为了“发展与独联体国家的文化合作，巩固和扩大俄罗斯的人文影响力”③。如今俄罗斯联邦文化与传媒部下设俄罗斯联邦新闻出版与传媒署、文化与电影署、文化遗产保护和传媒法规监督局、档案署。

俄罗斯国防部下属的教育工作总局专门设有信息保障局，负责军事新闻宣传工作的协调与管理，下设信息处、情报处、调研处、联络处等，在车臣战争时期专门成立了前线军事新闻宣传管理委员会④。

塔斯社的前身是 1917 年成立的彼得格勒通讯社，1925 年 7 月正式成为苏维埃社会主义共和国联盟电讯社，简称塔斯社。苏联解体后，塔斯社名称不变，1992 年叶利钦总统命令塔斯社和另一家通讯社合并成为俄罗斯通讯社，简称俄通社，受总统、政府和议会的领导。为了借用塔斯社在世界上的影响力，该通讯社以“俄通社—塔斯社”的名义发稿。1993 年 12 月俄通社—塔斯社成为国家通讯社。

5. 中国的宣传机构

中国在国民党时期就已经设立了宣传部，中国共产党夺取全国政权之前也设

---

① 李全．勃列日涅夫时期苏联的意识形态机构及管理模式．当代世界与社会主义，2008（1）．

② ［日］池田德真．宣传战史．朴世保译．北京：新华出版社，1984. 100.

③ 张养志．政府职能与俄罗斯传媒宏观管理体制演变．俄罗斯中亚东欧市场，2008（2）．

④ 肖平．俄罗斯军事新闻宣传管窥及其思考．军事记者，2002（8）．

立了中央宣传部。新中国成立后，中共中央宣传部（以下简称“中宣部”）成为中共中央主管意识形态方面工作的综合职能部门，在各级党的组织中都设有宣传部。“中央宣传部内除应设立与上列各项工作相应的各处外并应设立国际宣传处，以担负党的国际宣传工作。各中央局、中央分局、省委、大市委、区党委的宣传部得设立理论教育处（兼管学校）、宣传处、文化艺术处、报纸出版与广播处及干部管理处（或称科）。”① 1966 年，毛泽东说中宣部是“阎王殿”，要“打倒阎王，解放小鬼”②，号召地方造反，中宣部陷入瘫痪。文化大革命开始后成立了中央组织宣传组，后称中央宣传口，主管意识形态工作。

除了中共中央的意识形态宣传管理机构外，政府也有针对新闻出版的宣传管理机构。1949 年 11 月，新闻总署成立，主管新闻出版方面的事务，新闻总署下设国家通讯社（即新华通讯社）、广播事业局、出版局及国家书店。1952 年 2 月，新闻总署被撤销，广播事业局改为政务院（后来改称“国务院”）主管，宣传业务归中宣部主管。“文革”时期中宣部被撤销，中央广播事业局被列为中央直属部门。1973 年成立了国家出版事业管理局，直属国务院。1977 年 10 月，中央决定恢复成立中共中央宣传部。它的职能包括负责引导社会舆论，指导、协调中央各新闻单位的工作；负责从宏观上指导精神产品的生产等。在舆情管理机构方面最大的进步就是 21 世纪初在中宣部设立了舆情信息局，为中央领导和中宣部领导的决策和指导全局工作提供舆情信息的服务，并且负责组织协调和指导宣传文化系统的舆情信息工作。

1991 年组建中华人民共和国国务院新闻办公室（以下简称“国务院新闻办”），国务院新闻办与中共中央对外宣传办公室（以下简称“外宣办”）是一个机构、两块牌子，列入中共中央直属机构序列，下设新闻局、国际交流局、影视与出版局、网络局等机构。主要职责是推动处理政府与媒体的关系，负责新闻发布、协调记者的采访等工作，外宣办还负责推动中国媒体向世界说明中国；通过指导协调对外报道、召开新闻发布会、提供书籍资料及影视制品等方式对外介绍中国；协助外国记者在中国的采访，推动海外媒体客观、准确地报道中国；广泛开展与各国政府和新闻媒体的交流与合作。各个省的政府新闻办和省委外宣办也都是一个机构、两块牌子。

1985 年，原属文化部的出版局改为国家出版局，国家出版局与国家版权局也是一个机构、两块牌子。1987 年 1 月设立直属国务院的新闻出版署，与国家版权局也是一个机构、两块牌子，撤销文化部所属国家出版局。2001 年，新闻

---

① 建国以来重要文献选编（第二册）. 北京：中央文献出版社，1992. 75.

② 中国共产党大事记（1966）. 人民网 . http：//cpc. people. com. cn/GB/64162/64164/4416081. html.

出版署（国家版权局）升格为正部级单位，改称新闻出版总署（国家版权局），仍为一个机构、两块牌子，主要负责起草新闻出版、著作权管理的法律法规草案，拟订新闻出版业的方针政策，制定新闻出版、著作权管理的规章并组织实施。由于电视的发展和普及，1982 年，中央广播事业局改为广播电视部，1986 年又将电影部合并成为广播电影电视部，1998 年改为国家广播电影电视总局，主要职责之一是拟定广播电影电视宣传、创作的方针政策，把握正确的舆论导向和创作导向。这些机构以往是针对传统的新闻出版文化的宣传进行管理，随着网络的兴起，在宣传部和新闻管理部门中又都设立了专门的网络管理处，进行网络的宣传和管理。

6. 其他国家的宣传机构

“一战”前法国已经设有专门的对外宣传组织，“从战前开始，法国就有两个宣传法国文化的宣传组织，这样的平行宣传组织，只有法国有”①。这两个组织是 1883 年成立的法兰西同盟和战前成立的法国之友会。“一战”中法国的宣传始终掌控在外交、陆军和海军机构手中，有时他们会通过向海外派遣高级专员来补充对外宣传，这些专员集宣传、政治、经济和其他功能于一身。新闻使团在国外公使馆派驻代表。官方宣传工作由新闻局主管，战时宣传由军方控制。另外，1915 年还成立了“法国天主教国外宣传委员会”，通过教会进行宣传。1916 年成立了属于外交部、新闻局的“报纸之家”。②

“二战”中由于法国沦陷，戴高乐领导的抵抗运动最初利用英国 BBC 广播进行演讲，后来创办了一些自己的电台进行宣传。现在法国主要对外宣传机构包括总统新闻处、总理府新闻处、外交部新闻司等。法国文化与交流部相当一部分工作也是对外宣传。法新社、法国广播电台、法国文化台、法国国际台以及法国电视 5 台、法国国际频道全部从事对外宣传。影视部主管电影、电视、广播、音乐产业和网络游戏。

日本也拥有庞大的对外宣传机构，如共同社、时事社、无线电通讯社、日本广播协会等，这些新闻机构每天向世界播发大量新闻，并且在国外派驻大批记者。

随着传播高新科技的发展，“现代传播技术导致了宣传权力的集中化，比以前技术可能带来的任何垄断都更大、更加特殊和更加垄断化。今天，众多新闻代理机构、主要报纸和新闻杂志、广播网和电影制造商控制着世界的新闻和舆论传

---

① ［日］池田德真．宣传战史．朴世俣译．北京：新华出版社，1984. 90 ~ 91.

② ［日］池田德真．宣传战史．朴世俣译．北京：新华出版社，1984. 91.

播主渠道”[①]。由于传播渠道的集中，很容易被政府宣传头脑们置于直接的控制之下。而在权力高度集中的宣传体制下，几十个或者数百个人就能够完全控制国内外受众的注意力。

三、美国的国际宣传

1. 美国的国际宣传战略

由于西方国家一贯宣称自己不是宣传，而是进行真正的新闻报道，所以这里就以美国为例，透视其宣传意图和手段。美国的宣传被西方人认为只是一种广告和报道，而不是宣传。这是因为“美国的宣传，是从商品的广告发展过来的，所以美国人有把广告和宣传混为一谈的倾向”[②]。因此日本人池田德真在《宣传战史》中称美国宣传的特点是报道派，而英国则是冷静的谋略派。

本杰明·富兰克林早在独立战争时期就发起了对英、法的宣传活动，让英、法人民了解美国独立战争的正义性。1918 年，美国总统威尔逊提出结束“一战”的纲领及战后的世界蓝图，1 月 18 日其在国会发表演说，提出将“十四点”原则作为“建立世界和平的纲领”，美国使用无线电广播将其演说传送到了欧洲，成为使用无线电广播进行国际宣传的经典案例。

菲茨休·格林（Fitzhugh Green）认为美国历史上的林肯、威尔逊、罗斯福等均是杰出的宣传大师。但是与英国、德国、法国等老牌资本主义国家相比，美国的国际宣传起步较晚，日本学者池田德真在《宣传战史》中认为：“美国的宣传人员正式开始宣传工作是在太平洋战争爆发之后。”[③] 福特纳和乔姆斯基等美国学者也认为在“二战”前美国没有什么国际影响力。由于美国在后期才加入“二战”，1942 年才开始海外政治宣传，其标志就是美国之音和战时新闻局的成立，到同年 11 月份，美国所有私人国际电台都置于联邦政府的监管之下，集中力量进行国际政治宣传。战时新闻局不断发动国际政治宣传攻势，利用美国之音以所谓的客观报道为原则加强对战争的宣传和对敌人的心理战，到“二战”结束时，美国的宣传工作已有一些名气。

“二战”后新闻署的建立标志着美国国际宣传的转折点，政府开始集中力量进行国际传播。随着国力增强，美国更多地参与到国际事务中，乃至成为国际舞台上的主角和领导者。“二战”后在国际舞台上形成了资本主义和社会主义两大

---

① ［美］布鲁斯·布尼斯·史密斯等．宣传、传播和舆论指南．王海，胡帆等译．广州：中山大学出版社，2008. 65.

② ［日］池田德真．宣传战史．朴世俣译．北京：新华出版社，1984. 94.

③ ［日］池田德真．宣传战史．朴世俣译．北京：新华出版社，1984. 93.

阵营，战争中受到损害最少的美国在帮助欧洲经济复兴的同时，也逐渐掌握了国际话语权，成为冷战思维的主要倡导者。20世纪50年代初，美国国家安全委员会68号文件（NSC68）成为美国推行冷战的蓝图，并把“公开发动心理战，鼓励更多的群众背叛苏联”列为国家安全政策的一部分，以对抗苏联的“宣传攻势”，逐步推动被称为“信息运动”的对外宣传。

新闻署利用故事、文章、照片、展览、电影和广播等展开广泛的宣传工作，其核心主旨是要“赞美资本主义制度”、“谴责共产主义”和“推进民主”。新闻署在广告委员会的帮助下，“利用出版物、电影、交易会、展览和交流项目等各种手段展示美国资本主义的成就，其中较为突出的是所谓‘特色包裹’与在美国国内和世界各地进行的‘人民资本主义’展览会”①。“特色包裹”里面是各种赞扬美国资本主义优点的文章、图片、书籍、传单以及广告委员会制作的广播和电视节目。为了测试展览会的宣传效果，新闻署对观众进行了访谈和调查。冷战全面展开后，美国动员各种社会力量开展文化外交，新闻署还策划了“人民与人民伙伴关系计划”，鼓励到社会主义国家旅游、工作的美国公民积极宣传美国资本主义制度的优越性。1956年9月成立了美国公民组成的“人民与人民伙伴关系委员会”，此后在美国民间成立40多个独立的公民委员会，使美国民众自觉或不自觉地参与到冷战宣传中。美国之音在冷战宣传中功不可没，实际上1953—1956年，在波兰、民主德国、捷克斯洛伐克、匈牙利爆发的反苏事件，都跟美国之音的宣传密不可分。艾森豪威尔总统认为“对铁幕后面世界进行心理宣传攻势是引起它们不满和赢得发展中国家对西方目标支持的手段”②。

美国新闻署的冷战宣传主要有三个渠道：第一，通过策划一些新闻事件使美国和世界大众传媒，如广播、电影、电视以及新闻出版等对其进行报道。“第二，通过美国驻外使馆文化处，以及美国新闻署在近120个美国驻外使馆的管辖下所设立的近2 000处对外宣传活动机构来进行，具体方式多种多样。”③ 如在外国设立新闻中心和图书馆，散发书刊读物，直接放映或提供电影、电视节目，在当地免费教授英文和举办展览会、讨论会，邀请去美国访问等“文化交流”活动。第三，美国新闻署有自己的对外文字广播系统，以卫星、无线电传播等方式，用英、法等语种在世界各地进行宣传。该系统包括美国之音、自由欧洲电台、自由电台，以及专门对古巴广播的马蒂电台和对亚洲广播的自由亚洲电台。

---

① 郭又新．全民动员：艾森豪威尔政府的冷战宣传．历史教学，2010（12）．

② 刘波．浅析艾森豪威尔政府的冷战宣传战略．法制与社会，2009（11）．

③ 乐利文，罗蕾蕾．从拉斯韦尔的“五W”模式分析当代美国的国际宣传体制．东北大学学报（社会科学版），2002（1）．

在冷战时期，美国国际宣传对象主要是苏联、东欧及中国这样的“铁幕”后的社会主义国家。

苏联解体后，很多冷战借口不能再使用，但是要继续维持美国的“世界警察”角色，就要制造新的“敌人”。美国开始以“推行他国民主”为借口，在世界各地推行美国式的民主，而在拉美则以“缉毒战”的旗号迅速填补了这个真空。实际上推行美国式民主一直是美国政府在“二战”后的国际宣传主线，到克林顿政府时将推进民主提升为一个独立的战略目标。托马斯·卡罗瑟斯（Thomas Carothers）出书回顾了美国在冷战结束后推进海外民主的历史，书中内容在各种新闻中被广泛引用。卡罗瑟斯发现有一条“清晰的轨迹”贯穿了冷战后的各届美国政府，包括小布什政府，“当海外的民主十分符合美国的安全和经济利益时，美国就会培育它；而只要民主同其他重要的利益发生冲突时，就得降低它的位置，甚至抛弃它”。卡罗瑟斯发现所有美国政府在此问题上都有一个令人不解的共性，即得了“精神分裂症”①（不同时期采用不同的政策）。

面对新时期国际传播方式和内容的变化，21 世纪初，美国以军事为主的综合性战略研究机构兰德公司为美国撰写了软实力战略报告——《美国信息新战略：思想战的兴起》，提出以下三项政策建议：①在世界各地扩张网络连接，特别是把网络连接到那些不喜欢美国思想观念的国家；②创建一个“特种媒体部队”，可以随时派遣到发生冲突的地区，搜集与传播信息；③在国家与非国家组织，特别是与非政府组织之间建立一个更紧密的协调行动机制。2010 年，兰德公司高级研究员戴维·隆费尔德和美国海军研究生院国防分析师约翰·阿基拉发表文章《公共外交的新范式》，又进一步提出了全球范围内开展三维空间战的美国软实力建设新战略。三维空间战包括全球性网络空间战、全球性信息空间战和全球性思想空间战。②

2. 美国的国际宣传手法

美国进行国际宣传的手法主要有四个：

（1）制造共识。“二战”后美国出现了“共识操纵法”（Engineering of Consent），这个术语是美国现代公共关系之父爱德华·伯奈斯（Edward Bernays）提出的，是指为了达到“好的”目的而由官方采用的传播活动。

在国际宣传中，制造共识包括对内和对外两个方面，对内就是要让美国民众形成一致的共识，支持美国的国际政策。美国政府一般不会进行赤裸裸的公开宣传，而是通过隐匿的权力网进行无形的引导，即“制造共识”。美国的情报部门

---

① ［美］诺姆·乔姆斯基．失败的国家．白璐译．上海：上海译文出版社，2008.187.

② 李希光．我国长期面临外部舆论环境的严峻考验．求是，2012（3）.

经常利用媒体制造共识，赢得公众对外交政策的支持。

对内绝对不能让公众知道内情，按照李普曼和伯奈斯所说的，民主的艺术就是愚民政策。伯奈斯认为“我们能够控制人们的思想，正如军队能控制士兵的躯体一样”①，企业界领袖和进步知识分子一样受到宣传的影响。为了配合美国政府的国际战略，美国的媒体、学者和文艺界都会众口一词，如美、英要轰炸伊拉克并对其实行制裁，无论是政客或是报纸的编辑和评论家、学术刊物，他们的回答完全一致，“萨达姆是一个彻头彻尾的魔鬼”②。美国存在一个致力于塑造人们的思想和态度的产业，它包括“广告业、公共关系产业和那些高谈阔论如何治理世界的有责任心的学者”③。在科索沃战争中，美国一致的论调是：“这是第一场为了信念和价值观而进行的战争，美国是一个睿智的国家。”④ 在美国流行的种种关于南斯拉夫人的暴行中，很多都是为了宣传捏造出来的。而那些说真话的学者就会被排挤，如尤金·德布斯（Eugene Debs）因为说出“一战”的实情而被威尔逊政府关进监狱。而那些所谓的公众知识分子“不像他那样不识时务，他们会融入主流思想，并时刻代表着美国的价值观”⑤。在2001年“9·11”事件之后，政府对媒体施加了更多的压力乃至威胁，让媒体与政府保持口径一致。在全民恐慌面前，任何与政府的游离都被贴上“不爱国”的标签，所以长期驻白宫的新闻记者海伦·托马斯（Helen Thomas）认为，美国的媒体已经变成民主的“看门狗”。美国传媒如何制造共识呢？乔姆斯基和赫尔曼在《制造共识》中提出，美国媒体实际上遵循着一种特殊的“宣传模式”，即主要通过五大新闻过滤器（filters）制造共识：①规模、传媒机构日益集中的所有权和财富以及大众传媒机构的唯利是图；②作为大众传媒主要收入来源的广告；③对政府、商业公司、信息源的依赖以及由权力机构和上述信息源资助和认可的专家的依赖；④把“炮轰”（flak）作为惩戒媒体的手段；⑤把“反共”作为国教和控制机制。这五个过滤器相互作用、相互加强，使大公司和政府的精英“达成精英的共识，制造出民主认同的表象，并在普通民众心中制造了混淆、误解和冷漠，以便精英的规划得以前行”。⑥

在国际上制造共识是指美国新闻署通过美国跨国媒体进行所谓的客观报道，

---

① ［美］诺姆·乔姆斯基．宣传与公共意识．信强译．上海：上海译文出版社，2006. 194.
② ［美］诺姆·乔姆斯基．宣传与公共意识．信强译．上海：上海译文出版社，2006. 37.
③ ［美］诺姆·乔姆斯基．宣传与公共意识．信强译．上海：上海译文出版社，2006. 39.
④ ［美］诺姆·乔姆斯基．宣传与公共意识．信强译．上海：上海译文出版社，2006. 193.
⑤ ［美］诺姆·乔姆斯基．宣传与公共意识．信强译．上海：上海译文出版社，2006. 213.
⑥ 单波，李加莉．奥威尔问题统摄下的媒介控制及其核心问题．上海大学学报（社会科学版），2008（4）.

通过电影、书籍、展览会、国际交流项目介绍美国式的民主、自由理念和制度，宣扬美国的价值观念、意识形态及美国的生活方式，潜移默化地影响受众，为其和平演变战略服务。如冷战结束后，美国政府给美国之音提出以下六大任务：①对抗共产党和极权国家；②鼓动美国式新闻自由；③输出美国的价值观；④提供广泛的学习机会；⑤向全球解释美国的政策；⑥为美国的文化、贸易、旅游服务。[①] 美国政府要求尽可能广泛地散播有关美国的信息，“在其他国家引导舆论的群体中传播各种观点和看法，并使越来越多的民众成为引导舆论的群体中的成员”[②]。

（2）“设计一种合适的官方宣传用语，关键的术语都有脱离其通常意义的专门意思。[③]” 如恐怖主义、和平进程、极端分子等，采用赋予敌人以恶名、为自己找冠冕堂皇理由的宣传技巧。

1979 年，美国国会起草了一份支持恐怖主义国家的名单，它在国家政策和官方宣传中被抬到了一个显著的地位。1994 年，克林顿总统扩大了“恐怖主义国家”的范畴，把“流氓国家”也包括进去，接着又加入了“失败国家”。2001 年“9・11”事件后，美国上下同仇敌忾反对恐怖主义。2002 年，美国总统布什将伊朗、伊拉克和朝鲜并称为三大“邪恶轴心国”（后来又加入叙利亚、古巴）。2005 年，由于原来的“邪恶轴心国”口号已经失去国内外的支持，美国又提出反对“专制”、“暴政”的口号，美国国务卿赖斯把古巴、缅甸、朝鲜、伊朗、白俄罗斯、津巴布韦六国列为“暴政前哨”，称暴政滋生出绝望和仇恨，孕育出恐怖主义。这种口号又为其在中东和非洲等地区干涉别国内政、鼓动所谓的民主革命提供了借口。

这些在奥威尔（George Orwell）的《一九八四》中被称为“新语”的口号其实没有任何实质性的意义，而是根据其需要任意给它看不惯的国家和敌人贴上标签。乔姆斯基也描述了美国制造的语言如何在全球推行，一些被编造出来用于鉴别异端的概念包括“独裁”、“马克思分子”、“极端的”等词汇，为了有效地推销自己的决定，官方宣传常常把眼前的敌人描绘成天生的恶魔，根本不用进一步的争论和评论就可以否定它。但历史学家阿诺・迈耶（Arno Mayer）认为实际上“美国已成为最大的国家恐怖主义者，信奉‘先发制人’”，还干出了无数其他的“流氓行为”，造成了严重的后果，“却始终借着民主、自由和正义的名

---

① ［美］杰弗里・科恩．冷战后美国之音的六大任务．世界广播电视参考，1996（9）．

② 郭又新．从国际新闻署到美国新闻署．东南亚研究，2004（5）．

③ ［美］诺姆・乔姆斯基．海盗与君主．叶青译．上海：上海译文出版社，2006. 3.

义”①。到20世纪80年代中期，美国支持下的国家恐怖主义运动让中美洲国家“深受恐怖、惊慌之苦……威吓无所不在，恐惧四处蔓延”②。

（3）在国际事务中实行双重标准，一方面打着维护人道主义的口号去干预别国的内政，另一方面却在对其他国家的战争中实行不人道的行为，如在伊拉克战争和东帝汶战争中都有大量伤害民众的暴力行为。乔姆斯基说：“据我所知，任何人道主义干预的例子都是虚假的，国家并不是道德的代言人，不会真像它自我标榜的那样使用武力去维护、保护人道主义。”③ 宣传机器在拼命向公众传递相反的信息。

乔姆斯基认为美国实际上有多重标准或者单一标准，“所有标准自始至终都为一个宗旨服务：谋求美国利益的最大化”④。实际上并没有正确的判断标准，只要符合美国利益就支持，不符合就反对甚至灭掉。例如，当美国与萨达姆·侯赛因关系和好时，对1988年两伊战争中萨达姆使用毒气镇压库尔德人的行为持支持的态度；而2002年美国政府就发动了一场政治宣传攻势，将萨达姆·侯赛因描绘成对美国构成严重威胁的人物，暗指他是“9·11”事件的幕后主使，并且还在策划其他恐怖活动。美国用单一标准区别对待他国十分常见，有时表现得非常出格。如遭受了美国猛烈痛斥的尼加拉瓜新闻审查制度，其本质是尼加拉瓜的主要报社都得到了美国的资助，它们公开叫嚣要超级大国的恐怖主义军队来推翻自己的政府；而美国的附庸国以色列在严格限制新闻自由方面的记录是不可比拟的，美国却视而不见。“华盛顿在一些地区设立的傀儡政权还利用国家恐怖力量清除了所有的独立媒体，并谋杀了这些媒体的编辑和记者或强迫他们流亡。”⑤

（4）制造有利的新闻，限制不利的新闻。为发动伊拉克战争寻找借口，美国情报局不惜制造假新闻，媒体登载了大量有关伊拉克拥有大规模杀伤性武器的报道。国家安全和情报分析家约翰·普拉多斯（John Prados）在十分细心地研究有关档案资料后说，布什“蓄意误导美国人民和全世界，让他们相信发动伊拉克战争是必须和紧迫的”⑥。当事实证明这是一种情报局为了发动战争而散布的谎言时，“总统的智囊们立即开始编造新的战争借口和理由，这一次成了道德教条：布什总统和他的英国盟友是凭着他们的高尚的民主信念攻打伊拉克的”⑦。

---

① ［美］诺姆·乔姆斯基．失败的国家．白璐译．上海：上海译文出版社，2008. 135.
② ［美］诺姆·乔姆斯基．霸权还是生存．张鲲译．上海：上海译文出版社，2006. 13.
③ ［美］诺姆·乔姆斯基．宣传与公共意识．信强译．上海：上海译文出版社，2006. 209.
④ ［美］诺姆·乔姆斯基．宣传与公共意识·序．信强译．上海：上海译文出版社，2006. 12.
⑤ ［美］诺姆·乔姆斯基．失败的国家．白璐译．上海：上海译文出版社，2008. 202.
⑥ ［美］诺姆·乔姆斯基．失败的国家．白璐译．上海：上海译文出版社，2008. 28.
⑦ ［美］诺姆·乔姆斯基．失败的国家．白璐译．上海：上海译文出版社，2008. 28.

2003 年 11 月 6 日在华盛顿举行的国家民主基金会（NED）成立 20 周年大会上，布什总统发表了题为“伊拉克和中东的自由”的演讲，从此“美国领导人增进民主的真诚性就再也没有受到过质疑”①。这只是一场黑白颠倒的宣传的开始，而所谓的推进“民主”主要看其是否符合美国的战略和经济利益。

对不利于自己的新闻媒体进行限制，特别是在战争中进行毁灭性的打击，为此不惜违反国际新闻规则。多年以来，美国的高官——切尼、拉姆斯菲尔德、赖斯和鲍威尔一直都在强迫卡塔尔封杀半岛电视台的报道。美国还轰炸了该台设在喀布尔和巴格达的分站（炸死一名约旦记者）。此时布什的中东民主观又有了一个诠释：“任何媒体，不论是公共的还是私营的，只要不受美国制约都不能容忍。”② 美国对一些不利于己的国际民意调查数据也是有选择地使用和公布，如“2004 年春季，不欢迎美国的伊拉克人已达到总人口的 90%，从那以后美国的民意调查机构就基本不再调查伊拉克对美国及美军的看法了”。史蒂文·克尔（Steven Kull）是研究大众观点的权威专家，他透露说当美国国际共和学会（IRI）的民意调查“结果对美国在伊拉克的继续存在非常不利”时，它就不再让那些数据流出伊拉克了。③

3. 国际宣传的效果

从总体上说，美国的国际宣传效果是十分明显的，尤其是战时宣传，成效卓著。当以美国为首的北约把成千上万的炸弹倾泻在南联盟土地上的时候，美国新闻媒体也积极呼应，发起了一场暴风雨般的宣传战。“美国政府在启动战争机器的同时，也发动了宣传机器。”④ 美国媒体惊人地一律，按照政府的调子，对南联盟领导人进行“妖魔化”，为北约空袭南联盟煽风点火、推波助澜。因此，有人认为南斯拉夫的米洛舍维奇没有失败在战场上，而是失败在宣传舆论上。伊拉克战争中，美军利用其最现代化的宣传手段、众多的传播媒介和雄厚的资金，发动了自越南战争以来最大规模的新闻宣传战，以鼓舞士气，瓦解敌军，影响国际舆论。在现代信息时代，信息战、宣传战很大程度上决定了战争的胜负。

即使在非战争的国际霸权争夺中，美国的宣传也是有效的，最明显的案例就是在苏联和东欧社会主义国家阵营的解体中，美国的宣传起到不可忽视的作用，甚至有些假造的新闻报道直接成了引发这些社会主义国家动乱的导火线。在独联体的“颜色革命”中，美国也是公开表态支持。而在近年来中东和非洲的民主

---

① ［美］诺姆·乔姆斯基．失败的国家．白璐译．上海：上海译文出版社，2008. 163.

② ［美］诺姆·乔姆斯基．失败的国家．白璐译．上海：上海译文出版社，2008. 202.

③ ［美］诺姆·乔姆斯基．失败的国家．白璐译．上海：上海译文出版社，2008. 205 ~ 206.

④ 刘江．为霸权服务的“新闻自由”——评美国的新闻宣传战．中国记者，1999（6）.

革命浪潮中，美国长期地推进民主宣传鼓动也起到重要的作用。

但是美国的宣传并不是在任何时候都能完全达到预期目的，自美国发动伊拉克战争以来，国际民意调查结果一再显示，美国的支持率非常低。2003 年初，调查结果显示，整个世界对美国的恐惧以及对其政治领袖的不信任都达到了惊人的程度。“美国一面宣称它全心全意致力于人权保护与民主事业，一面置人类的基本权利与需要于不顾，其所作所为表现出对民主的极度藐视——这种藐视在历史上无人可比。”① 另外一项全球民意调查结果显示，除了整个欧洲和中国，法国在“最大范围内被认为是产生积极世界影响的国家”，而“被普遍认为在全世界产生负面影响的两个国家是美国和俄罗斯”②。美国国内民众对政府的国际战略支持率也不高，越来越多的学者对美国在国际上说一套做一套的行为表示质疑，布什在连任时是美国历史上支持率最低的总统，而且他使全世界比以往“更加惧怕和憎恨美国”③。2007 年公布的一项全球民意调查表明，对美国来说，15 个被调查的国家中，只有 6 个国家的多数受访者认为美国在国际上发挥了积极作用，积极评价美国的人数比例为 38%，消极评价美国的人数比例达 47%。④

四、舆论宣传技巧的研究

在舆论宣传技巧研究方面，美国一直居于领先地位，出版了很多著作，美国专家操纵舆论宣传的技术可以说已经达到了炉火纯青的地步，但是专门的国际宣传技巧的研究还是比较少，不过一般性的宣传技巧也可以在国际宣传中使用。由于中国的宣传以往只是靠讲大道理或者喊口号，在技巧方面十分匮乏，往往不容易被西方接受，因此有必要学习西方的舆论宣传技巧，讲究宣传的艺术性。

“二战”中西方国家为了控制国际舆论，发展出三种不同的宣传手法：白色宣传、黑色宣传和灰色宣传。白色宣传是“刻意抑制潜在有害的信息和想法，同时故意推广积极的信息和想法，目的是为了分散别人对有疑问的事情的注意力”；黑色宣传是“别有用心地策略性地传播谎言”；灰色宣传是“传播可能错误或可能正确的信息或想法，从而费力去确定它们的确切性”。⑤

---

① ［美］诺姆·乔姆斯基．霸权还是生存．张鲲译．上海：上海译文出版社，2006. 5.

② ［美］诺姆·乔姆斯基．失败的国家．白璐译．上海：上海译文出版社，2008. 7.

③ ［美］诺姆·乔姆斯基．失败的国家．白璐译．上海：上海译文出版社，2008. 161.

④ 全球 22 个国家调查显示：中国形象超过美国．http：//news. xinhuanet. com/world/2005 – 03/11/content_ 2682809. htm，2012 – 03 – 26.

⑤ ［美］斯坦利·巴兰，丹尼斯·戴维斯．大众传播理论：基础、争鸣与未来．曹书乐译．北京：清华大学出版社，2004. 73 ~ 74.

1. 美国的劝服技巧

宣传的目的就是要说服别人改变态度，以美国心理学家霍夫兰（Carl Hovland，1912—1961）为首的耶鲁学派进行的劝服人们改变态度研究就涉及宣传的技巧。

（1）一面之词和两面都说。

同样的消息以两种不同的方式来提供：只提供单方面的消息和正反两方面消息都提供。耶鲁学派的实验发现，用什么方式与接受者的最初态度和文化水平有关。“单方面消息对最初赞同该消息者最有效，而正反两方面消息则对最初反对该消息者最有效。”① “单方面消息对受教育程度较低者最有效，而正反两方面消息对受教育程度较高的人最有效。”② 但是对于接受了反面宣传的人来说，两面都说更有效，它可以为后来的说服工作建立起更有效的抵抗力，即宣传的免疫力。麦奎尔（William McGuire）等人进行了更深入的研究，将其称为“预防接种理论”，也被称为“免疫效果”或“接种效果”。

（2）信息来源的可信度。

选择可信的信息来源，可以提高宣传的有效性。霍夫兰和韦斯（W. Weiss）认为专业权威度和值得信赖度是信源可信性的重要标准，专业权威度即信息来源在该专业内是否具有发言权和发言资格；值得信赖度就是信源的信誉，包括诚实、信赖、公正等因素。一般来说，高可信度来源对于态度改变是有效的，低可信度来源说服效果就小。

（3）休眠效果。

高可信度的来源更能说服人改变态度，但是，随着时间的流逝，人们忘记了消息的来源，只记得传播的内容，使得原来低可信度来源的信息效果逐渐显现出来。这种现象称为“睡眠者效果”（Sleeper Effect）。而且同一信息来源对不同受众具有不同效果，如不同年龄的成员对同一信息的接受程度就不一样。

（4）明示结论或暗示。

在宣传内容中直接告诉公众结论，还是暗示公众让他们自己得出结论，哪一种方式更有效？耶鲁学派的实验显示，明白优于含蓄，传播者把结论直截了当地告诉受众，要比让他们自己去猜出结论更为有效。不过这个结论并不是最终的，由于各种论题的复杂程度不同，不同文化层次的人理解能力也不同，要结合实际

① ［美］沃纳·赛弗林，小詹姆斯·坦卡德．传播理论起源方法与应用．北京：华夏出版社，2006. 179.

② ［美］沃纳·赛弗林，小詹姆斯·坦卡德．传播理论起源方法与应用．北京：华夏出版社，2006. 180.

情况进行，让受众自己得出结论的方法，用于论题简单、论旨明确或对象文化水平较高的场合比较好，自己得出的结论更容易接受，记得更牢固同时不易变更。

（5）恐惧诉求。

恐惧诉求也称警钟效果，是在劝服信息中夹杂有威胁性成分，能够激起受众的恐惧（敲警钟），以达到改变人们态度的预期目的。如想让司机注意交通安全，是让他们看车祸遇难者血肉模糊、惨不忍睹的图片，并警告他们肇事者将难逃法律制裁有效呢，还是只给他们讲大道理，并指出肇事司机将被没收执照有效？霍夫兰的大弟子贾尼斯的实验表明，不同程度的恐惧诉求效果是不一样的，一般来说，效果的大小与诉求的强弱顺序基本一致，强烈的恐惧诉求造成的心理紧张效果最大，但是如果恐惧刺激太过强烈，可能会唤起某种形式的干扰因素，导致传播效果的降低。而另一项研究则证明，最强烈的恐惧最有效，这是由于传播的内容不同。最后贾尼斯总结出一个模式，诉诸恐惧和态度改变之间的关系是呈倒“U”形状的曲线：“一则消息中，或高或低程度的恐惧都将导致少量的态度改变；而中等程度恐惧的消息将导致最大量的态度改变。”①

（6）问题的排列技巧。

在问题表达程序上，将重点放在前面还是放在后面更有说服力？根据一般的心理规律，人们对事情的开头和结尾往往印象较深，心理学家把这种现象称为首因效应和近因效应。耶鲁学派研究认为先说还是后说要考虑以下一些因素：第一，首先提出的论点可以引起受众的注意；第二，最后提出的论点容易被受众记住；第三，如果信息内容是受众赞同或可能接受的，那么首先提出来比较有利；第四，如果正反两种观点都有一人提出，那么先提出的观点容易“先入为主”；第五，如果所传播的问题是受众不熟悉的，那么就应当先提出问题的要点；第六，如果信息内容是为了唤起和满足受众的需求，最好的办法是首先唤起需求，然后再提出问题。

除此之外，赛弗林和坦卡德（Werner J. Severn & James W. Tankard，Jr.）还总结出以下四个通用的说服技巧：

（1）采用图像。

在文本消息中，采用图像能增强消息的说服力，但是在说服性消息中，还要考虑图像的一些特点和个人在接收图像消息时的认知状态。一些实验证明，“当接受者投入的注意力较低时，不相关的图像会对态度改变产生最大的冲击力；而

① ［美］沃纳·赛弗林，小詹姆斯·坦卡德．传播理论起源方法与应用．北京：华夏出版社，2006.187.

当接受者投入的注意力较高时，相关的图像会对态度改变产生最大的冲击力”①。

（2）诉诸幽默。

诉诸幽默是一种很受欢迎的技巧，在宣讲一个严肃的话题时，诉诸幽默能帮助受众产生一种积极的情绪。有关幽默效果的研究显示，幽默对吸引注意力、产生对传播者的喜爱心情等方面，比造成态度改变或行为改变有效。也有的研究认为，某些性别或职业的演说者不使用幽默手法更受喜爱或尊重，另外幽默也可能导致分心。

（3）诉诸性感。

在广告中诉诸性感是常见的技巧，它可以增加人们的注意力，引起冲动，通过转移的方法将产品与性感联系在一起，使产品更容易被接受。但是这种手段在使用时也存在某些危险性，可能不被某些受众认同，被误解为其他的事物或被忽略掉，也可能将另一些人的注意力分散等。

（4）重复的效果。

不断重复的宣传是有必要的，它可以扩大受众范围，提醒受众记住获取高可信度的信源，有助于受众态度的学习和对传播内容所含情感意义的学习，有助于受众记住信息本身。但是重复太多也会产生反面效果，重复与传播效果之间呈现曲线关系，就是“重复的消息起初增加了对其支持立场的认同，但是在经过某一点后，对其所支持立场的认同便会降低”。同时，“重复起先导致消息接收者对反对这一消息的反面观点减少，然后是增加”②。而且重复还会导致与消息主题无关的想法增加。

2. 美国七种宣传策略

美国的阿弗雷德·李和伊丽莎白·李（Alfred McClung Lee & Elizabeth Briant Lee）合编的《宣传的完美艺术》（*The Fine Art of Propaganda*）是有关宣传技巧分析最著名的书籍，他们在书中所提出的七种宣传策略可以用在广告、社会政治运动、媒介报道以及极端团体的言论中，至今仍然是经典的理论。

（1）辱骂法（Name Calling）。

辱骂法“是给某思想赋予一个不好的标签，使我们不检查证据就拒绝和谴责这种思想”③。这种方法的另一种翻译是“赋予恶名”，给对手赋予大家都公认

① ［美］沃纳·赛弗林，小詹姆斯·坦卡德．传播理论起源方法与应用．北京：华夏出版社，2006. 198.

② ［美］沃纳·赛弗林，小詹姆斯·坦卡德．传播理论起源方法与应用．北京：华夏出版社，2006. 202.

③ ［美］沃纳·赛弗林，小詹姆斯·坦卡德．传播理论起源方法与应用．北京：华夏出版社，2006. 109.

的恶名，如恐怖分子、恐怖主义、邪教等，使人想当然地认为它就是坏的。

（2）光辉泛化法（Glittering Generality）。

光辉泛化法也称晕轮效应、光环效应，起到美化的作用，它是“将某事物与好的字眼联系在一起，借好的事物的光，使我们不经证实而接受或赞同另一个事物”①。大部分方法都是使用好的名称，认为人们会根据名称确定其本身是好的，如“民主”、“正义”、“保护环境”、“天然食品”等。

（3）转移法（Transfer）。

转移法或称假借法，“是将某种权威、约束力，某一令人尊敬和崇拜的事物的威信转移到其他事物上使后者更可被接受”②。转移法就是转换概念，借助某种令人崇拜的象征性事物来吸引人们的注意，广告上使用的明星或名人效应就是将他们的声望转移到产品上，特别容易使其“粉丝”接受这种产品。

（4）证词法（Testimonial）。

证词法也就是我们平时所说的现身说法，“请某些令人尊敬或使人讨厌的人说出特定的观念、节目或产品，或说人的好话或坏话”③。在政治宣传和广告中都可以请一些权威人士来证明自己或产品的正确性，或者攻击敌人。证词法与霍夫兰的选择可信的信息来源是一致的。

（5）平民百姓法（Plain Folks）。

平民百姓法“是指某讲话者企图让受众相信他或她的想法是好的，因为这些想法是‘人民’的想法，是‘普通老百姓’的想法”④。宣传者要把自己与平民百姓融合在一起，而且他所说的要能代表百姓的看法，使民众有一种亲切感。

（6）洗牌作弊法（Card Stacking）。

洗牌作弊法“是选择采用陈述的方法，通过事实或谎言、清晰的或糊涂的、合法的或不合法的叙述，对一个观念、计划、人或产品作尽可能好或尽可能坏的说明”⑤。简单来说就是选择支持某种立场的论点和证据，而忽视不支持这种立场的论点和证据，当然这种论点和证据可能是对的也可能是错的。相当于霍夫兰

---

① ［美］沃纳·赛弗林，小詹姆斯·坦卡德．传播理论起源方法与应用．北京：华夏出版社，2006. 114.

② ［美］沃纳·赛弗林，小詹姆斯·坦卡德．传播理论起源方法与应用．北京：华夏出版社，2006. 116.

③ ［美］沃纳·赛弗林，小詹姆斯·坦卡德．传播理论起源方法与应用．北京：华夏出版社，2006. 117.

④ ［美］沃纳·赛弗林，小詹姆斯·坦卡德．传播理论起源方法与应用．北京：华夏出版社，2006. 118.

⑤ ［美］沃纳·赛弗林，小詹姆斯·坦卡德．传播理论起源方法与应用．北京：华夏出版社，2006. 119.

劝服技巧中的只说一面之词，也相当于普通语义学中大肆渲染某一方面而忽略另一方面的偏向技巧，以偏概全。

（7）乐队花车法（Band Wagon）。

乐队花车法“就是‘每个人——至少我们所有的人——正在做它’；宣传者用这种方法企图说服属于团体中的我们所有成员接受他的计划，因此我们必须跟随大家，‘跳上乐队花车’”[①]。此法用于战争时代，让人们相信，每一个人都在为国家作出牺牲，甚至制造出一个英雄人物让大家模仿；用于广告，则让人相信广告产品是一种流行时尚。有点像中国的“随大流”，说明某种事件是大家都在做的，按照德国学者诺依曼（Elisabeth Noelle-Neumann）“沉默的螺旋”理论，人们由于害怕孤立会选择与大多数人一致。

3. 日本的对敌宣传原理

池田德真在其《宣传战史》最后列出了他在“二战”中为外务省写的《对敌广播宣传原理》，目的就是指导当时日本的对敌宣传。他提出了一系列宣传方法，其中很多都是借鉴了西方的传播技巧和宣传艺术。

（1）宣传态度的原理。

自我法和忘我法——不要只顾自己的宣传而不考虑对方；守势法和进攻法——军事上不利的时候宣传上必须是进攻的；被动法和能动法——不能在宣传上被敌人牵着鼻子走。

（2）表现强度的原理。

一次法和反复法——要反复宣传，同时注意媒介特性对人的感觉器官的刺激作用；个别法和关联法——要按照宣传的目的将内容集中发送出去；孤立法和追求法——不能只孤立地传播一次，而是要穷追猛打；多说法和沉默法——多说是必要的，但有时也需要沉默，这种沉默应该是让敌人害怕的。“二战”中德国纳粹的宣传就比较简单，但重复性很高。戈培尔也宣称“谎言重复一百遍就成为真理”。

（3）表现形式的原理。

罗列法和导演法——宣传最忌讳简单地罗列事实，而是要具有戏剧般的效果；无音法和音乐法——这种方法主要是针对广播媒介；散文法和韵文法——韵文比散文多了声音的要素，朗朗上口，容易被记住；无名法和命名法——宣传媒介要有响亮而连贯的名字，但是主持人不能使用真名；惰性法和新奇法——要追求创新，但无谓的标新立异要严格禁止。

---

① ［美］沃纳·赛弗林，小詹姆斯·坦卡德. 传播理论起源方法与应用. 北京：华夏出版社，2006. 121.

(4) 表现内容的原理。

直接法和间接法——尽可能使用间接法，使敌人产生疑惑并亲自进行研究；明示法和暗示法——形式上多用明示法，但内容上多用暗示性的东西；真实法和虚伪法——可以从小事上取得别人的信任，然后在大问题上说假话，近乎真实的虚伪更有欺骗性；现实法和神秘法——诀窍在于神秘性。

(5) 议论的原理。

抽象法和具体法——严禁抽象地发议论，而要列出具体的数字和事实；理性法和感情法——可以根据不同的目的或场合任选一种，但一般来说，对当权者的宣传以诉诸理性为好，而以人民大众为对象的宣传宜用感情法；议论法和诙谐法——不要生硬地争论而要富有幽默；解答法和提问法——不能把自己所设想的答案说出来，而要敌人自然而然地得出这个答案，提问法要和忘我法、间接法结合使用；直说法和比喻法——比喻法比直说法带有更多的间接性和幽默性，便于记忆。

(6) 从容的原理。

诽谤法和称赞法——对敌人要八分褒、二分贬，先吹捧一番再贬低他；反感法和同情法——先表示同情然后提出问题；否定法和肯定法——对敌人的宣传置之不理或加以肯定，然后再击破其论调，否定法只有在极端情况下才使用。

(7) 时机的原理。

先发制人法和后发制人法——先发制人易胜，后发制人易败。

第二节　国际舆论

一、国际舆论的含义

国际舆论是国际宣传的目的和结果，国际宣传的目的就是要形成国际舆论，并且大部分国际舆论都是经过国际宣传的结果。

国际舆论一般是指民族国家在国际公共空间对共同感兴趣的问题所形成的态度和意见的总和。[①] 但是国际舆论是否等同于真正世界范围的舆论呢？中外学者对此看法不完全一致。中国的陈力丹认为国际舆论和世界舆论是两个通用的概念，而且倾向于认为它们主要是指外国媒体上的言论，而不是指真正世界范围内的社会舆论，因为在世界范围内调查国际受众对于某一课题的舆论是相当困难

① 郭可．国际舆论及其对我国的影响．新闻与传播研究，2003 (3)．

的，能够把握一个国家内的舆论就很不容易了。[①] 而有些西方学者则对国际舆论和世界舆论进行了区分，认为世界舆论主要是指世界范围内人类所共有的价值观或基本意见，如人们向往和平、摆脱贫困等愿望，其主体主要是由各国公众所组成的世界性共同体，但它是否存在值得怀疑，而且即使存在，也“是脆弱的、混杂的、容易被滥用的，仍然不能被看成是一股真正的力量”[②]。国际舆论则是指民族国家的意见总和，它往往会形成一种外交压力，如许多国家同时批评一个国家的政策，会被认为是国际舆论，而不是世界舆论。也就是说，国际舆论指的是以国家为主体所发出的意见、评价的总和，而世界舆论是各国人民所发出并形成一定影响力的声音。如此便出现了三种不同的国际性舆论，一是国际媒介所造成的舆论，二是各国政府的舆论，三是各国民众所形成的共同意识和情感。这里姑且以国际舆论（International Public Opinion）代表国际传媒的舆论；以世界舆论（World Public Opinion）代表国际社会民众的舆论；由于各国政府的意见往往在其媒体中体现出来，媒介舆论也代表各国政府的舆论。

以往一个国家的人民所能感受到的国际舆论通常是指国际媒体所呈现的舆论，可能这种舆论并不代表世界各国多数人的声音。因为了解他国民众对国际事务的意见是非常困难的，通常的渠道就是传统的大众传播媒介和国际性的民意调查，而这些又都是容易被操控的。但是互联网等新的传播技术使得全世界人民实现了真正意义上的交往，有了共同的舆论平台，代表人民声音的世界性舆论的形成便具有可能性。戴维森（W. Phillips Davidson）认为，真正的世界舆论一定要有以下三个条件才能出现：第一，各国人民关注同样的事情；第二，各国人民有足够互动的途径去形成共同的看法及态度；第三，这些共同看法及态度要有途径转化为行动。[③] 互联网使第二条得到了实现，并且使第三条也具有更大范围实现的可能。

本书研究的国际舆论主要是指国际传媒的意见，因为目前的国际性舆论主要是透过各国媒介共同关注某一事项，形成比较一致的观点与角度，进而引起各国民众的关注和议论。

二、国际舆论的成见

李普曼认为舆论是外部世界和我们头脑中的想象结合的产物。我们每个人对外部世界的了解都是很少的，大部分是通过媒介报道所获知的，即使是目击者，

---

① 陈力丹．舆论学——舆论导向研究．北京：中国广播电视出版社，1997.26.

② ［英］肖恩·麦克布赖德等．多种声音　一个世界．北京：中国对外翻译出版公司，1981.273.

③ 李少南．国际传播．台北：黎明文化事业公司，1994.85.

对那些具有广泛影响的公共事件充其量也只是了解某个方面或某一片断，而且由于所处的地位和观察习惯不同，每个目击者所描述的情况也不相同。影响我们对事物形成正确判断的因素很多，首先是妨碍我们进入环境的限制性因素，“通过源头上的检查与保密，通过另一端的物质与社会保障，通过飘忽的注意力，通过贫乏的语言，通过涣散的精神，通过无意识的情感丛，通过损耗、暴力和千篇一律”①；其次是事实本身的朦胧与复杂，使我们无法清晰地、公正地看待事实；再次，舆论主体头脑中的认识偏差、虚幻的景象，其中那些先入为主的成见更是很强烈地影响到整个感知过程。“我们在看到世界之前就被告知它是什么模样。我们在亲身经历之前就可以对绝大多数事物进行想象。”② 一旦这些成见受到激发，“它们就会把那些由来已久的老看法浇注到新见解之中，似乎这个世界又在记忆中得到复活”。而成见的性质和我们运用成见时的那种轻信，“最终要取决于构成我们生活哲学的各种样板”。③ 这就是所谓的铸模成见或刻板印象（Stereotype），它不是我们先天就有的，而是通过童话故事、学校课本、传统、小说、戏剧、绘画、电影、报纸等媒体言论把一种先入之见注入我们的头脑中。

在国际舆论中，由于地理、科技、政治及经济等因素的影响，拥有不同生活经验和文化传统的各国人民对事物的看法都有自己的成见；而且由于不能充分地自由交流，传媒在对事件进行报道时所包含的成见更加深刻地影响到民众的成见，导致不同国家的人经常对别国产生一种错误的印象，而这种印象一经形成就不易更改。国际传媒就如铸模机器，统一地塑造某国人民的思想。它甚至能把信息扭曲变形，加深国与国之间的误解和偏见，所以在国际舆论中，刻板印象是最大的障碍，也是决定国际舆论方向的核心因素。一位到访中国的富布莱特教授杜鲁卡（Tom DeLuca）在《北京青年报》发表文章，说“我是冷战思维的产物。20 世纪 50 年代，大人教给我的，是对中国的恐惧”。但是“在中国，我没有见到儿童时代被告之的‘令人害怕的红色中国’，也没有见到某些西方人预言的‘作为人类本性必然结果的资本主义中国’，我见到的是实实在在的中国人”④。

刻板印象的问题在 20 世纪五六十年代曾经一度引起国际关注，联合国教科文组织甚至制定了一个测试铸模成见的问卷，但是到 70 年代以后国家之间的紧张气氛有所缓和，对敌的国际宣传已不像以前那样迫切需要，这方面的研究便沉寂下来。但是在实践中，世界各国在国家利益的推动下，利用跨国传媒积极推销

---

① ［美］沃尔特·李普曼．公众舆论．阎克文等译．上海：上海人民出版社，2009. 57.
② ［美］沃尔特·李普曼．公众舆论．阎克文等译．上海：上海人民出版社，2009. 67.
③ ［美］沃尔特·李普曼．公众舆论．阎克文等译．上海：上海人民出版社，2009. 68.
④ ［美］汤姆·杜鲁卡．我看到了真正的中国．对外传播，2007（2）.

自己的形象，努力营造有利于自己的国际舆论。

三、国际舆论的操纵

在国际舆论中，另外一个具有影响的因素是舆论操纵。国际舆论形成的途径一般有三种：一是政府或某个组织策划的事件，通过媒介报道然后形成国际性的民众议论；二是世界各国民众对某个事件形成相近的看法，并用行动表现出来，成为一种国际性的思潮或行动即世界舆论，再由媒介将其反映出来，如世界性的反战运动、各国工人大规模的罢工等；三是客观发生的事件经过媒介报道引起国际公众和政府的关注，进而形成国际性舆论。这三种途径中，媒介都起到很关键的作用，大多数国际舆论并非经过各国人民深入讨论后而形成，由于地理的间隔和交流手段的缺乏，国际公众之间很难进行真正意义上的交流，只能依赖国际传媒的报道来获取国际信息，并不可避免地受其舆论引导。所以国际舆论往往是国际传媒在塑造了一定的看法后，推销给各国人民的一种意向。因此，操纵一些重要的国际传播机构便能轻易操纵国际舆论。现代社会各个国家对国际舆论的争取和操纵一直都没有停止过，而且有越来越强化的趋势，只不过操纵国际舆论的手法从政治硬销发展到以提供事实和信息为主的软销方式。

舆论是一种意识形态，操纵舆论的理论起源于意识形态操纵。操纵意识学说和理论形成于20世纪后半叶，并被用到了美苏之间的冷战中。但追根溯源，其主要根基在欧洲资产阶级革命时期已经奠定，意大利马基雅维利关于君主如何操纵舆论的理论、美国哈罗德·拉斯韦尔操纵符号制造舆论的宣传理论、德国的社会学家赫伯特·弗兰克的著作《被操纵的人》（1964）等，都是研究意识操纵的重要成果。俄罗斯谢·卡拉—穆尔扎的《论意识操纵》更是一部充分论证西方意识操纵理论和实践的力作，他对意识操纵的定义是“通过人为的行为编制程序来对人施加精神影响的一种统治方法”[①]。由于在君主专制时代只需下命令强制执行，并不需要操纵，所以意识操纵只能在以代表制民主为基础的公民社会即“西方类型民主”中产生。他用大量事实批驳了苏联的解体是因为体制的危机和经济问题造成的说法，认为是西方社会特别是美国“根据安东尼奥·葛兰西的理论——通过破坏国家政权及其意识形态环节的文化统治进行的”[②]。他还详细解读了西方在宣传中所用的一些思维范式对于苏联舆论的影响。

---

① ［俄］谢·卡拉—穆尔扎．论意识操纵．徐昌翰，王晶等译．北京：社会科学文献出版社，2004. 39.

② ［俄］谢·卡拉—穆尔扎．论意识操纵．徐昌翰，王晶等译．北京：社会科学文献出版社，2004. 48.

美国在极短时期内就建立起了控制社会的一套有创意的技术体系，而且将舆论操纵技巧运用得十分娴熟，传播学者、加利福尼亚大学教授G. 席勒说："可以完全准确地把美国界定为一个分散的社会，在这里，操纵成为控制的主要工具之一，而这控制又握在一小撮起统治作用的大公司老板和政府头子手里。"① 美国乔姆斯基的一系列著作《制造共识：大众媒介政治经济学》、《必要的幻象——民主社会的思想控制》、《海盗与君主》、《新自由主义和全球秩序》等都从不同角度论证了美国是如何操纵民意、制造共识的，他认为民主制度下的思想控制和独裁主义相比，是建立在自愿的基础上的，媒体被经济利益所控制，讨论得越激烈就越能体现出宣传的功能，因为"思想的边界"已经被限定了。宣传机器在拼命向公众传递相反的信息，而且政府对舆论的操纵已经形成了一种宣传模型。乔姆斯基和赫尔曼在《制造共识》中提出，美国媒体实际上遵循着一种特殊的主要通过五大新闻过滤器（filters）发挥作用的"宣传模式"，解释了西方媒体特别是美国在报道国际事务中所存在的成见。美国的媒体在国际传播中占有绝对的优势，控制了本国的媒体，就可以影响整个国际舆论。美国前司法部长拉姆西·克拉克在《世界人权宣言》50周年纪念日的讲话中说："美国对新闻媒体的控制和操纵使它能把上述国家（指伊拉克、古巴、利比亚、伊朗、苏丹等——笔者注）披上魔鬼的外衣，而美国政策的受害者，则成了'恐怖主义'的牺牲品，成了威胁世界和平和对人权进行侵犯的恐怖主义的牺牲品。"② 美国又通过国际性的民意调查机构来解读全世界的民意，著名国际大型调查公司如盖洛普调查公司、皮尤研究中心、全球舆论调查公司、美国舆论调查协会等都是美国主持的，它们所进行的多国公众民意调查因方法的科学性而更使人相信，但是这种调查也具有一定的倾向性。

四、国际舆论操纵的案例

1. 和平演变

1989年东欧剧变、1991年苏联解体，大量证据表明这种和平演变主要是社会主义国家的腐败导致舆论失控以及西方资本主义国家舆论操纵的结果。

最典型的案例是罗马尼亚社会主义的剧变，虽然内因与其领导人齐奥塞斯库的严重错误有关，他滥用职权、任人唯亲、独断专行、个人崇拜、拒绝改革，在

---

① ［俄］谢·卡拉—穆尔扎．论意识操纵．徐昌翰，王晶等译．北京：社会科学文献出版社，2004. 42.

② ［美］诺姆·乔姆斯基．新自由主义和全球秩序．徐海铭，季海宏译．南京：江苏人民出版社，2001. 258.

执政后期导致经济萧条、人民生活陷入困境。但是动乱爆发的导火线是蒂米什瓦拉民众游行示威，而游行的起因却是西方舆论操控的结果。据新华社驻巴黎分社报道，法国《解放报》于1990年4月4日承认，1989年12月下旬关于罗马尼亚蒂米什瓦拉市发现“杀人场”，有4 630人被集体屠杀一稿，是西方舆论对事件的“过分夸张”，实际上这个“杀人场”并不存在。报道说，参与炮制和传播这一消息的有美国的“欧洲自由电台”、流亡在柏林的一名罗马尼亚作家、法新社、匈牙利电视台、南斯拉夫通讯社、蒂米什瓦拉市“救国委员会”成员等。这一消息的传播路线是：慕尼黑—巴黎—布达佩斯—蒂米什瓦拉—贝尔格莱德，然后再经罗马尼亚“解放电视台”传向全世界，先后经过了不到三天的时间①。这一骇人听闻的报道对罗马尼亚的动乱起到了关键性的作用和影响，最后证实却是不存在的。

2. 科索沃战争

同样的舆论操纵手段也出现在科索沃战争中。美国及北约轰炸南联盟的主要借口是南斯拉夫政府在科索沃省搞“种族清洗”，为此，美国的主要媒体表现出高度的“舆论一律”，对南斯拉夫政府进行妖魔化，为北约发动战争煽风点火。战争中美国的《纽约时报》、《华盛顿邮报》及一些主要报刊、各大电视网都用大量篇幅、时间段和突出的画面来报道美国领导人对南斯拉夫政府的指责和大量科索沃难民的照片，对南联盟政府及其领导人进行丑化，甚至制造和传播谣言蛊惑民心。如美国国务院向新闻界透露一张卫星照片，显示在科索沃省的拉察克“埋葬着7 000名科索沃阿族死者的群体坟场”，美国媒体对此大肆宣扬。事后美国著名电视节目主持人马克·华莱士和数十名其他美国记者前往当地进行了调查，却没有任何发现。“可是美国媒体却对调查结果保持缄默，更没有人敢站出来批评政府欺骗舆论的行为。”②

北约的空袭给南联盟带来了巨大的灾难，造成大量平民死亡，对进行真实报道的新闻机构和工作者进行袭击，如故意袭击中国驻南斯拉夫大使馆，炸死中国三名新闻工作人员，但美国媒体一概称之为“误炸”，而对北约空袭未经联合国授权的违法行动却避而不谈。对于中国国内大规模的抗议北约轰炸中国驻南斯拉夫大使馆的游行示威活动和国际社会的声援，美国媒体也充耳不闻，只是一味地将中国公民的爱国舆论描绘成狂热的民族主义，大肆渲染个别学生的“过激”行为，并将其说成是中国政府煽动的，以偏概全，极力将过错归咎于中国。而且

① 徐鹏堂．罗马尼业共产党丧失执政地位的原因及教训——访中国前驻罗马尼亚大使陈德来．中共党史研究，2006（1）．

② 刘江．为霸权服务的“新闻自由”——评美国媒体的舆论宣传战．中国记者，1999（6）．

为了转移国际社会的注意力，美国媒体再次将所谓的中国“盗窃美国核技术”案件和“政治捐款”案件拿出来炒作。

3. *颜色革命*

21世纪开始，在欧洲大陆苏联控制的国家发生了一系列“颜色革命”，包括2003年冬天格鲁吉亚的“玫瑰革命”、2004年冬天乌克兰的“橙色革命”、2005年3月吉尔吉斯斯坦的“黄色革命”等，主要是以非暴力的宣传、集会抗议、舆论施压为主要手段，通过策划选举运动来达到政权更替的目的。

“颜色革命”实质上是美国在全球推行美式民主的结果，其主要政治目的是遏制俄罗斯的国际影响，建立美国的霸权地位。其方式也是一种和平演变，主要是利用这些国家选举的时候进行舆论操纵，如在乌克兰选举中，最初美国支持的反对派没有取得优势，美国媒体异口同声地指责“选举舞弊”、“违反民主”，美国政府率先宣布不承认这样的结果，造成乌克兰国内局势大乱，反对派趁机夺权。

在“颜色革命”中，美国的舆论操纵手法是“从国内外发动全方位的媒体攻势，抹黑现政权，形成‘颜色革命’势在必得的舆论氛围”。当革命形势出现后，“美国开始对其支持的反对派领袖大加赞赏，并给予广泛的舆论支持；而一旦‘革命’成功，美国媒体便迅速将消息传遍世界，借此推动‘多米诺骨牌效应’”①。除了直接的媒体宣传外，还通过教育、访问交流项目、培训、宗教等其他途径长期地向这些国家的精英、年轻人灌输美国的民主价值观。

五、国际舆论的作用

随着信息化和全球化时代的到来，世界各国发展的相互依赖性日益明显，于是，各国对其他国家的信誉度或国家形象的关注程度也日益提高，因此，国际舆论的作用在过去20年中显得越来越重要。国际舆论对于每个民族国家而言，既可以作为一种推动力量，也可以作为一种反对力量。其作用主要可以概括为以下三个方面：

（1）把国际舆论当成政治合法化的工具。

在国际上采取行动之前，一个民族国家为了降低损失或代价，往往需要为其行为在国际上取得合法的政治地位。这种所谓的国际合法性主要是指其他国家对其行动的认同。由于人们总是认为国际舆论代表着国际公众利益，所以国际舆论往往被决策者用来作为说服其国内公众的工具。如美英在攻打伊拉克之前所展开

① 张西明．发动“颜色革命”美国手法翻新．东北之窗，2006（21）．

的国际公关活动。

（2）把国际舆论作为国际性和地区性准则。

准则是通过公众舆论的不断重复而逐步形成的合法价值观。国际性和地区性准则则是在全世界或某一个地区内通过国际性或地区公约的形式来逐步确定的。地区性准则对一个民族国家更具约束力，尤其是当这些准则与其民主性相一致时，这些国家就更乐意把国际舆论作为地区性准则来处理。如反恐、反邪教活动都是从国际舆论开始，进而在世界范围内开展的。

（3）用国际舆论来确定政治趋势，为其国内外政策服务。

国内舆论能形成一个国家当时的政治趋势，政府领袖可以根据这些趋势来调整、改变和制定政策。在国际舆论界也是如此。为什么美国每届新政府上台常常要对中国进行一番攻击？这是其国内外舆论的需要，因为讨论中国问题不但能为总统竞选带来实惠，同时也可以为其改变对外政策尤其是对华政策做舆论准备。

第三节 中美在对方媒体中的舆论形象

一、涉华国际舆论的特点及发展趋势

面对中国的崛起，西方国家一方面担心恐惧，如美国政府、媒体和主流学者一再宣扬中国威胁论；另一方面又不得不承认中国经济发展和民主政治的进步，所以有关中国的舆论成为国际舆论的重要组成部分，而且经常成为国际舆论关注的焦点。

话语是舆论的外在表现形式，在国际舆论中，谁掌握了话语权，谁在国际事务中就占有主动权和优势。西方在国际传播中占有的优势使其在国际舆论中占有充分的话语权，清华大学国际传播研究中心的研究结论是：西方三大通讯社（美联社、路透社、法新社）、五大电视网（ABC、NBC、CBS、CNN、FOX）和六大新闻报刊（《时代》周刊、《新闻周刊》、《经济学人》、《纽约时报》、《华盛顿邮报》、《华尔街日报》）是国际新闻的主要供应商，它们控制着全球的国际舆论。[①] 中国在国际舆论中一直处于被动地应对和辩解的地位，而且这种声音在21世纪之前很少被国际社会听到。

1. 涉华国际舆论的特点

虽然根据每种舆论的内容，西方社会涉华舆论会呈现不同的特点，但是也存

① 孟彦，樊剑英．怎样看待当今的国际舆论格局．军事记者，2010（11）．

在一些共同性，总结起来，主要有以下四点：

（1）涉华舆论的“四连环”模式。

美中贸易全国委员会主席柯伯将美国涉华舆论的过程概括为“四连环”现象：“首先由媒体发难，发表文章指责中国的某些政策或某种不符合西方标准的行为；然后美国国会受到影响，推波助澜；接着中国进行反击，造成外交和政府间的不快和冲突；最后常常是时过境迁4~6个月后，这家发难的媒体惺惺然再发表一篇多少赞扬中国的文章，至少看上去是客观公正的，于是整个‘争执’复归平静。”① 这种“四连环”现象使得美国掌握了话语的主动权，而中国经常处于被动的局面。

（2）涉华舆论的主调。

西方国家在报道发展中国家的新闻时一般都是报道战争、灾难或者动乱等片面的事情，而无视发展中国家的发展、进步。对于中国也是以片面、消极的报道为主，面对中国军事、经济的进步，它们怀有莫名的恐惧，大肆宣扬中国威胁论。中国人大常委会外事局副巡视员刘明将西方政府和媒体的涉华舆论主调总结为“六论”：“中国崩溃论”、“中国威胁论”、“中国机遇论”、“中国责任论”、“管理中国论”和“同舟共济论”。② 这六种论调随着时间推移而轮流出现，但是中间也有重复和交替出现的情况。香港有人总结西方的主流中国话语从早期的各种“中国威胁论”，过渡到近年来的“利益相关论”、“中国大国责任论”，甚至2010年初的“中国领导作用论”。③ 这些涉华舆论的主调说明了随着中国的崛起和发展，西方社会不得不开始重新评价中国及其国际地位，开始强调与中国的合作关系，但是“中国责任论”等并不是西方对中国的肯定，而是西方欲将国际难题推卸给中国的一种借口，“中国威胁论”则将是一个时伏时起的永恒主调。

（3）以所谓的民主、自由、人权作为判断标准。

西方社会对待中国这个社会主义大国持有非常强烈的敌意，无论是美国还是欧洲国家，都把中国视为不正常或者另类的国家，在对中国进行报道时除了带有偏见外，还经常进行歪曲、诋毁，以所谓的民主、自由、人权对中国说三道四，在早期将中国描绘成专制的国家，现在为了经济合作不再进行明显的政治攻击，

---

① 郭可．国际舆论及其对我国的影响．新闻与传播研究，2003（3）．

② 刘明．评析西方涉华“六论”．国际问题研究，2009（3）．

③ 文达．国际涉华舆论新变化．紫荆，2011-01-31．http：//www.hkcna.hk/content/2011/0131/86082_2.shtml，2012-03-28．

但是“无论舆情主题如何变化，西方传媒‘人权至上’的新闻构架贯穿始终”①。中国发生即使是任何社会都可能发生的偶然事件或者非政治性事件，西方传媒“常常莫名其妙地自动上升为体制和制度的必然结果”②。而西方所谓的民主、自由、人权的标准又是双重的，它们不会将同样的标准用在自己国家的同类事件报道中。

（4）涉华舆论的主题。

中西经常争论、西方媒体经常报道的话题被人们总结为“4T”或“5T”问题，“4T”包括台湾（Taiwan）、西藏（Tibet）、天安门事件（Tiananmen）、贸易（Trade），再加一个高科技转移（Tech）为“5T”。每次涉华舆论的具体议题都不同，但是基本上逃不脱台湾、西藏、新疆等涉及中国主权完整的话题，政治体制中的“民主”问题，异见分子等涉及中国“人权”的问题，群体性事件、贪官事件等涉及贪污腐败的问题，武器销售等直接涉及“威胁”的问题，中国产品对外“倾销”的问题等。当然，近年来一些正面的议题也成为西方关注的话题，特别是对中国汶川地震中抗震救灾的行为，西方社会一致称赞，以往饱受西方批评的中国政府和“中国威胁”的主要代表者解放军，罕见地成为西方媒体报道中的正面形象。在《中国保险报》任评论员的鲁宁根据自己对境外媒体报道的资料查阅，得出结论“西方集体表扬中国”。包括西方主流媒体如CNN、《纽约时报》、《华盛顿邮报》、BBC等，“无论是消息、图片、综述、言论乃至社论，正面肯定中国积极组织抗震救灾几乎形成不约而同的态势。这个态势建国半个多世纪以来前所未闻”。全球其他媒体、各国政府和政要、各种政府组织、联合国、国际性民间社团等机构“均对中国在汶川大地震后所表现出来的态度、意志、能力和开放心态予以积极肯定”③。从《参考消息》公布的《2011年十大涉华舆论》来看，中国国内民众关注的舆论焦点西方媒体几乎都有所反应，不过涉及上述“5T”的议题更是他们大肆炒作的话题。

2. 涉华舆论的趋势

由于西方公众对中国的了解大部分是通过媒体获得的，西方社会对中国的看法基本上与其媒体一致，有两位中国博士研究了美国皮尤研究中心、芝加哥全球事务委员会、国际舆情调查机构“全球扫描”联合美国马里兰大学国际政策态度项目开展的国际民意调查数据，发现目前西方国家的大多数受访者相信中国将在未来赶超美国，但是对中国崛起持复杂的心态。2008年对中国经济的发展有

---

① 沈永峰．国际涉华舆情变化及启示．军事记者，2008（9）．

② 李希光．我国长期面临外部舆论环境的严峻考验．求是，2012（3）．

③ 鲁宁．西方集体表扬中国．中国保险报，2008-05-23．

42%的美国公众持负面态度，持正面态度的仅有6%。认为积极和消极影响并存的有51%，其中67%认为中国进行不公平贸易。而在涉及西藏“3·14”事件中的调查结果，“有74%的美国人、75%的法国人以及63%的英国人对于中国西藏政策都给予批评”①。

未来涉华舆论的发展趋势主要有以下四个方面：

（1）逐渐向正面为主发展，但有反复。

从各种迹象来看，不管是西方公众还是媒体，其对中国的发展和进步是逐渐认可的，普遍持有正面的积极态度，“尽管各种（媒体）话语背后动机复杂，但从话语演进的历史角度看，还是向正面积极方向发展的”②。从国际民意调查数据来看，“从2005年至2009年美国、英国、法国和德国对华态度都经历了一个先扬后抑再微扬的曲线走势”③。但是随着2010年中国成为世界第二大经济实体后，中国的崛起再次引起西方的恐惧和担忧，美国卡内基国际和平基金会总裁居然将“崛起的中国”与阿富汗战争、经济混乱并称为2011年“世界面临的三大挑战”。从2010年下半年开始，“中国强硬论”、“中国傲慢论”、“中国不负责任论”等各种涉华舆论层出不穷，国际利益的纠葛最终决定了这种涉华舆论会在不停的反复中前进。

（2）中国传媒在涉华舆论中的引导作用增强。

随着经济实力的增强，中国的新闻媒体具备了比较先进的装备、技术等物质条件；而改革开放30多年来，中国媒体在传播技巧方面也具有较大的进步，新闻体制逐渐开放，并且为了与西方媒体抗衡组建了一些大型的传媒集团。新华社已经由一个长期面向国内的国家通讯社，发展成为具有双重职能、重点对外的世界性通讯社，其海外新闻订户正从发展中国家向欧美发达国家推进；中国国际广播和国际电视已经覆盖了世界上绝大多数国家和地区，许多报纸已上了互联网，直接对外发布新闻。中国媒体的强大一改以往涉华舆论中被动和无声的局面，在一些与中国有关的重大事件中，中国传媒的新闻报道开始广泛地被西方大国的媒体采用，这在香港回归和汶川地震中都有明显的体现。汶川地震后，中国媒体抢先发出的信息先声夺人，信息发布及时而且详尽，使得西方媒体不得不引用中国传媒的报道，西方通讯社转发的图片几乎都来自中国媒体，一些西方大牌媒体如美国CNN、英国BBC大量采用了中央电视台的新闻镜头，从而对涉华舆论的导

---

① 武闵，李珍晖．当前西方公众涉华舆论的关注焦点及变化趋势．对外传播，2010（8）．

② 文达．国际涉华舆论新变化．紫荆，2011－01－31．http：//www.hkcna.hk/content/2011/0131/86082_2.shtml，2012－03－28．

③ 武闵，李珍晖．当前西方公众涉华舆论的关注焦点及变化趋势．对外传播，2010（8）．

向起到了重要作用。但是“西强我弱”的国际舆论格局没有大的改变，在国际舆论中中国仍处在被动和弱势地位。

（3）网络等新媒体兴起改变涉华舆论的格局。

2008年中国网民人数已经达到2.53亿，居世界第一；2011年12月，中国网民人数突破5亿。由于网络传媒力量的爆发，西方的话语霸权遭到削弱，网民直接在网络上通过博客、视频等手段对西方歪曲性的报道进行揭露和驳斥，如2008年在新浪网有560万网民签名抗议西方媒体歪曲报道拉萨“3·14”事件，网民甚至还成立了一个抗议CNN的网站anti-CNN.com，主题是“西藏真相：西方媒体污蔑中国报道全记录”，将西方造假的报道集中展现出来。在事实和海内外网民的巨大舆论压力下，一些西方媒体不得不公开道歉。网民的力量导致西方媒体在中国问题上不敢随意假造事实，而且对西方的不实报道和反华、辱华言论立刻进行反击，引导西方公众真实地认识中国。

（4）海外华人话语对涉华舆论起到补充和桥梁作用。

西方社会对中国官方媒体持排斥的态度，这使得中国媒体“走出去”遇到很大的困难，华文媒体可以在其中起到重要的沟通、协调作用，它们对一些主流社会的采访报道容易被接受，而且华文媒体还可以配合中国媒体进行正面的报道，抢先在所在国发布中国的消息，直接引导西方媒体的报道。华文媒体还对海外华人增强民族认同感起到重要的作用，“新美国传媒”在2005年和2009年两次关于美国少数族裔媒体的调查显示，华裔族群非常依赖华文媒体提供的信息，通过华文媒体了解中国，学习中华文化。① 大多数海外华人是爱国的，祖国的强大也增强了他们的自豪感，2008年奥运火炬海外传递遇阻事件激发了海外华人的极大愤慨，他们自发地组织起来，在西方各国举行了声势浩大的抗议活动，展现了有史以来最团结的一次大规模华人舆论，震撼了西方世界，成为不可小觑的中国本土舆论力量的一部分。

3. 涉华舆论对中国的影响

国际舆论对每一个民族国家决策的影响大小，主要看这一民族国家对其信誉的重视程度。而一个民族国家对其信誉的重视程度要看以下四项条件：这个国家在世界体系中所占的地位（或实力），是强国还是弱国；与其他国家的政治和经济关系，是联盟国家还是互利的合作关系；领导层决策风格和战略趋向，是倾向于国际合作，重视外交活动还是相对保守；一个国家的国内形势，是封闭还是开放的社会以及其开放程度如何等。②中国是一个非常重视民族信誉的国家，而且

---

① 郭招金．海外华文媒体在加强国际传播力建设中的作用．对外传播，2009（11）．

② 郭可．国际舆论及其对我国的影响．新闻与传播研究，2003（3）．

正处在改革开放发展经济、谋求与国际社会和平共处的时期，涉华舆论对于中国的影响还是比较大的，而且由于涉华舆论大部分是负面的，其对中国的影响也以负面为主。

第一，涉华舆论一定程度上影响了中国的政策，特别是在军事上。由于担心增加西方的“中国威胁论”，中国在军事建设上一直不敢大展手脚，从新中国成立以来一直强调在国际上“决不称霸”。如关于中国要不要建航空母舰的讨论在民间已经持续很久，在2002年左右又成为海内外关注的焦点。按照经济实力，中国完全有能力建造航母，但是中国政府一直没有兴建。海军某研究所的研究员尹南对媒体分析说：“政治原因是中国目前不造航母的最主要的原因，一些西方国家看到中国实力不断强大，抛出‘中国威胁论’，想要遏制中国的发展。周边一些国家也对中国的国防力量存有戒备之心，而稳定的周边环境又对中国非常重要，发展经济才是中国现在最主要的任务。从这个意义上讲，不造航母是中国现阶段一个正确的选择。”① 直到2012年中国才在改造俄罗斯旧航母的基础上建成了中国的第一艘航母。

第二，涉华舆论“对中国的固定成见在一定程度上扭曲了中国的国家形象，使中国的国际媒体形象严重脱离中国的现实形象，并朝着不利于中国的方向发展”②。由于存在意识形态对峙和国家利益冲突，西方国家某些媒体和传媒工作者无疑带有民族和国家的偏见，而且这种偏见形成的刻板印象一时很难改变。这种扭曲的中国国际形象与中国日益强大的国力是不相符合的，也妨碍了中国政府和民众与其他国家正常的国际交往。西方国家包括美国政府对华政策都会受到其国家媒体为主营造的涉华舆论的影响，甚至有时不得不顺从这种“民意”。

第三，涉华舆论主要是西方的视角，缺少中国的声音。在长期的历史特别是现代历史中，信息的流动是从中心到边缘的，中国作为发展中国家难免在国际上没有话语权，这种话语的缺席导致西方言论甚嚣尘上，而其他国家也就只能从西方媒体中获得中国的形象，即使这种形象是不正确的。所以掌握话语权是树立中国国家形象非常重要的一部分，近几年中国领导人一再强调要掌握国际话语权，就是强调中国要在国际舆论中发出自己的声音，新闻媒体实行的“走出去”战略也是为此目的。

第四，西方媒体对中国报道数量的增加提高了中国的国际知名度。涉华舆论越来越多，说明中国在国际上的地位越来越重要，使得这个神秘的古老国度对他国公众更加具有吸引力。随着旅游、留学、访学等国际交流渠道的增多，更多的

---

① 程刚，张逸．中国为何不造航母．环球时报，2002－11－28.

② 郭可．国际舆论及其对我国的影响．新闻与传播研究，2003（3）.

外国人来到中国了解真实的中国，他们对中国的印象将会大大改观，并通过人际交流传播一个更真实的中国。

二、美国媒体眼中的中国形象

形象就是口碑，是舆论对某个人或团体的总体评价。一个国家的形象，是国际舆论包括他国政府、民众和媒体的舆论对其的总体评价。本书只是选取中美各自媒体对对方的评价和看法进行研究，由于媒体能够决定民众对他国的印象甚至政府的决策，所以媒体的舆论基本上代表了一个国家对另一个国家的看法。美国媒体眼中的中国形象可以分为以下三个阶段：

1. 红色中国的恐怖（1949—1971 年）

新中国成立之后，由于中美关系处于冷战阶段，美国成为中国人要打倒的"美帝国主义"，而中国成为美国媒体宣传的"红色的专制国家"，两国之间没有正常的新闻交往，所以美国媒体对中国的报道都是通过中国媒体再进行美国式的解读，或者通过其他人际和政治渠道间接获得信息。大部分媒体用"红色中国"（Red China）、"中国共产党政权"来称呼中国，有研究者分析了 1949—1971 年美国《时代》周刊对中国的报道后认为，"给读者感觉似乎红色中国就是一个对外侵略、对内镇压、民不聊生的国度"①。

2. 破冰之后的浪漫化与友好（1972—1988 年）

20 世纪 70 年代，美国总统尼克松访华成为中美关系的破冰之旅，尼克松带来的大批记者对中国进行了报道，描绘的是一个浪漫而神奇的东方社会主义国家："自行车王国、大熊猫、长城、故宫、人民公社、讲道德守纪律的人民、富有异国情调的蓝色海洋（指毛式服装）。"② 此后美联社和新华社开始了相互之间的接触和报道，1979 年中美两国正式建交，美国新闻界迫不及待地进入中国，开始对中国进行直接的报道，但是美国记者在中国的采访受到一定限制。随着中国对外开放、对内改革，美国媒体对中国的报道内容逐渐多样化，在用词上也开始称"中国"，不再与"专制"、"压迫"等词语联系在一起③。从 20 世纪 80 年代开始，美国媒体对中国改革开放的成果进行正面的报道，没有了先前的恶意与

---

① 朱琳．1949—1999 年美国《时代》周刊上的中国形象研究．中国优秀硕士学位论文全文数据库，2007.

② 孙静惟．从浪漫化到解妖魔化　专家阐释中美关系四个阶段．http：//news. sohu. com/89/46/news147924689. shtml，2012－03－29.

③ 俞燕敏，焉利群．无冕之王与金钱：美国媒体与美国社会．北京：中国社会科学出版社，2000. 98.

对立。期间邓小平曾经两度成为《时代》周刊的年度人物，五次上其封面。美国媒体明显强化了有关中国的报道，报道数量增多，态度比较友好。

3. 借人权和威胁论“妖魔化”中国（1989—2001 年）

1989 年的政治风波使美国媒体涉华舆论再次走向负面，进入 20 世纪 90 年代以后，美国媒体增加了许多关于中国人权问题的报道，虽然报道内容呈现多元化趋势，但大都是倾向负面的，即使是正面的事情也会用扭曲的手法进行负面报道，中国又成了“专制暴政”的国家，“迫害持不同政见者”。20 世纪 90 年代初期，由于中国国际影响力不断提高，中美经济方面也产生了一些矛盾，特别是贸易、知识产权、最惠国待遇、WTO 谈判等，使得中美冲突不断，美国媒体和学者们的“中国威胁论”开始流行，对此，中国学者李希光认为这是“妖魔化中国”。

1997 年香港回归中国前后，美国媒体表现出空前的“妖魔化”中国情绪，即使中美各自政府致力于改善双方关系进行互访，美国媒体也依然极力营造对中国人的敌对情绪，有媒体甚至发表评论，号召所有信仰上帝的美国人说中国的坏话。在 1997 年江泽民主席访美前，除了《纽约时报》和《华盛顿邮报》等国际媒体外，代表美国国内舆论和意识形态最强音的《新共和》、《旗帜》周刊、《民族》、《美国观察者》和《国家》等杂志大量刊登中国的报道，但都是攻击性的文章，访问期间更是负面报道充斥美国媒体，甚至有媒体煽动人们举行抗议活动。而 1998 年克林顿总统访华前后，《华盛顿邮报》“尽管评论对其‘接触’政策表示了有限的肯定，但是很不满他在中国问题上过于‘软弱’”①。对于香港的回归，“美国一半以上的大报都说香港将会变坏”②，几乎所有的报道都是负面的。1999 年，以美国为首的北约对南联盟的空袭中，中国驻南斯拉夫大使馆被炸，三名新闻工作者不幸遇难，20 多人受伤，使馆被毁，引发国际社会震惊，中国民众和官方愤怒地谴责美国这一行径。大学生到美国驻中国大使馆进行抗议，声讨暴行，对此，西方媒体一边倒地给予歪曲性报道，而将事件轻描淡写地说成是“误炸”。美国国内的电视节目反复播放中国群众和学生到美驻华使馆抗议的场面，并且声称美国驻华使馆人员生命安全受到威胁，美国报刊上最流行的一幅照片就是美国驻华大使尚慕杰被困的场景。同时新闻电视节目 C-SPN 用了近 5 个小时播放美国国会召开的所谓“中国偷窃美核技术”的听证会录像。美国媒体给中国学生的抗议行为打上了两个标签：狂热的民族主义与政府的调唆煽动。

---

① 李希光．中国有多坏．南京：江苏人民出版社，1998. 426.

② 李希光．中国有多坏．南京：江苏人民出版社，1998. 83.

在2000年华裔科学家李文和案件中，《纽约时报》在没有任何证据的情况下就断定他是中国的间谍，说中国在20世纪80年代从洛斯阿拉莫斯实验室偷取了核机密。因为媒体的大肆宣传，迫使司法部不得不对李文和进行审判，结果没有任何证据证明他偷取了美国核情报，造成美国政府的被动。2000年9月《纽约时报》在题为"时报与李文和"的编辑随笔中公开承认报道"李文和案"有不实之处，并向李文和道歉。

2001年4月发生的中美撞机事件，白宫与美国主要媒体合演了一出绝妙的双簧："布什推卸责任，媒体跟着百般狡辩；白宫指责中国，媒体争相呼应，向中国发出种种威胁；美国媒体对滞留中国的机组人员关怀备至，对王伟的遇难及其家人的痛苦却只字不提。"①《今日美国》发自海口的一篇报道中还说，该报和CNN进行的最新问卷调查显示，有多达55%的美国人认为这24名机组人员是人质，68%的人认为美国不应承担责任，54%的人认为华盛顿不应该接受中国要其道歉的要求。②

当然，这期间也有少量常态的中国报道，内容涉及下岗、房改、中国经济发展、抗洪救灾等，但相对于大量旗帜鲜明的负面报道来说显得很微弱。美国斯坦福大学一位教授的统计显示，从1996年之后的5年时间里，包括《纽约时报》、《华尔街日报》、《时代》周刊等在内的美国主流媒体出现的关于中国负面报道与正面报道的比例高达30∶1③。

4. 新世纪合作框架下的爱恨交织（2002年至今）

2001年9月，"9·11"事件发生后，美国将注意的焦点转移到了对付恐怖主义上，发动阿富汗战争、伊拉克战争，需要国际社会的支持，同时中美之间也没有大的政治、经济冲突，所以，美国媒体眼中的中国形象逐渐向正面转变，报道手法也比较客观公正，但是仍然存在着曲解，如《时代》周刊借2003年SARS（非典）事件批评中国的人权问题。

中间有旧调反复的现象，特别突出的是2008年中国发生了几个重大的事件——西藏"3·14"事件、汶川地震和北京奥运会，对这些事件的报道，美国媒体是毁誉参半。西藏"3·14"事件又被西方进行歪曲报道来攻击中国，CNN用一张经过剪辑的图片说明中国军队对藏民的"镇压"，而全图却是暴民在攻击军车。2008年4月，CNN转播北京奥运火炬在旧金山传递时，主持人卡弗蒂发表攻击中国的言论，妄称"中国产品是垃圾"，"在过去50年里，中国人基本上

① 王永亮，曹晓霞．剖析美国新闻霸权及应对措施．声屏世界，2002（8）．
② 刘继南，周积华，段鹏等．国际传播与国家形象．北京：北京广播学院出版社，2002. 333.
③ 王永亮，曹晓霞．剖析美国新闻霸权及应对措施．声屏世界，2002（8）．

一直是一帮暴民和匪徒"，引起中国外交部的强烈谴责，中国民众签名抗议要求其道歉，海外华人向法院起诉卡佛蒂。

中国经济高速发展，已经成为国际社会不可忽视的大国，而美国近十年来不断对外发动战争，消耗了国力，次贷危机等经济困境又使得其经济实力大打折扣，不得不寻求与中国合作。2009 年，CNN、美联社、《纽约时报》、《华盛顿邮报》、《华尔街日报》等美国主流媒体纷纷关注奥巴马总统访华，大部分的报道都是支持和正面的，称两国经济相互交织和依赖，2009 年 11 月《华盛顿邮报》发表题为"中美两国经济已经交织在一起"的文章，CNN 也称"今天的中国已经在诸多国际问题上发挥关键作用，而且中国的经济持续增长，这给美国带来了机会"①，并配发一篇中国学者的评论《中美两国须并肩工作》。为了让美国民众全面地了解中国，一些美国媒体开始增加对中国的全方位介绍，如 2011 年美国公共电视台（PBS）推出《中国周》纪录片，展示完整的中国形象，得到众多美国民众的大力称赞。

任何媒体都为其国家利益服务，美国媒体中的中国形象也随着其利益的改变而不断地变化，在正面和负面报道之间交替出现。中国的真正强大势必使美国感到威胁，很多美国学者和民众也都认为 21 世纪将是中国的世纪，2011 年美国媒体对于中国的崛起又开始担忧，出现较多的负面报道。如 2011 年中国发生的"7·23"甬温动车事故，美国主流媒体《纽约时报》、CNN、VOA 等报道正面形象较少，负面居多，主要集中在对政府的批评、民众的反应、安全问题三方面。

总之，对中国正、负两种报道在美国媒体中长期存在，"导致中国在美国人心目中的形象忽正忽邪，美国舆论对中国忽爱忽憎，这种左摇右摆，至今仍然未能尘埃落定"②。

三、中国媒体眼中的美国形象

1. 美帝国主义时代（1949—1978）

新中国成立后不久，朝鲜战争爆发，中美成为战场上的直接敌人，20 世纪 50—70 年代，中国的报纸、杂志和书籍在涉及美国时，无不彻底否定，在舆论上掀起了反美攻势，认为美国帝国主义制度正在"衰落"和"解体"，到了垂死挣扎的阶段。美国的形象是对外侵略扩张，滥用武力；对内政治专制、经济萧

① 美媒体关注奥巴马访华 称两国经济相互交织依赖．http：//news.eastday.com/c/20091117/u1a4813217.html，2012－03－31.

② 麦金农．浪漫的一代．爱恨中国．香港：香港大学新闻及传播研究中心，2000（16）.

条、社会动荡，常用来描绘美国的词汇是“美帝国主义”、“纸老虎”、“强盗”、“美国鬼子”等，基本上都是政治批判，很少是客观报道，而且由于“极左”思潮的影响，对美国的正面成就避而不谈，如1969年美国发射阿波罗号载人宇宙飞船登陆月球，全世界都在谈论这一轰动性事件，但中国除了《参考消息》做了不公开的报道外，其他媒体都没有报道。有人统计过《人民日报》1949—1972年涉美报道共有5 660多篇，其中在新闻和评论中，“万恶的美帝国主义”出现的频次高达24 600多次，“而在漫画中，美国士兵的形象则是多以猥亵、凶恶、血腥、暴力等画面来展示的，而美国国内的政客则是肥头大耳、抽着雪茄、肥胖的身躯压在瘦骨嶙峋的劳动者身上”①。

1972年尼克松访华是中美关系的重大转折点，但此后至正式建交前这段时间里，由于中国仍然处于文化大革命时期，中国媒体眼中的美国形象并没有出现较大的变化，只是逐渐增加了对美国国内人民生活、科学技术的报道，对美国的讽刺性漫画也消失了。

2. 美好的美式生活（1979—1988）

1979年中美正式建交，中国开始改革开放，中国媒体上出现了一个全新的美国形象。在媒体的报道中，美国已不再是中国人民的死敌，而成为与中国友好相处的国家。对1979年邓小平访美过程的报道成为宣传中美友好关系的重要标志，邓小平赴美访问之前，曾回答美国记者的提问：“这次去美国访问，是我至少几年来的愿望。我去的目的是了解美国，向美国的一切先进东西学习。”这反映了中国人对美国先进事物的渴望，中国媒体对美国政治、经济、文化等各个方面进行了较理性、客观的报道。但是随着新闻体制和内容的改革，美国的思想、文化不断涌入中国，自由化思潮泛滥，中国媒体上出现了把美国说得过于美好的现象，媒体抛洒的“欧风美雨”使得中国民众对美国充满了向往，甚至连“月亮也是国外的圆”。“《人民日报》每天都会有涉及美国的报道，除了少部分是报道美国国内的趣闻轶事，大部分都是介绍美国的先进科技以及美国的政治民主选举，美国被记者描绘成自由、民主、先进的乌托邦式国度，甚至超越了社会主义制度的优越性。”② 美国发达的物质文明、富有创新精神的人民更是成为中国媒体极力称赞的内容，1979年《编译参考》上一篇文章《中国宣传工具把美国说得过于美好》认为，“北京的广播和电视为美国塑造了一个闪闪发光的，永远带着微笑的形象”③。随着对美国的深入了解，20世纪80年代后期，中国媒体开始

① 路璐．简论建国以来中国媒体中的美国形象变迁——以《人民日报》为例．新闻世界，2011（6）．
② 路璐．简论建国以来中国媒体中的美国形象变迁——以《人民日报》为例．新闻世界，2011（6）．
③ 刘继南，周积华，段鹏等．国际传播与国家形象．北京：北京广播学院出版社，2002. 301.

逐渐认识到美国黑暗的一面，对美国的种族冲突、社会犯罪、过分干涉他国事务也进行了揭露和批判。1985 年 9 月，新华社《参考资料》连续刊发数篇有关“美国社会面貌的专稿”，反映了美国家庭和社会的各种问题；《人民日报》也经常刊文介绍美国贫富分化严重、毒品、枪支泛滥、种族对抗等社会问题。围绕台湾问题的一系列争端、中美贸易纠纷、人权问题等，中国媒体对美国的强权行为都作出了针锋相对的回应。总体上来说，“这一时期中国媒体对美国形象的把握基本上是积极、公正的”[①]。

3. 对美国“说不”的年代（1989—1998）

1989 年以后，中美关系急剧冷却，加上苏联和东欧社会主义国家的解体，美国国内反华势力嚣张，美国媒体也不断发表攻击性的报道和言论，导致中国媒体对美国形象的报道发生了变化，中国政府和媒体对美国和平演变的阴谋进行揭露，美国再次成为中国意识形态上的敌人。1993 年美国在公海拦截中国的“银河”号商船事件引起中国公众的极大愤慨，政府和公众在对美国政治意图上达成一致看法；1995 年克林顿邀请李登辉以“私人”身份访美，更是引起中国媒体广泛谴责美国反华势力的“台独”阴谋。1995 年对 10 万名中国青年进行的民意调查显示，87.1% 的人认为对中国最不友好的国家就是美国；57.2% 的人表示最无好感的国家是美国；但是 74% 的人认为对中国影响最大的国家也是美国。[②] 与前一年相比，最不喜欢美国和认为美国是对中国最不友好的国家的人数比例大幅度上涨，对美国有好感的人数比例相应下降。

随着中国经济的发展，西方在惊叹中国发展速度的同时，20 世纪 90 年代中后期，“中国威胁论”也悄然兴起，美国媒体对中国的妖魔化报道，激发中国人特别是华人留学生的气愤，《妖魔化背后的中国》、《中国可以说不》等批判西方的书籍十分红火，市场上形成一个“说不”热潮，《中国还可以说不》、《中国仍然可以说不》、《中国为什么说不》等书籍相继出笼，中国的众多媒体对此进行了报道，“说不”、“妖魔化”成为流行语。中美媒体如何报道对方成为热门话题，美国成了富有“争议”的关注对象。

1997 年秋到 1998 年夏，中美首脑互访，中国的媒体进行了大量积极正面的报道，但是中国人对美国的疑虑并没消除。从对《人民日报》1998 年有关美国报道的分析可以看出，“从报道口吻上讲，《人民日报》对美国的报道以正面报道和纪实性报道为主”。而同年《纽约时报》对中国的报道大多是负面的。[③] 这

---

① 刘继南，周积华，段鹏等．国际传播与国家形象．北京：北京广播学院出版社，2002. 306.

② 刘继南，周积华，段鹏等．国际传播与国家形象．北京：北京广播学院出版社，2002. 306.

③ 翟峥．中美两国在对方主要媒体中的写照．美国研究，2002（3）.

说明即使在美国媒体对中国进行大肆攻击的时候，中国的媒体也是以正面报道美国形象为主。刘继南等人在《国际传播与国家形象》一书中对1997年的《人民日报》涉美报道分析结果是一样的。[①] 但是美国政客和媒体界人士并不认可其妖魔化中国，而且认为是中国媒体在妖魔化美国。[②]

4. 美国形象下降（1999年至今）

1999年中国驻南斯拉夫大使馆被炸和2001年中美撞机事件是中国媒体和民众对美国进行激烈批判的转折点。1999年科索沃战争中，美国炸毁中国驻南斯拉夫大使馆，使中国媒体和民众原来对美国的抱怨变成更强烈的反美情绪，媒体对中国人民和海外华人的抗议示威进行了详细的报道，其中个别媒体使用了过激的言辞。如1999年5月27日北京一家媒体的《北约头头该读读古书》中说，“北约的战争生物们竟将神圣的中国驻南使馆列入了导弹十字军的靶子，犯下了滔天大罪！”“只懂得武器科技而没有什么文化的西方媒体生物们，太低估了我中华民族的智慧！”而对整个撞机事件的报道就比较客观、克制。2001年中美撞机事件前期由于中国媒体讲究政治性，不再擅自采访报道而是等待官方消息，导致撞机新闻数量少，新闻来源单一，主流媒体过于克制。但后期主流媒体和网络都开始大量报道，并针对美国媒体对中国飞行员的歪曲报道进行驳斥，还对全国民众的抗议心声进行报道和评论，明确反对霸权主义，围绕爱国主义和展示中华民族凝聚力为核心组织报道，《解放军报》在撞机事件的20多天里，刊发186篇稿件、46幅新闻图片[③]。同时对军队和民众的抗议声浪进行舆论引导，发表采访失踪飞行员王伟妻子的独家报道《中国需要和平　世界需要和平》和怀念王伟的文章。而在此事件中，中国的网络媒体开始发挥威力，到4月11日美国驻华大使向中国递交道歉信时，“我国网络媒体跟踪报道的水平已经与美国不相上下”[④]。

中国媒体经过多年对西方新闻理论和实践的学习，对于客观报道的手法也已经驾轻就熟，对于美国这个大国的报道数量虽然不断增多，但是尽量客观中性地报道，整体略偏负面。2001年美国发生“9·11”事件和阿富汗战争以及2003年的伊拉克战争，中国媒体一方面谴责恐怖主义，另一方面对美国没有经过联合国授权就发动战争的合法性进行质疑，其中质疑最多的是号称新闻自由的美国在

---

① 刘继南，周积华，段鹏等．国际传播与国家形象．北京：北京广播学院出版社，2002. 316.

② 肖欣欣，刘鉴强．中美传媒在相互“妖魔化”吗？——中美主流媒体记者、专家学者对话录．新闻记者，2001（3）.

③ 赵险峰，姜宁，张海平．在重大事件报道中高奏主旋律．军事记者，2001（6）.

④ 吕惠敏．从撞机事件看网上舆论斗争．中国记者，2001（5）.

阿富汗战争中对新闻的管制。在伊拉克战争中，中国媒体大量报道了萨达姆与美国进行的新闻宣传战和心理战。而对其战争的报道也是以揭露为主，内容涉及虐待战俘、"误伤"平民、攻击新闻记者等。

2008年，美国媒体对西藏"3·14"事件的歪曲报道、在奥运火炬传递中的辱华言论等再次激发中国媒体对美国的猛烈批评。此后对美国粗暴干涉他国内政、大选丑闻，华尔街的腐败、次贷危机中向他国转移责任等问题不断进行负面报道，使得"自从1999年开始，美国形象不仅变得越来越负面，波动强度也大大降低，从而使得1999—2009年成为美国形象最差的时期"①。

对1997—2006年《人民日报》的美国报道分析显示，该报对美国以正面报道为主占65.3%，负面文章占18.1%，"多出现在美国与他国关系和军事报道中"②。对中国较具权威性的国际时政杂志《世界知识》进行分析时，发现美国的重要性呈现不断上升的趋势，但是其形象却不被认可，1980—2009年该杂志中的美国大部分是负面形象，美国整体形象"经历了以大致十年为一个阶段的倒U形变化过程；在报道比例较高的美国形象各侧面中，美国政治受到了相对稳定和高水平的认可，而美国的对外关系则表现为持续稳定的负面形象"③。

2005年《环球时报》进行民意调查显示，"62.7%的中国城市居民主要是通过大众传媒来了解美国的。另有20.7%的人对美国的印象主要源自美国电影，只有3.7%的人是通过和美国人直接接触获得对美印象"④。说明中国民众对美国的了解大部分来自本国媒介，大多数中国民众对中美之间既竞争又合作关系的认识也是来自媒介。由于美国在国内实行自由民主制度和市场经济体制，在国际上竭力推行霸权主义政策，导致中国自1784年中美正式交往以来的200多年间，对美国的认识和态度一直在"两个美国观"之间摇摆，一个是"美丽先进的美国"，另一个是"霸道的帝国主义美国"。⑤"两个美国观"反映在中国媒体的报道上就是对美国负面报道和正面报道的比例往往是"在'国内状况'报道中小，在'国外交往'报道中较大"⑥。也就是说，对美国的生活方式、科技发展、民主政治等是比较赞同的，而对美国对外推行霸权的政策则是批评的。

从中美媒体上关于对方的形象可以看出，中美两国对对方都有着爱恨交织的

---

① 白联磊，袁正清．透视中国的美国形象变迁．世界经济与政治，2011（10）．

② 罗以澄等．《人民日报》（1997—2006年）镜像下的美国国家形象建构．新闻与传播评论，2007（Z1）．

③ 白联磊，袁正清．透视中国的美国形象变迁．世界经济与政治，2011（10）．

④ 孟环．中国媒体中的美国形象．对外传播，2005（9）．

⑤ 张春．冷战后中国人的美国观：两个美国、三种态度与走向理性．开放时代，2004（3）．

⑥ 孟环．中国媒体中的美国形象．对外传播，2005（9）．

现象，这种现象直接影响了两国的公众舆论。2012 年 2 月，美国盖洛普民意调查公司在美国民众中进行“最喜欢国家排名”的调查，结果显示有 41% 的受访者表示对中国“有好感”，而有 56% 的受访者表示反感。“盖洛普网站评论说，在过去 10 年，中国在美国民众心中的印象一直维持在这个范围内，没有大的改变。”① 中国取得的最好印象成绩是 72%，是在 1989 年初布什总统访华后不久。

而在中国，《环球时报》从 2005 年到 2007 年连续三年在北京、上海、广州、武汉、重庆五大城市进行的中美关系调查显示，中国人对美国的好感率一直维持在 66.1% ~79% 之间，同时认为美国是中国竞争对手的人数也在不断上升，已经超过半数。在涉及国家统一和主权独立等中国核心利益的问题时，中国民意往往较为坚定地支持中国政府，所以从 1999 年至 2002 年中美关系冲突冷冻期，一直到 2003 年之后中国公众对美好感度才出现逐年上升，复旦大学蒋昌建根据民意调查数据得出结论，由 2003 年的 33.8% 逐年上升至 2009 年的 65.1%②。这期间最高峰值在 2006 年（79%），当年被称为中美关系最好的时期，但 2007 年对美国有好感的比例较前一年有所下降，其后至 2011 年都处于下降期。美国皮尤调查公司 2011 年的调查显示，51% 的美国人对中国“抱有好感”，但对美国“抱有好感”的中国人只有 44%，和前一年的 58% 相比大幅下降。③ 说明中国人对美国的形象有逐渐下降的趋势。

中美的竞争成为世界关注的焦点，也是两国媒体大力报道的内容，而且报道数量仍在不断增加。媒体中对方的形象是正面或负面取决于各自的国家利益，随着中美成为头号竞争对手，两国媒体上的对方形象将不可避免地继续维持爱恨交集的状况。

---

① 民意调查显示超过四成美国人对中国有好感 . http://world.huanqiu.com/roll/2012 - 02/2448150.html，2012 - 04 - 02.

② 中国人对美国好感 黄海军演成“拐点”，2010 - 07 - 27. http://www.sinovision.net/news.php?act = details&news_ id = 142480，2012 - 04 - 03.

③ 纪双城，杨帆 . 皮尤调查：西欧看好中国超美国 . 环球时报 . http://intl.ce.cn/zgysj/201107/15/t20110715_ 22545297_ 1.shtml，2012 - 04 - 02.

第八章　中国国际传播现状

第一节　中国电视对外传播概况

21 世纪的国际社会，政治领域中单极霸权与多极格局的斗争、经济领域的全球一体化和信息技术革命使得全球传播的态势逐渐形成，中国作为正在崛起的大国，随着经济实力的不断发展和电视传播技术的日新月异，中国电视对外传播在国际传播中的重要性日益凸显，它担负着向世界各国和人民介绍中国的内政和外交政策，传播中华民族优秀文化，树立中国良好的国家形象，增强国际舆论影响力的重任。近年来，中国电视对外传播发展已取得了显著的成绩。

一、中国电视对外传播阵地蓬勃发展

对于当今电视媒体来说，频道资源和传播内容无疑是对外传播的先决条件，也可以说，电视对外传播首先取决于对外传播阵地的有无、强大还是弱小。近年来，中国电视对外传播事业发展迅速，其中最突出的表现就是传播阵地的日益扩大。早期只能通过寄送节目、租用电视频道的方法来传播有关中国内政外策的内容，且传播效果十分有限。随着中国经济实力的提升，技术能力的加强，以中央电视台为龙头，各省级卫视台甚至部分地方台竞相开播了国际频道，专门针对海外受众传递中国乃至全世界的信息，并不断拓展传播内容来满足不同受众的需求，这大大增强了中国电视对外传播的能力和效果。

1. 中央电视台国际频道发展迅速

中国的电视对外传播起步于电视创办的初期。1958 年 5 月 1 日，中国第一家电视台北京电视台（中央电视台前身）成立。1959 年 4 月 21 日，北京电视台将一个长约 7 分钟的《第二届全国人大一次会议专题报道》的电视新闻片通过航寄的方式传给了当时的苏联和一些东欧国家，[①] 这标志着中国电视对外传播的开始。从那时起，中国的电视对外传播经历了以下四个发展阶段：

---

① 唐世鼎．中央电视台的第一与变迁．上海：东方出版社，2003. 148.

（1）20 世纪 50 年代到 70 年代中期：以寄送节目为主。

20 世纪 50 年代末，中国多半是以摄像机拍摄 16 毫米胶片，翻译成英文，并连同胶片寄往驻外的使领馆文化处，再向国外发布，其内容多以文化、风光宣传等为选题。从 1959 年到 1965 年，北京电视台初步建立了与世界上 30 多个国家电视机构的交换和互购节目的关系。但是，电视对外传播因为 1966—1976 年 10 年的文化大革命而中断。

（2）20 世纪 70 年代中期到 80 年代：从节目到栏目，从寄送到利用通信卫星。

1976 年，北京电视台第一次通过国际通信卫星，向世界发送了关于周恩来总理逝世及纪念活动的电视片，这是中国第一次通过卫星向世界发送国内重大事件的电视新闻。[①] 1984 年，中国第一颗实验通信卫星成功运行，标志着中国对外电视传播进入卫星传送阶段。利用同步通信卫星传送电视节目，可以将高质量的节目传送到更广泛的范围，这无疑使电视节目实现了跨洋过海——洲际传播的目的。同年 1 月 26 日，中央电视台通过卫星向法国传送了胡耀邦总书记为纪念中法建交 20 周年做的广播电视讲话录像。[②]

1984 年，中央电视台正式成立对外部，开办了第一个对外中文专题节目《华夏掠影》；1985 年，中央电视台开办了第一个英语栏目《英语新闻》，实现了从节目到栏目的转变；1991 年，中央电视台正式成立对外电视中心，租用亚洲一号卫星，将中央电视台一套（CCTV-1）的节目送上了卫星，信号覆盖东南亚和港澳台地区，完成了从寄送到利用通信卫星的转变。[③] 同时，针对外国人的英语新闻类节目《今日中国》，也在美国和欧洲一些国家播出。不过，总体来说，这一时期的中国电视还没有进入世界电视市场。

（3）20 世纪 90 年代到 2004 年：参与国际电视竞争。

20 世纪 90 年代中国的改革开放进入了关键年代，为了扩大中国在国际上的影响，中央电视台于 1992 年创办了中文国际频道（CCTV-4），2000 年创办了英文国际频道（CCTV-9），这标志着中国开始进入了世界电视市场参与竞争。

1992 年 10 月 1 日，中央电视台第四套节目（CCTV-4）作为专门的对外卫星电视频道开办，成为中国第一个国际卫星电视频道，覆盖 80 多个国家和地区，全天 24 小时连续播出，拥有《中国新闻》、《中国报道》、《海峡两岸》、《中国文艺》、《天涯共此时》、《中国投资指南》、《中华艺苑》、《中华医药》、《欢聚一

---

① 唐世鼎．中央电视台的第一与变迁．上海：东方出版社，2003. 149.

② 雎凌．中国对外电视传播的发展演变研究．暨南大学硕士学位论文，2007.

③ 唐世鼎．中央电视台的第一与变迁．上海：东方出版社，2003. 236.

堂》、《同乐五洲》、《神州戏坛》等栏目，是海外华人和海外懂中文的人们了解中国的一个重要窗口。

1995年1月1日，中央电视台第四套节目通过五颗卫星传送，为了方便世界不同地区的观众收看，全天24小时播出，播出信号采用数字压缩技术，基本实现了卫星传输信号的全球覆盖和卫星直播信号的重点地区覆盖。此外，该频道还以进入当地有线系统或直播卫星系统等多种方式，在许多国家和地区实现了全频道或部分节目的落地播出。但是中国电视在国际上的声音依然是微弱的，无论是CCTV-4还是CCTV-9，其主要目标只是让世界了解中国，而在许多重大国际问题上还听不到中国的意见或报道。在错过了2001年“9·11”事件的国际电视竞争之后，在2003年的伊拉克战争中，中央电视台的国际频道开始初露锋芒。伊拉克战争期间，CCTV-4采用现场直播、卫星连线、专家访谈、新闻综述等方式直播了408个小时，首播战事新闻2 100条，电视字幕15 000条，开创了中国电视史上对于单一事件的最大规模报道。CCTV-9也对战争进行了全景式的直播。这次报道使这两个频道的收视率大幅度跃升，CCTV-4的收视率比平时提高了28倍，CCTV-9也比平时提高了6倍，[①] 前者开始成为在国际上有影响力的中文媒体，后者的知名度也得到了提高。

（4）2004年至今：积极推行“走出去”战略。

2004年，中央电视台积极推行“走出去”战略，对CCTV-4和CCTV-9进行了全面改版。此次改版中，两个频道从改进对外传播的观念入手，对传播的思路、内容、方法和角度进行了深入的革新。

CCTV-4秉承其传承中华文明、服务全球华人的宗旨，将受众明确定位于海外华侨华人和港、澳、台同胞，频道定位为以新闻为主的综合频道，并于2007年1月实现了分地区（亚洲、美洲和欧洲）播出。经过10多年的精心打造和磨砺，今天的CCTV-4已成为全球首屈一指的中文国际频道品牌。目前，CCTV-4整频道在海外的落地项目有94项，整套节目已在121个国家和地区落地入户，共计约有1 500万用户。

CCTV-9在2004年的改版中将其宣传词从“Your Window on China”改成了“Your Window on China and the World”，传播内容中增加了文化和经济的报道。2010年4月，这个频道更名为CCTV NEWS，其目标受众是世界各国使用英语的主流社会观众，宗旨是让世界了解中国，并透过中国的视角了解世界。近年来，CCTV NEWS的节目品质不断提升，其独特的定位和理念——“全球的触角，中

① 刘笑盈，吴燕．CCTV电视国际传播及其对世界传播格局的影响．现代传播，2008（5）．

国的眼光，世界的窗口"，正在吸引着全世界越来越多的关注目光。目前，CCTV NEWS 整频道海外落地项目有 142 个，在 126 个国家和地区落地入户，用户总数达到 10 093 万户。

2004 年 10 月 1 日，中央电视台开办了 CCTV-西·法频道，又于 2007 年 10 月 1 日分为 CCTV-F（法语国际频道）和 CCTV-E（西班牙语国际频道）两个各自独立的频道播出。这两个频道的节目针对拉美和非洲大多数发展中国家观众的需求，相对侧重专题、教育、服务类节目，频道定位是以新闻为主的综合频道。目前，CCTV-F 整频道落地项目有 23 个，在 36 个国家和地区落地入户，有用户 1 224 万户；CCTV-E 整频道落地项目有 20 个，在 14 个国家落地入户，用户 1 549 万户。

中央电视台继推出中文国际频道、英语国际频道、西班牙语国际频道、法语国际频道之后，于 2009 年开播阿拉伯语国际频道和俄语国际频道。阿拉伯语国际频道于 2009 年 7 月 25 日开播，主要通过在阿拉伯语国家中观众普遍使用的免费卫星直播方式在中东和北非地区落地，现有 2 个落地项目，覆盖约 600 万用户。节目内容以新闻为主，并辅以文化、服务和娱乐节目，节目形式分为新闻、专题、娱乐和教学四大类。截至目前，阿拉伯语国际频道共开设《综合新闻》、《对话》、《话说中国》、《中国文艺》、《中国之旅》、《国宝档案》、《跟我学》、《纪录片》和《电视剧》9 个栏目，并拥有一个独立的新闻栏目组。中央电视台俄语频道于 2009 年 9 月 10 日开播，面向以俄罗斯为主的俄语国家提供新闻、专题、娱乐等各类电视节目，现有整频道落地项目 10 个，用户 92 万户。

作为党和政府的"喉舌"和中国官方对外宣传的重要窗口，中央电视台各国际频道自开播伊始就受到国内外相关人士的广泛关注。迄今为止，中央电视台在全球共建立了 18 个驻外记者站，成立了美洲、欧洲中心记者站，并与全球 200 多个媒体机构建立了合作关系，与包括美、英、法、德、日等国家在内的 200 多家媒体机构签订框架性合作协议，内容涉及节目交流、技术合作等。与此同时，随着央视各语种国际频道的陆续开播，其辐射面积和受众人数也在不断扩大。随着央视国际化战略步伐的不断加快，预计到 2011 年，中央电视台将形成中文（亚、欧、美三版）、英语（综合、新闻）、西班牙语、法语、俄语、阿拉伯语、葡萄牙语共 7 种语言、10 个国际频道的播出格局，节目信号覆盖全球 130 ~ 140 个国家、近 4/5 的人口。[①] 在全球传播时代的媒介竞争中，中央电视台向成为有影响力的国际传媒的目标迈出了重要一步。

---

① 赵化勇．增强舆论引导能力　建设国际大台强台——充分发挥电视在提高国家文化软实力中的作用．人民日报，2008 - 03 - 26.

2. 长城平台的建设形成对外传播系列架构

2004年10月1日，中央电视台与美国第二大卫星电视公司——“回音之星”（EchoStar）合作，通过Dish Net－work推出中文“长城平台”套装，集合了中国内地最有实力、特色和代表性的7家省级电视台以及香港凤凰卫视、亚洲电视和美国华夏电视台，载入17个电视频道，向全球用户提供高水准的华语电视服务，是全球范围内第一个成功整合了中国优质频道资源的海外播出平台。长城平台的宗旨是，为海外华侨华人服务，并且为英语、西班牙语和法语观众打开一扇了解中国的窗口。

长城平台自2004年10月1日跨越太平洋在美国落地以来，频道数目已由17个增至24个。这24个成员包括：中国中央电视台中文国际频道、中国中央电视台英文国际频道、中国中央电视台西班牙语法语频道、中国中央电视台戏曲频道、中国中央电视台娱乐频道、中国电影频道、北京电视台、上海东方卫视、广东南方电视台、江苏卫视国际频道、福建海峡电视台、湖南卫视国际频道、中国黄河电视台、浙江国际频道、厦门卫视、凤凰卫视美洲台、凤凰卫视资讯台、亚洲电视本港台（美洲）、华夏电视台、深圳卫视、重庆电视国际频道、安徽电视台国际频道、天津电视台国际频道、广西电视台国际频道。

凭借着优秀的节目和国际水准的服务，长城平台已在短短几年内发展成为用户数量最多、内容最丰富的海外华语电视频道套装，目前已包含了北美平台、亚洲平台、欧洲平台、加拿大平台和拉美平台。

长城（北美）平台于2004年10月率先在美国开播，通过艾科斯塔直播卫星平台，19个中国卫星电视频道在美国落地。2008年元旦，长城（北美）平台又进入美国麒麟网络电视平台播出，有效地扩展了观众的收视途径。

长城（亚洲）平台是长城（北美）平台的延伸，于2005年2月1日开播。11个中国卫星电视频道通过亚太5号卫星Ku波段播出，覆盖中国香港、澳门、台湾地区和韩国、越南、缅甸、泰国等亚洲国家。

2006年8月28日，长城（欧洲）平台在法国巴黎通过IP电视正式开播。14个中国电视频道将采用包括IP电视、有线电视和卫星直播等多种传播方式，覆盖全欧洲。

长城（加拿大）平台也是中国电视长城系列平台之一，它由中国国际电视总公司（CITVC）所属中视国际传媒有限公司（CICC）负责运营，集成中国中央电视台和地方电视台的9个频道组成中文电视节目包。

长城（拉美）平台，于2008年1月1日开播，由中视国际传媒有限公司与精宇卫星科技公司合作，将13个中国电视频道组成长城（拉美）平台，以卫星直播的方式在拉美地区落地播出。长城（拉美）平台多角度地演绎了中华神韵，全方位展现了当代中国，不仅为华侨华人观众服务，满足他们的收视需求，还为英语观众打开了一扇了解中国的窗口。

3. *地方电视台实现差异化互补*

自长城平台建成以来，以东方卫视为代表的一批地方广电媒体纷纷发挥自己的优势和特色，向各国提供节目、栏目和频道，大踏步地走向世界，为中国电视外宣事业作出了重要贡献。它们多立足于地方特色，在传递国际信息的同时，也将极富地方特色的文化、习俗乃至风景传递出去，这使得中国电视对外传播形成了良好的差异化互补，奠定了中国电视国际传播的新格局。

（1）东方卫视。

东方卫视是中国除中央电视台外在海外落地最广的电视机构，这得益于上海一直以来都有着对外传播的历史和经验，最早可以追溯到1986年10月上海电视台《英语新闻》节目的开播，[①] 这是中国电视荧屏上第一个英语新闻节目，比中央电视台的《英语新闻节目》早了两个月，在中国国际传播史上具有里程碑的意义。

以上海10年来国际传播的积累为基础，东方卫视2003年建台伊始就确定了“立足上海，关注国内，辐射海外”的国际定位。东方卫视外语中心制作的英语、日语节目包括每日新闻、财经资讯、生活时尚、体育旅游及美食介绍等。东方卫视（海外版）在北美、欧洲、日本、澳大利亚等海外地区落地，全球覆盖超过7亿观众，成为一个面向全国、辐射海外、充满青春活力和国际视野的开放式卫视平台。另外，东方卫视外语中心还积极探索与其他播出平台的合作，长期以来与CCTV-9和CNN保持供片合作关系。目前其外语节目在各播出平台的平均日播时间为近两个小时。

现今，东方卫视的电视传播已经成为真正意义上的国际传播，已经从以前的点缀或者外宣的需要变成了一种严肃的信息产品渠道，从以前电视行业的从属地位变成了备受关注、非常重要的方面，成为中国的外宣窗口，是提升中国软实力的非常直接、有效的途径。

（2）中国黄河电视台。

中国黄河电视台国际频道于2004年6月开播，并于同年10月1日，与中央电视台和北京电视台、上海东方卫视、广东南方电视台等强势省级电视台以及香港凤凰卫视、亚视等电视台一起在美国洛杉矶中文电视长城平台落地开播，覆盖北美地区。作为国家“走出去”战略的组成部分，中国黄河电视台国际卫视节

---

① 谢耘耕，单琳琳．21世纪中国全球传播的策略——“中国电视英语新闻20周年论坛暨首届中国全球新闻传播研讨会”综述．新闻记者，2006（11）．

目同时与长城平台中各中文卫视台节目在亚太地区和欧洲落地，实现全球覆盖。

目前，中国黄河电视台主要定位于教育文化，以汉语教学、中华人文为主要节目内容，分为教育教学、资讯服务、文化传播三大板块，主要栏目有《口语五分钟》、《芝麻开门》、《方块字》、《天天诗词》、《时尚报道》、《标题新闻》、《人生现场》、《唐风》、《拍案说书》、《时尚中国》以及《黄河剧场》等。

（3）福建海峡电视台。

福建海峡电视台也以海外华侨华人和港澳台同胞为主要服务对象，于2005年1月25日开播，其前身为东南电视台国际频道，以反映中华优秀文化的节目为依托，以丰富多彩的大型活动为特色，介绍中国悠久的历史、灿烂的文化、秀美的风光和崭新的社会精神风貌，达到潜移默化的宣传作用。节目以6小时为一单元，全天24小时滚动播出。福建海峡电视台的角色定位是海峡两岸的沟通者，中华文化的传承者，东西文化的融合者，凸显海峡特色，打造海峡品牌，发展成对台、对外宣传的第一平台。目前，福建海峡电视台通过长城平台和亚洲平台，在北美、东南亚和中国的港澳台地区都有很好的覆盖。在北美地区的有线用户已近30 000户，① 并已通过有线网络覆盖福建全省。

（4）江苏卫视国际频道。

江苏卫视国际频道成立于2004年10月1日，面向亚洲、欧洲、大洋洲、北美洲17个国家和地区播出，覆盖世界1/3人口。亚洲地区通过亚太5号和亚太6号双星发射，覆盖亚洲各国。② 其他地区采用卫星加家庭数字电视两种方式传播，外国人坐在家里就可以“游”遍中国。2007年3月30日，江苏卫视国际频道推出专栏《印象中国》，全面推介中国旅游与投资资讯。

（5）湖南卫视国际频道。

从2004年10月开始，湖南卫视国际频道先后通过中国长城平台、澳大利亚翡翠互动中文电视平台、美国麒麟电视平台成功落地美国、加拿大、法国、澳大利亚等国家，截至2008年12月，国际用户数已达150万。目前，湖南卫视国际频道已与新加坡、马来西亚、菲律宾、印度尼西亚、越南、日本、韩国等国家的主流电视网广泛接洽，逐一达成入网意向。

湖南卫视国际频道在海外华人中已经建立了强大的品牌影响力，收视率一直位居前列。2004年10月启播的长城平台中，湖南卫视国际频道收视率排名国内省级卫视第一，综合排名第三位；非祖籍地的海外观众收看调查显示，湖南卫视

---

① 福建海峡电视台.http：//baike. baidu. com/view/377304. htm.

② 江苏卫视国际频道.http：//www. mtklw. com. cn/comment/comment_ list. jsp？ type =3&messageId =344.

国际频道排名第一[①]；澳大利亚翡翠互动中文电视平台在悉尼的问卷调查也显示，湖南卫视国际频道被评为“最受欢迎的澳洲中文普通话频道”，《快乐大本营》被授予“最喜爱的普通话电视娱乐栏目”。

（6）厦门卫视。

厦门卫视于2005年2月1日开播，是全国第一家闽南语专业卫星频道，以娱乐、文化、艺术和新闻资讯为主要内容，以传递两岸资讯、推动两岸交流、弘扬闽南文化和传播华夏文化为频道宗旨，全天24小时播出。厦门卫视近年来致力于打造独家特色，其闽南语节目播出比例从开播之初的50%逐步上升到90%，节目包括新闻杂志类栏目、时事评论类栏目、闽南语读报栏目和新闻资讯栏目以及闽南语娱乐类、文化类、戏曲、歌谣故事和大型电视讲座栏目，还有用闽南语译制的专题片、动画片、电视剧等，这大大增强了传播效果，尤其是对台传播极其显著。

（7）广东卫视和南方电视台。

广东卫视全称广东电视卫星频道，以新形象、高品位、大视角和贴近生活、服务大众为宗旨，使用普通话及少量广东省内方言和英语，全天24小时不停放送。1996年7月8日，广东卫视通过亚太1A卫星和地面粤东、粤西、粤北微波主干线传送，形成强大信号覆盖网络，全球覆盖人口达20亿以上，在澳大利亚、新西兰、新加坡、马来西亚、印度尼西亚、泰国、菲律宾、斯里兰卡等国家，广东卫视已成为当地华侨观众的首选。

2009年9月28日，广东卫视推出新版，以高、标清信号同时上星播出。同时，新版广东卫视以“开放、活力”的概念为定位，以打造具有岭南文化特色、具有较强全国影响力为目标，推出《乐拍乐高》等新栏目以及多项与亚运相关的大型活动，剑指全国卫视第一阵营。

南方电视台（TVS）——中国最年轻的省级电视台，从2001年12月20日正式开播以来，通过组织优化和流程再造、定位调整、差异化竞争、品牌塑造等一系列举措，成为广东市场上收视份额增长最快、升幅最大并能与境外电视竞争的新锐电视媒体。其中，南方卫视于2004年7月28日上星，目前已经登录香港、澳门、台湾地区的有线电视网，通过长城加拿大、北美、拉美平台覆盖这些地区绝大多数的电视用户，通过长城亚洲平台使得印度、韩国等亚洲国家也可以免费收看到南方卫视。南方卫视成为国内第一个覆盖全球的粤语卫星电视频道。

南方电视台除了南方卫视面向境外传播之外，其旗下的南方电视台第二频道

---

① 湖南卫视国际频道 . http：//baike. baidu. com/view/2453193. htm？ fr = ala0_ 1.

也通过卫星覆盖部分境外地区。南方电视台第二频道前身是广东有线都市频道，于1994年8月28日开播，2004年7月28日上星后更名为“卫星频道”，定位为以城市化、本土化、通俗化为主要特色的现代都市粤语频道，现分为省内版本及境外版本。其境外版本通过卫星覆盖广西壮族自治区全境、海南省全省、贵州省南部、湖南省南部、香港、澳门，甚至覆盖新加坡、澳大利亚、美国、加拿大等国家和地区。

（8）重庆电视国际频道、深圳卫视。

2008年8月，重庆电视国际频道、深圳卫视通过麒麟电视平台开始向北美华人播放，这是长城平台继开播时的17个频道后又新添的2个成员。重庆电视国际频道的节目包含时事新闻、综艺、旅游风光、人物纪实和电视剧，精品栏目包括《雾都夜话》、《重庆新闻联播》、《拍案说法》、《食在重庆》、《中国西部旅游》等。

深圳卫视2004年5月28日就已上星，其国际频道已落地日本、韩国、泰国、美国、加拿大及我国港澳台地区，全天通过两套节目24小时不间断播出，成为中国在海外华人中最具影响力的省级卫视频道之一。

（9）安徽电视台国际频道。

安徽电视台国际频道于2009年3月26日在北美落地加入长城平台，目前已覆盖了亚洲和太平洋地区的54个国家和地区，是中国唯一在所有省会城市和香港、澳门地区可以收看到的省级电视台。安徽电视台注重与海外电视界的合作交流，已同国外许多电视机构建立了友好合作关系，并在北美洲、大洋洲、欧洲、非洲、南美洲等地多次举办“中国安徽电视周”,[①] 开设外宣窗口，播出本台制作的电视节目。

安徽电视台国际频道是安徽电视台专门为海外华侨华人及懂中文的国外观众开设的一个综合性中文电视频道。它突出安徽地域经济文化特点，利用安徽电视台丰富的节目资源、中部六省的优势外宣资源和安徽省内各电视台的节目资源，为观众传播最新的时事、经济、文化、旅游、娱乐资讯和精彩的电视剧节目。

（10）天津电视台国际频道。

2009年1月13日，天津电视台第10套节目——天津电视台国际频道正式开播，并通过“中国长城电视平台”在海外落地。天津电视台国际频道全天24小时不间断播出，荟萃了天津电视台25档有自主版权的自制优秀栏目和电视剧。每天三档新闻资讯节目；每天一部纪录片；每天一档娱乐节目；每天两档专题服

① 安徽电视台国际频道 . http：//baike. baidu. com/view/3441526. htm.

务节目；每天两集电视剧。[①] 天津电视台国际频道开通后，先在北美地区落地，然后逐步推进到欧洲和澳洲。天津电视台还将根据海外观众的收视习惯，为国际频道制作双语节目，不断满足境外观众的信息娱乐需求。目前国际频道暂只面向海外落地。

（11）广西电视台国际频道。

以东盟、海外华侨华人和中国港澳地区观众为主要服务对象的广西电视台国际频道也于2010年1月1日开播，其秉承“立足东盟，面向全球，宣传广西”的宗旨，主动承担起适应国家发展战略的责任与使命，依托地缘优势和东盟特色，初步建立了具有鲜明特色的传播架构，向世界发出代表中国的声音。目前，此频道已落地越南、老挝、柬埔寨、菲律宾、泰国等国家的主要城市，以及香港、澳门地区，建立起中国与东盟之间的“空中文化走廊”。[②]

二、中国电视对外传播多种方式齐头并进

中国电视对外传播在“走出去”的形式上，已从单项发展到多项。现在的“走出去”不仅仅是在国外落地覆盖，还通过购买国外电台电视台播出资源、销售广播影视节目、到国外举办广播影视节展、与国外合办晚会或项目等多种形式，全方位地对外展示中国形象，传播中华文化，提高中国在世界的影响力。

1. 电视国际频道境外落地覆盖

电视国际频道境外落地是中国电视对外传播最直接也最常用的方式，近年来，中国在加快电视信号全球覆盖步伐的同时，各电视台还扩大了节目在海外落地工作的力度。目前，国际频道的节目在海外采取的落地方式主要有：通过不加干扰的Ku波段卫星直播，对象地区观众通过家用小型卫星天线收看；完整频道或部分节目进入对象区域的地面电视无线频道、有线电视频道和直播卫星电视平台；重大事件的直播报道被当地主流电视台选用；完整频道或部分节目通过网上直播或点播面向全球互联网用户。

截至2010年6月，中央电视台已就6个国际频道海外落地业务与世界各地的279家当地媒体合作，实施了373个整频道或部分时段的落地项目，总共在140个国家和地区实现了节目的落地入户播出。其中整频道落地项目的用户总数约为15 058万户。部分节目时段落地项目共有82项，涉及45个国家和地区。[③]

---

① 天津电视台国际频道．http：//baike. baidu. com/view/2322674. htm.

② 李德刚．畅通南宁渠道，践行国家战略：广西卫视开创参与式国际传播新模式．中国广播电视学刊，2010（2）.

③ 中央电视台国际频道海外落地情况．http：//blog. cctv. com/html/73/806173 – 1087. html.

此外，在遇到中央电视台对中国国内一些重大活动进行直播报道时，不少外国主流媒体都会直接使用中央电视台国际频道的直播信号，使得完整转播或部分选用中国节目信号的境外媒体总数可达300多家。

2. 购买国外电台电视台的频道频率和时段

购买国外电台电视台的频道频率和时段是近年来“走出去”的一种崭新形式。运用这些播出和覆盖渠道传播中华文化、礼仪、历史、风土人情、发展成就和产品品牌等取得了良好的效果。如华语电视台主要是租用无线或有线频道播放节目，播放内地制作的连续剧和台湾制作的娱乐综艺，当地制作的节目则以新闻为主，在华人中具有相当大的影响。美国主要的本土华语电视台约有10多家，主要集中在洛杉矶、旧金山和纽约。美国的华语电视节目最早于1976年开始出现在屏幕上，这些节目的播出时间一般较短，且都是租用电视频道播放的，并无自己的既可制作又可播放的全部设备的电视台。其中影响较大的有上海电视台和旧金山西湖投资开发公司于1991年4月15日合作筹办的“华声”电视节目在旧金山66频道正式开播，① 每天只有一小时，但在金山湾区华人社会产生了“轰动效应”。

此外，同海外华人合作开办无线电视台也可谓是一种很好的方式。如美国洛杉矶的熊猫中文电视台和旧金山的彩虹英文电视台都是中央电视台同当地华人合作创办的，在当地都有一定的影响。

3. 节目外销

节目外销是指中国对外电视传播机构向驻外使馆和海外电视机构提供已经制作好的节目，如专题片、电视剧、电影、纪录片、综艺节目等，这是一种直接而有效的对外传播方式。首先，节目外销包括直接向海外电视机构提供节目。例如，中央电视台每周都通过卫星和特快专递向墨西哥特莱维隆电视公司传送新闻，在该公司覆盖3亿多西班牙语观众的全球电视网播出；每天向亚洲广播联盟卫星新闻交换网提供新闻；向美国CNN《世界报道》栏目提供新闻报道，供该栏目每周播出两次。全世界有100多个国家的电视机构向该栏目提供新闻报道，而中央电视台提供的新闻是采用率最高的单位之一。② 此外，日本的NHK、韩国的KBS、法国电视三台、中国香港的无线亚视和有线台、新加坡广播局、中国台湾华视、澳大利亚广播公司和泰国的电视机构也经常接收和选用中央电视台的新闻节目。

大型电视活动的举办也是向外寄送节目的很好的契机，如在1994年举办的

---

① 徐雄. 中国对外宣传的一个窗口——记美国金山湾区“华声”电视. 新闻界，1995（3）.

② 雎凌. 中国对外电视传播的发展演变研究. 暨南大学硕士学位论文，2007.

《中国电视周》节目中，中央电视台精心制作了共22小时50分钟的各类节目，除中文版外还制作成英、法、俄、德、西班牙、阿拉伯等外文版，专题节目中有《中国》、《中国老人》、《中国儿童》、《今日西藏》、《中国科技》、《中国杂技》、《中国饮食》、《中国功夫》、《外国人在中国》等。向外寄送的节目总共有13 000多套，并向第三世界20多个国家赠送了25套英文版电视剧《西游记》。

其次，节目外销还可以通过开辟海外录影带销售市场来扩大传播方式。向海外发行中国节目录影带是对外电视宣传的主要渠道之一。长期以来，海外中文录影带市场被港、台占领，内地录影带所占份额很小。近年来，中央电视台联合全国省市台成立了外销节目联合体，开辟海外市场。目前已初步建立海外录影带发行网络，通过海外的代理机构，代理美国、加拿大、澳大利亚、泰国、日本等多个国家和地区的家用录影带发行业务。

据统计，中央电视台通过国际营销网络每年销售近10 000部/集的专题片、电视剧、电影、纪录片、综艺节目，外销对象主要为境外的华语电视台，如美国主要的本土华语电视台就有十多家。① 面向国外销售广播影视节目进一步扩大了中华文化对海外的影响。2008年全国各影视机构仅通过参加国际电视节展，就向国外销售电视剧1 000多万美元。电视剧《李小龙传奇》远销到欧洲、北美洲、亚洲等60多个国家和地区，尚未开播就靠销售国外版权收回全部投资；纪录片《故宫》被翻译成6种语言在100多个国家签约出售，发行超过15万套，创中国纪录片海外销售新高；动画影片《三国》现已销往24个国家和地区，收入超过1亿元人民币；浙江卫视《我爱记歌词》等节目播出版权也成功卖到了国外。国产电影大步走出国门，打响海外市场，2008年共有44部影片出口到61个国家和地区，海外票房收入总计超过25亿元人民币，同比增长25%。②

4. 与境外电视媒体合作，或举办外宣活动

中外传媒业合作和交流早已有之，1979年8月8日，中国电视界首次与外国合拍大型纪录片，即中央电视台与日本的公营电视机构——日本广播协会合作13个月拍摄的大型纪录片《丝绸之路》。但是自1979年至1985年，中外电视媒体交流都处于一个单一局限期，媒体合作仅限于某个节目。

1986年至1999年间，伴随着电视传播全球化，跨国电视节目交换中心开始形成，并且规范化程度越来越高，国内国际性电视节目交易网络初步形成，中国的香港和上海成为国际性电视节目交换中心。

1987年，中国影视机构首次以大规模联合展团的形式在国际著名电视节目

① 孙茜芸．“中国声音”的对外宣传思考．现代视听，2010（2）．

② 朱虹．中国广播影视海外传播的新变化．广播电视学刊，2010（2）．

交易市场——戛纳电视节上集体亮相，吸引了全球各大影视制作公司的眼球。电视节期间，德国 ZDF 电视台正在筹拍一部关于中国的系列电视片，表示希望与上海合作。戛纳电视节还与上海电视节签订了长期合作协议，双方将在每年的电视节上互设展台，让更多优秀的中国电视节目走向世界。

1995 年 4 月，在第 32 届法国戛纳电视节上又出现了一股“中国热”。组委会专门组织了《中国专题日》活动，介绍中国电视的发展情况，观摩中国电视节目，举行记者招待会，其规模和影响是戛纳电视节有史以来所没有过的。

此外，在这一时期中国境内举办的国际性电视交易会有上海电视节、北京国际电视周和四川国际电视节等，这些都是较有影响力的中外电视交流合作平台，并称为中国三大电视盛会。

上海电视节创办于 1986 年 12 月。1988 年举行的第二届上海电视节就已发展成为一个完全意义的国际性电视节，此届电视节作为当时亚洲最大的国际文化交流活动，把既有国际性又有中国特色的三项活动融为一体，在中国电视史上增添了光辉的一页。[①] 至 2010 年共举办了 16 届，经过 20 余年的打造，上海电视节如今已成为中国最优质、最具影响力的中外电视交流合作平台。

首届北京国际电视周于 1989 年 8 月 31 日至 9 月 6 日举行，共有 15 个国家和地区的电视机构以及国内 35 家电视台参加。此后自 1993 年开始（除 1998 年与 2003 年外）至 2004 年，几乎每年举办一届北京国际电视周，共举办了 11 届。到 2004 年第 11 届北京国际电视周，共有 11 个境外机构参加，参展的电视有 141 部，共约 4 000 集，其中，专题片 1 222 集，其他包括动画、综艺栏目等节目约 224 部；意向成交额预计近 8 亿元，其中电视剧、节目、栏目的意向成交额近 5 亿元。[②] 电视周节目交易十分活跃，交易额有了较大幅度的增长，国产节目的竞争力也有了较大的提高。国际电视学术研讨会的国际化趋势得到进一步加强。但是，自 2004 年至今，北京国际电视周就没有再举办过。

四川国际电视节创办于 1991 年，两年一度在四川成都举行，旨在加强和促进中国与世界各国、各地区广播电视领域的交流，形成完备的中国电视节目交易市场和电视设备交易市场。1991 年 9 月，在成都举办的首届四川国际电视节上的电视节目交易会，一举售出中国电视节目 213 部/集，引进海外卡通片和纪录片 200 多部/集、影视剧 29 部共 620 集。至 2009 年，四川国际电视节已成功举办了 10 届。

中国加入 WTO 以后，对外开放进入了一个新的发展阶段，中外电视节目交

---

① 第十三届上海电视节官方网站 . http：//www. stvf. eom/Artiele/index. asp.

② 北京国际电视周 . http：//baike. baidu. com/view/465552. htm？ fr = ala0_ 1_ 1.

流情况与中外媒体合作也有了新的机遇，中外合资传媒企业开始产生并发展，中外电视节目交流网络日益发展并完善。

2000年初，上海电视台与正大综艺公司共同投资500万美元，成立全国第一家中外合资节目制作公司。2001年2月12日，拥有美国13个电影频道的内容运营商，先前没有多少人注意的海外媒体美国星光佳映与中央电视台签订了五年合作协议，成立北京观澜广告有限公司；同年，央视以中国国际电视总公司的名义与香港凤凰卫视签署战略合作协议，共同开拓北美的华语电视市场。

如今，较有影响的中外电视交流平台有金鹰电视艺术节、中国电影节，还有中外合作开展的双边影视节交流活动，比如中日电视艺术交流活动、德中电视节目交流论坛和一些节目交易洽谈会等。如自2003年12月17日在中国广州首次举办的以纪录片为主题的国际性研讨会就产生了很大的影响，对中国纪录片文化走向国际社会起到了明显的推动作用，初步搭建起一个宣传中国文化的国际平台。2005年起，大会由国家广电总局和广东省人民政府联合主办、广州电视台承办，成为国内唯一的国家级专业性纪录片节，并从2008年起每年定期在广州召开。

目前，央视已与200多个媒体机构建立合作关系，与美、法、德、日等20多个国家的机构签订了框架性合作协议；建立了遍布亚洲、大洋洲、北美洲、南美洲、非洲的国家营销网络，每年向海外媒体销售近10 000部/集电视剧、纪录片、专题片等各类节目，[①] 如央视与美国国家地理频道合作的《故宫》，借用地理频道的品牌和渠道把这部关于中国的纪录片销到140多个国家和地区。

除了中央电视台级别的国内外影视交流以外，地方电视台也积极与外国影视集团开展交流合作活动，如1990年，江苏省南京市与日本名古屋交流电视节目，中国通过国内微波、国际通信卫星向日本名古屋回传信号成功[②]；1997年，哈尔滨市广播电视代表团与俄罗斯哈巴罗夫斯克市广播电视公司签订了互相交流电视节目和互派记者到对方国家采访的备忘录[③]；2002年12月，河北电视台副总编率代表团赴澳大利亚、新西兰进行电视节目交流，就河北电视台外宣节目在澳、新媒体播出等事宜进行商洽；[④] 2005年12月8日，大连电视台与日本西日本电视台、韩国PSB釜山放送在共同制作节目、全面开展电视业务交流、联合开发

---

① 谭天，于凡奇．从“走出去”到“走进去”——论中国电视对外传播的策略创新．中国电视，2009（8）．

② 南京一名古屋交流电视节目．南京年鉴，1990.

③ 中国广播电视年鉴．北京：中国广播电视年鉴社，1997.

④ 河北省广播电视年鉴．石家庄：河北人民出版社，2003.

文化产业等方面达成了协议，并约定三台联合策划制作一次大型直播节目。[①]

5. 新媒体业务延伸服务市场

信息传播手段的深刻变革和互联网的迅猛发展使互联网成为新的舆论阵地。成立于2004年的CCTV. com如今已成为海外受众了解中国的一个重要渠道，同时它也是中央电视台各频道的市场化服务和延伸，有助于更好地促进中央电视台节目的海外落地，扩大中央电视台国际频道的影响力和知名度。

CCTV. com目前拥有英语、法语、西班牙语3个外语频道，覆盖全球150多个国家和地区，海外浏览量日均750万人次。[②] 同时，CCTV. com还开办了IP电视、手机电视、网络电视、移动传媒等新媒体业务。目前，中央电视台正在将多媒体综合集成，使国外用户无论使用电脑、手机终端还是电视机，不论在线还是离线，都可以通过中央电视台的新媒体网络视听平台感受中国文化。

据中国互联网络信息中心《第25次中国互联网络发展状况统计报告》公布的数字，截至2009年12月，中国网民规模已达3.84亿，互联网普及率进一步提升，达到28.9%。其中网络视频用户规模已达2.4亿，以传统互联网及移动互联网为主要载体的网络视频已成为中国应用最为广泛的网络服务之一，中国网络视频行业正处于快速成长期。因此，顺应时代潮流和网络用户需要，中国网络电视台于2009年12月28日正式开通，域名为www. cntv. cn。首期上线的内容包括首页、客户端、新闻台、体育台、综艺台、爱西柚（播客台）及爱布谷（搜视台）。据中央电视台网络传播中心主任汪文斌介绍，从2010年开始，中国网络电视台还陆续上线包括财经、电影、电视剧、探索、健康、气象、家居、旅游、教育、民族、音乐等一系列内容，在互联网信息时代，为用户贴身定制多样性、全方位的网络视听互动服务。同时，中国网络电视台将对中央电视台45万小时的优秀历史影像资料进行深度挖掘，并汇集全国电视机构每天播出的1 000多个小时的视频节目，以期建立中国规模最大、影响最大的以网络视频为核心的多媒体数据库。

2009年，中国网络电视台开始积极开展手机媒体的建设工作。中国网络电视台与Apple基于iPhone终端合作，利用世界无线业内最为先进的新技术，将视频在全球范围内实现分发，在海外覆盖了欧美等142个国家的主流手机用户。

可见，中国网络电视台是以视听互动为核心、融网络特色与电视特色于一体的全球化、多语种、多终端的网络视频公共服务平台。中国网络电视台发挥电视

① 陆地. 2006：中国电视产业大解码. 南方电视学刊，2006（1）.

② 赵化勇. 增强舆论引导能力　建设国际大台强台——充分发挥电视在提高国家文化软实力中的作用. 人民日报，2008-03-26.

平台和网络平台的双平台优势，将建设成为中国具有公信力和权威性的网络视频互动传播平台，对国际国内重大政治、经济、社会、文化、体育等活动和事件以网络视听的形式快速、真实地进行报道和传播。同时着力为全球用户提供包括视频直播、点播、上传、搜索、分享等在内的、方便快捷的“全功能”服务，这无疑拓宽了中国电视对外传播的新领域，增强了中国电视对外传播的影响力。

三、中国电视对外传播的理念和目的

进入21世纪以来，以国家为单位的竞争和以文明为单位的摩擦有增无减，单极霸权和多极格局的斗争导致全球局部战争此起彼伏，经济全球化也正给各国带来正负两方面的深刻影响。同时，信息技术革命也在促使整个社会发生巨大变化。随着这一切暴风骤雨般的到来，国际舆论斗争更加激烈，而作为国际舆论斗争工具的中国对外电视传播肩负着重要的任务。

1. 向世界传递良好的中国国家形象

中国电视对外传播的首要任务是向世界传递良好的中国国家形象，各大电视传播机构都积极落实着这个传播理念，如CCTV NEWS的频道定位就是“让世界了解中国，让中国走向世界”。但是，西方人总是对中国形象有着各种各样的误解和扭曲，近年来，提倡“中国威胁论”的声音此起彼伏，因此，正如2007年2月，《北京共识》作者乔舒亚·库珀·雷默发布的新的研究报告——《淡色中国》，指出中国当前面临的最大战略威胁，是其国家形象。① 中国的问题不是其国家形象是“好”是“坏”，而是一个更复杂的难题：中国的自我形象和其他国家对其看法并不一致。

鉴于此，向世界传递良好的中国国家形象就显得更为重要了。具体而言，中国的国家形象可以分为以下六种：“一是中国经济持续、快速、健康发展的形象；二是一个正在不断深化，全方位和有序进行的改革形象；三是继续扩大开放，提高开放水平，融入国际社会的形象；四是中国政通人和，长治久安的稳定形象；五是民主和维护人权的形象；六是树立和平的国家形象。”②

传播和弘扬中华民族的传统文化，让世人了解中华民族及其优良传统，使华侨华人增强民族认同感和报效祖国的信念，这是传递中国形象的目的之一，但是，在展示本国文化时，有些电视台或频道通常走阻力最小的路线，借助陈旧而老套的京剧、武术和茶文化，而不是宣传中国充满生机的新文化领导者。这导致

① 高传智．播什么？如何传播？——对中国电视对外传播现状与对策的思考．传媒观察，2009（7）．
② 郭可．当代对外传播．上海：复旦大学出版社，2004. 104～105.

一些国家对中国的看法频繁发生变化，充斥着过时观念、不切实际的期望和根深蒂固的偏见。过分倚重宣扬传统文化，故未能展示一个现在的、真正的中国，即使是在中国本土，传统文化也并非是时代精神。

2. 提高影响国际舆论的能力

中国电视媒体旨在以正面报道为主的方针向世界传播中国的新闻和重大事件，传达对于国际重大事件的观点和立场，开展国际舆论斗争，争取国际舆论支持。

电视媒体是提高国家文化软实力的重要载体。历史和现实表明：一个国家主流媒体传播的信息和观念能否为国际社会所接受，能否在国际舆论中产生广泛而深刻的影响，直接关系到国家话语权的强弱和影响力的大小。不论是对于发展成就的显示，还是对于民族传统文化魅力的展示，电视媒体都起着非常重要的作用。电视媒体通过调节舆论引导方向、扩大舆论传播范围、改进舆论引导方式，向世界展示一个国家的经济、政治、文化等理念。通过电视传播的舆论信息为国际社会所接受，国家在世界舆论中的影响力就会提高，国家的文化软实力也会随之增强。

国际影响力是衡量一个媒体传播效果的重要指标。中央电视台目前有中文、英语、法语、西班牙语、阿拉伯语和俄语六个国际频道，此外还有一个长城平台形成的系列传播架构，为塑造中国良好的国际形象发挥了积极作用。如汶川地震后，中文、英语、法语、西班牙语等国际频道迅速调整节目，连续20天推出《众志成城，抗震救灾》直播特别节目，第一时间向全世界播发灾区最新消息，在舆论大战中争得主动权，有效引导了国际舆论，用事实强化了中国声音。“7·5”事件发生之后，阿拉伯语频道战略性地提前开播，并火速编配了2005年拍摄的专题片《直播新疆》向阿拉伯观众播出，对新疆的历史文化、地理环境、经济发展、民族风情进行了充分的展示和报道，并邀请在华的阿拉伯友好人士畅谈感受，以一个中国媒体的立场，有力地回击了“7·5”事件后部分外媒对中国政府的非议。

但从总体来看，我们在国际舆论角逐中的议程设置和话语权相对较弱，中国的文化信息在各国媒体中传播量较小，国际影响力不够。这一现实迫切需要我们创新对外宣传的方式方法，积极有效地影响国际舆论，变相对被动为相对主动。

四、中国电视对外传播的内容

1. 新闻类信息占主导地位

新闻一直是中国电视对外传播的重要内容，如中央电视台中文国际频道就定位为以新闻节目为主体的综合性频道，2004 年，CCTV-4 的扩版更是强化了这一定位，改版后的三个版本都实现整点有直播新闻，整点直播新闻分别提升为亚洲版 17 次、欧洲版 18 次、美洲版 17 次，新闻总量分别提高 11.85%、11.41% 和 10.51%。[①] 2007 年扩版后的 CCTV-4 继续坚持以“新闻为主、荟萃精华”的频道定位，基本保持整点有新闻，同时形成早、中、晚和凌晨各两小时的大板块新闻带。新闻节目全天 24 小时滚动更新，新闻总播出量比原来增长 14.6%，在新闻板块中加大了资讯服务和生活服务类信息的比例。在新闻和电视剧的编排上，将滚动新闻改名为《新闻快报》，并设立一些专门的新闻栏目，如《体育新闻》、《经济新闻》和《环球快报》等。

CCTV-9 在改版后也加强了国际新闻报道，立足中国，全面报道世界大事，实现真正意义上的国际传播。作为频道的主要新闻栏目，《综合新闻》加大了国际新闻的报道量，全天候跟踪报道发生在世界各地的重大新闻事件。在节目编排上也以新闻的重要性和时效性为基准。国际新闻栏目《环球瞭望》由原来的每天一档改为每天两档，成为国际新闻在英语频道的主要出口。新创办的栏目《今日亚洲》每天播出三次，全面报道世界上人口最多的亚洲每天发生的重大事件。

总体而言，中国电视对外新闻传播内容具有以下两个特点：

（1）国际新闻逐渐增加，题材软硬结合。

有研究者选取了 CCTV-4 电视新闻节目历次改版中自改版日起的一月内三期节目为研究对象，对 CCTV-4 自开播以来十年间的国际新闻报道作了研究分析，他发现，“从 1992 年 10 月 1 日至 1993 年 12 月 21 日的 9 期节目单中，播出的内容中除了 1993 年 5 月 27 日有两条国际新闻，其他内容均是国内新闻”。“从 1994 年 5 月 1 日至 2000 年 2 月 7 日的节目串联单中，每期节目中均有 2～12 条国际新闻，期间共播出国际新闻总条数为 108 条，约占总播出新闻条数（计 321 条）的 33.6%，每期播出国际新闻条数为 7.2 条。”

在国际新闻的题材构成中，“国际政治新闻有 49 条，约占国际新闻总数的 45.4%；社会新闻有 33 条，约占国际新闻总数的 30.6%；经济新闻 13 条，约占国际新闻总数的 12.0%；文化体育新闻有 8 条，约占国际新闻总数的 7.1%；其他 5 条，约占国际新闻总数的 4.6%”。[②] 这些构成反映了 CCTV-4 的电视新闻节

① 王熠婷. CCTV-4 中文国际频道“一扩三”——中央电视台开拓海外传播新局面. 广告大观（综合版），2007（2）.

② 牟汉杰. 试论 CCTV—国际频道电视新闻节目的内容与形式特征. 中国优秀硕士学位论文全文数据库，2002.

目在稿件选择上，首先选取那些国际上重大时政新闻为重点，以新闻价值要素中的重要性、显著性以及时效性为重要依据，同时也兼顾节目的可视性、趣味性、知识性，把那些画面好看又极富视觉冲击力的新闻作为对“硬新闻”的互补，硬、软结合，使节目张弛有度，富有节奏。

（2）在国内新闻构成上，以硬新闻为主、软新闻为辅，其中时政新闻、经济新闻、社会新闻三类题材占主导地位。

美国学者威廉·赫尼斯曾就1989年2月到8月总共6个月的《新闻小时》共130集作了统计分析，结果表明：“在所有的226条新闻内容中，国内政治新闻仍然占据首位，6个月内播出了66条新闻，占总数的29.2%；其次是社会新闻，播出54条，占总数的23.9%；国际政治新闻36条，占总数的15.9%；接下来是经济新闻26条、文化新闻20条、其他24条。”① 这一统计数据也大体反映了CCTV-4电视新闻节目与国际知名电视新闻机构在体裁上相接近的一面。

“从CCTV-9播出的新闻数量而言，经济类新闻占着首屈一指的地位（27.88%），社会与法制类新闻排第二（22.42%），而政治与军事方面的新闻（20%）只占到第三的位置，随后依次是科技与卫生（13.94%）、犯罪与灾难（9.70%）以及文体新闻（6.06%）。”②

经济新闻报道的特点是突出金融市场过热，国家宏观调控较多，而农业经济的比例与中国作为农业大国的地位似乎不相称，涉及的省份较少，地域面较窄。社会与法制类新闻涉及香港、内蒙古和西藏等几个地区的社会发展、宗教信仰和风俗传统、各类法律法规的制定和实施、有关中国教育的新闻以及对妇女、儿童和老人权益的关注。政治类新闻报道的特点是围绕党和政府的活动展开，以北京为中心，涉及外国人关心的港、澳、台、藏问题，但是其他省份的新闻基本缺失。科技与卫生类新闻主要涉及中国的嫦娥卫星登月、南极科学考察、全球性气候问题、环境污染的治理和动物保护以及国内的医疗与卫生状况。

犯罪及灾难类新闻在中国的国内新闻中占据近10%的比例，与几年前相比，中国在犯罪及灾难类新闻的报道中已经有了质的飞跃。在经历2001年美国的“9·11”事件以及国内2003年的“非典”报道的教训之后，中国在处理突发性问题，尤其是灾难类新闻时的态度已经有了很大的改变。及时、迅速、公开、透明已经是中国媒体报道此类新闻事件的原则，比如2008年的雪灾以及汶川地震等事件的报道均成为众多西方媒体引用的来源。

---

① 牟汉杰. 试论CCTV—国际频道电视新闻节目的内容与形式特征. 中国优秀硕士学位论文全文数据库，2002.

② 何明智. CCTV-9的国内新闻对中国国家形象的建构. 国际关系学院学报，2009（5）.

2. 文化实用类节目满足不同需求

文化是了解一个民族、一个国家最好的“钥匙”之一，中国的优秀传统文化一直是电视对外传播的主要内容，中央电视台 6 个国际频道以及通过长城平台进行对外传播的地方电视台等都较注重对这方面节目的制作和传播，在海外较受欢迎的节目有《百家讲坛》、《大家》、《曲苑杂坛》、《神州大舞台》、《欢乐中国行》、《中国音乐电视》等。

中国电视对外传播的文化内容种类繁多，如中央电视台戏曲频道、中央电视台娱乐频道等就主要担负起向世界宣传中华文化的重任，京剧、中国功夫、茶文化等是其主要宣传内容，旨在通过传播“和而不同”等中国传统文化，让世界了解独特的华夏文化，向世界宣传中国自古以来就是一个崇尚和平的国家。

此外，中国在对外传播中较注重宗教文化，《中国宗教》电视系列片的制作就成功展现了宗教中最有特色的文化，同时也进一步表现了中国的宗教政策和宽容态度。世界上各种类型的文化传统现象中，宗教是人类历史上悠久而又普遍的文化现象。宗教不仅与人类文化在同时期形成，也是人类文化早期阶段的主要表现形式，更是人类文化的一种重要载体。在某些特定时期或特殊的文化领域里，宗教也创造了灿烂的文化，直接推动了文化的发展。例如，宗教文化对古代音乐艺术、建筑美术的贡献是有目共睹的，中外许多建筑艺术的典范是在宗教的殿堂里产生的。在中国东北一些少数民族所信仰的萨满教和云南一些少数民族信仰的东巴教中，我们仍能从中找到一些先民们的文化遗存，甚至找到多重文化交融碰撞的痕迹。国际上，中东地区之所以长期存在地区冲突，宗教是个不可忽视的因素之一。可以这么说，宗教文化是了解一个国家和民族文化的捷径之一，从宗教角度讲述中国的一些历史、文化，在某种程度上能起到事半功倍的作用。

五、中国电视对外传播的受众分析

受众是媒介产品的消费者，是新闻信息流通的终端，也是对信息、媒介以及传播者的检验者。中国电视对外传播要达到预期的传播效能，就必须研究和分析受众，把握好对受众的角色定位。如果对境外受众的思维共性以及不同地区受众的新闻需求特性缺乏深入研究，报道就缺少针对性，甚至会引发境外人士的误解和对抗情绪。

1. 尽可能广泛地覆盖各种受众

中国电视对外传播主要针对于海外，其受众可具体分为三类：外国人、海外华人（华侨和华裔）、港澳台同胞，其中海外华人与港澳台同胞是中国广播影视“走出去”的主要对象。据不完全统计，这个受众群超过 6 500 万。中央电视台对《中国新闻》海外受众的调查统计显示，华侨华人所占的受众比例最高，为55.4%，是《中国新闻》节目的主要收视群，其他各种身份的海外受众之和约为45%。[①] 海外华人主要分布在东南亚和西方各国，大约有5 000万～7 000万人。他们接触所在国的媒体，但也愿意接受来自中国媒体的信息；他们的政治地位可能不高，但许多科学家、商人、工程技术人员已经在所在国崭露头角。总体来说，他们内心希望中国强大，渴望了解中国发生的一切，相对较容易取得好的传播效果。外国人则包括所谓的西方国家受众和非西方国家受众，西方国家受众主要存在于西方的主流社会，对中国存在一定的偏见；非西方国家受众多存在于美洲、非洲和亚洲的一些发展中国家，由于相对没有政治偏见，这些国家的受众对中国比较友好。他们对于西方国家对中国的报道也不会完全苟同，因此对他们的传播只要具有一定的针对性，就容易取得较好的效果。

有关统计数据表明，海外受众的年龄段主要集中在31～40岁之间，占了总数的近1/3，而且属于较成熟的中年受众群。其次是21～30岁的青年受众，占总数的23.5%。51岁以上的老年受众约占12%。最后得出海外受众的平均年龄为36岁左右。[②] 海外受众的受教育程度从整体上看属于高素质的知识阶层。有专家指出，男性尤其是受过良好教育的中青年男性，其收视行为的工具性倾向较为突出，他们往往有选择地接触自己所需要的电视节目内容。因此，如何满足这些受众的收视需求应该是我们今后工作的重点。

尽管中国的电视对外传播能准确定位于外国人、海外华人、港澳台同胞这样一个群体，但是在传播中仍然存在不少问题：一是力量分散。目前，中国国内电视台和频道进入美国有线电视网络的有30多家，主要的传播对象都瞄准了人口不到300万的华人华裔人群。二是语言单一，我们面对的主要是深受中国文化影响的第一代移民，而对于第二代、第三代华人华裔影响则要弱得多。融入所在国社会的华裔已成为不会说中文、不熟悉中国文化的“香蕉仔”（黄皮白心），而这些华裔在海外华人社会中逐渐成为主体，并将成为我们对外传播的主体。当然，更大的受众群还是多种语言、多元文化的世界各国人民，尤其是英语国家的受众，目前，我们在这方面的影响力更弱。

2. 定位于舆论领袖

随着信息传播技能的提升，更要注意“多管齐下”，包括定位精英受众，影响有影响的人，善用舆论领袖的“二级传播”效应；加强受众分析，在目前按华人、非华人以及按地域分类的基础上，继续按照知识、收入、社会地位等多维

---

① 钟清玲．中央电视台国际频道《中国新闻》海外观众收视状况分析．电视研究，2002（7）．

② 钟清玲．中央电视台国际频道《中国新闻》海外观众收视状况分析．电视研究，2002（7）．

度精细分层进行内容的精确定制，同时要更加重视受众反馈；在传播语态方面，要注意中西方思维方式的抽象、具象差异，报道中多运用故事化的传播方式，做到中国故事国际表达，世界故事中国视角；对重大、突发新闻事件，一定要尽最大努力做到第一时间、第一现场、第一解读，使这一被无数次经验与教训验证的规律成为报道的常规；在对外传播的贴近性方面，应注意增加本土化生产、本土化加工、本土化传播等比例，不断强化报道的国际化色彩等。

对象国的中上层人士是中国电视对外传播的重点传播对象，包括政界人士、工商界人士和知识分子，因为他们或是掌握着国家的政治权力，或是操纵着国家的经济命脉，或是影响着国家的思想舆论。而华侨华人和中国留学生是中国对外传播的另一重点对象。现在境外有数千万华侨华人，他们中的不少人已进入所在国的主流社会，甚至成为颇有影响的精英人物，外国人往往通过华侨华人了解中国，这些华侨华人可以起到独特的桥梁和“辐射”作用。因此，我们要集中优势，将有限的资源运用到最能发挥效益的地方，寻求在局部地区、局部人群、局部问题上取得重点突破，以点促面，积小胜为大胜，逐渐改变国际舆论中“西强我弱”的总体态势。

六、中国电视对外传播效果分析

1. 对国际受众的影响力逐步提升

中国电视对外传播正日益成熟，电视频道陆续在海外落地，整频道或部分时段的落地项目逐年增多，节目内容正从政治扩大到经济、文化、体育和社会各个方面，新闻性逐渐增强，国内传播中的“三贴近”原则也开始在国际传播中得到体现，这使得中国电视对外传播在海外受众中的影响力越来越大，这从以下几项受众调查结果就可管中窥豹。

2003 年，中国学者针对 CCTV-9 的收视状况对受众作了一项调查，调查显示，受众接触 CCTV-9 的目的，已经从学习语言和了解文化逐步转向获取信息和了解中国人的生活方面，“在受众对 CCTV-9 公信力的评价中，高、较高、一般、较低和低的五个级次的选择比例分别是 32.9%、37.9%、22.1%、2.5%、4.6%，而且接触媒体的人，对中国的看法都在不同程度上有所改变。”① 目前，已更名为 CCTV NEWS 的 CCTV-9 在东南亚、中东、大洋洲、欧洲和北美洲的落地情况也非常喜人，而且每天还能收到大量来自世界各地的受众反馈信息，他们对 CCTV-9 的节目形态、制作水平和内容给予了很高的评价。

---

① 刘笑盈，吴燕．CCTV 电视国际传播及其对世界传播格局的影响．现代传播，2008（5）．

此外，有学者于2007年11月至2008年3月对收看过内地电视的香港市民进行了调查，结果显示："32.7%的市民对内地电视表示'喜欢'和'非常喜欢'，这表明虽然内地电视进入香港时间不长，但是已经取得了不俗的收视成绩；选择'一般'的有58.5%；而选择'不喜欢'和'非常不喜欢'的共有8.9%。"① 可见，受众对内地电视持中立态度居多，而这些游离人群对于内地电视来说是十分重要的待开发受众资源。

上述调查结果足以显示，中国电视对外传播正日益发展壮大，对海外受众的影响力也逐渐提升，但是，总体而言，这种传播效果是不明显的。同时，中国电视对外传播还缺乏对海外受众的系统调查，因此，我们不应过分乐观于目前中国电视对外传播取得的效果。

2. 影响与构建世界传播格局

当代世界传播体系由各种不同类型的传播工具构成，包括报纸杂志、广播电视、网络及各种新媒体形式，不过电视在当代世界传播格局中的作用依然首屈一指。当代英国传播学者尼古拉斯·阿伯克龙比（Nicholas Albercrombie）说："在所有的媒体形式中，最突出表现全球化意识的是电视。其传播的范围和影响力真正有了国际性。"② 美国学者莱斯特·瑟罗（Lester Thurow）也曾经指出："电视不再是反映现实，它就是现实。如果饥饿的索马里儿童上了电视，全世界都想为此做些什么；如果没上电视，他们就不存在，人们什么也不会做。"③

上述看法说明了两个结论，一是在当代世界，在世界的政治、经济、文化体系之外，世界传播体系开始占据了越来越重要的位置；二是在世界的传播体系中，世界电视的传播是其中非常重要的组成部分。那么，我们应该如何看待中国电视的国际传播对世界传播格局的影响呢？

可以肯定地说，中央电视台的电视对外传播，以中国的迅速发展为背景，其崛起已经在很大程度上改变了世界电视传播格局。长期以来，世界电视传播格局是以西方国家为主导的。西方媒体长期垄断着国际话语权。在国际电视兴起之后，美、英两国又成了国际电视传播中的垄断者和"巨无霸"。但是进入新世纪以来，特别是最近几年以来，传统的以美、英两国为主导的世界电视传播格局正在松动。这种松动以半岛电视台的崛起为标志。这个开设在只有50万人的小国

---

① 谭天，张蕾，陈秀文．内地电视在香港传播初探——以落地香港的内地电视频道受众为研究对象．华南理工大学学报（社会科学版），2009（6）；陈秀文．内地电视在香港传播研究．中国优秀硕士学位论文全文数据库，2008.

② ［英］尼古拉斯·阿伯克龙比．电视与社会．张永喜译．南京：南京大学出版社，2001.110.

③ ［美］莱斯特·瑟罗．资本主义的未来．周晓钟译．北京：中国社会科学出版社，1998.143.

家、1999 年才开始进入国际卫星电视市场的电视台，依靠“意见和异见”的传播理念，在“9·11”事件之后快速崛起，成为世界电视中的一匹黑马。2003 年开始的伊拉克战争，更成了国际电视媒体角逐的舞台。在此之后，国际电视市场的竞争更加激烈。2005 年 12 月，俄罗斯推出了由政府出资的国际电视频道——“今日俄罗斯”；2006 年 11 月 15 日，半岛电视台在原来的阿拉伯语频道之外又推出了全英文频道；2006 年 12 月 6 日，在经过长期准备之后，法国的国际电视台France－24 也开播了，目的是宣传“法兰西的文化与价值观”；其他如伊朗、印度、韩国等也在参与国际电视市场的竞争。传播的全球化与世界传播主体和声音的多元化，构成了公共领域的全球化，或者说全球性的公共领域正在形成的过程中。毫无疑问，中国电视国际传播的加入，一定会推动全球性公共空间出现，加速传统世界电视格局的解体和新的国际舆论环境的形成。

中央电视台希望以 6 种语言 10 个频道高调进入国际电视市场，这必然会冲击到世界电视传播格局。首先，中国是一个拥有 13 亿人口和 5 000 年历史的文明古国，中央电视台的电视国际传播，拥有雄厚的历史与文化基础。其次，目前中国是一个正在快速发展的国家，经过 30 余年的高速增长，中国的经济实力已今非昔比，中国已经成为世界关注的焦点，本身也成了重要的国际新闻消息源，这些为中国的电视国际传播提供了前所未有的现实基础。再次，值得特别注意的还有中国传媒政策的变化，在从宣传型向新闻宣传型体制的过渡中，中国进行了许多有意义的探索，中国政府正在提出建立“有中国特色的新闻传播体制”的目标。在上述因素的作用下，制订了庞大发展计划的中央电视台电视国际传播，一定会在越来越大的程度上影响到世界电视传播格局。

在 2008 年 5 月中国汶川地震的报道中，这三个有利因素都得到了强有力的发挥，达到了很好的传播效果。首先，这次地震发生在中国，中国成了世界舆论关注的中心。利用得天独厚的条件，中央电视台出动了 200 多名记者、6 台转播车前往地震灾区一线进行报道，同时还与各地方电视台协同作战，这种传播力量使所有世界大媒体在报道中国的事件时望尘莫及。其次，这次报道中央电视台不仅抢到了第一时间，而且抢占了报道的制高点，从地震开始后第 52 分钟开始，连续进行了 400 多个小时的电视直播，在一个月内的报道总时数接近 800 个小时。更为重要的是，在这次报道中，带有新特色的“主导性全面报道”新闻传播理念开始展现，及时、全面和超大信息量成为报道的特点，新闻的原生态报道成为吸引受众的关键。最后，这次地震也显示了拥有雄厚文明基础的中国文化力量，带有中国特色的以人为本、集体主义、自强不息、以己推人等价值观念，以及公开、透明、开放等现代意识，通过媒体的报道，也展示在了世界的面前。在汶川地震的报道中，中国媒体成为国际电视传播中的主力，包括西方国家媒体在内的世界媒体首次开始大量地采用中国电视媒体的画面，中国的国家形象也得到了一定程度的提升。

中央电视台电视国际传播的目标，是把中央电视台打造成为国际上有影响力和公信力的媒体，成为“议程设置”的媒体，从而在传播全球化的过程中发出自己的声音。全球化不是单一化，而是多元文化并存，在传播全球化时代，实现人类多元文化中的价值共享，这是中央电视台电视国际传播的最终目的。

七、中国电视对外传播存在的问题

中国电视国际传播近年来发展迅速、计划庞大，但是起步较晚，尚不能与中国的社会经济发展及国际地位的提升相适应，而且从对中央电视台电视国际传播的历史回顾可以看出，在整个20世纪90年代，国际社会基本上听不到来自中国的声音。进入21世纪以来，中央电视台的电视国际传播虽然开始扩大，但是在21世纪的前几年依然成效不大，这与中国经济的发展和国际地位的提升不相适应，具体表现在以下四个方面：

1. 传播渠道的覆盖尚显不足

媒体的信息传播能力决定影响力，西方发达国家意识形态的传播和渗透，依靠的是其强大的新闻传播网络，因此，中国电视对外传播的渠道和西方发达国家相比还存在相当大的差距。

目前，中央电视台实施了373个整频道或部分时段的落地项目，总共在140个国家和地区实现了节目的落地入户播出。其中中文国际频道实现了亚洲、欧洲、美洲分版播出，整频道在海外的落地项目有94项，整套节目已在121个国家和地区落地入户，共计约1 500万用户。“CCTV NEWS整频道海外落地项目现有142个，在126个国家和地区落地入户，用户总数达10 093万户；CCTV-F整频道落地项目有23个，在36个国家和地区落地入户，用户达1 224万户；CCTV-E整频道落地项目20个，在14个国家落地入户，用户达1 549万户。阿拉伯语频道主要在中东和北非地区落地，现有2个落地项目，覆盖约600万用户。俄语频道面向以俄罗斯为主的俄语国家提供新闻、专题、娱乐等各类电视节目，现有整频道落地项目10个，用户92万户。”①

但是，同美国CNN、英国BBC等国际一流大台相比，我们在传播渠道、传播领域和传播能力等方面还存在一定差距。据统计，CNN利用其世界性的新闻信息传播网络，进入了全球212个国家和地区的1.5亿户家庭，并为遍及世界各

① 中央电视台国际频道海外落地情况. http://blog.cctv.com/html/73/806173-1087.html.

地的数万家宾馆提供节目，全球观众超过10亿。

新闻传播的关键首先是信息源，而中央电视台的海外信息源十分有限，目前驻外记者站只有19个，记者几十人，且不能独立地发回具有完整画面的电视报道，远不能与BBC的“50个办事处、250名记者和CNN的26个记者站、1 000名记者”① 相比，中央电视台的许多国际新闻报道还需要采用国外的电视画面，路透社、美联社和CNN都是中央电视台国际新闻的重要消息源。尽管中央电视台计划近年内将驻外记者队伍扩大到100人以上，要求记者站独立发回电视新闻报道，但是这一过程才刚刚开始。在报道方面，中央电视台缺乏国际著名媒体那种全能型或参与型的主持人，缺乏相对独立而专业的新闻评论队伍。

因此，加快构建传输快捷、覆盖广泛的电视传播体系，形成与中国国际地位相称的对外传播力量，已成为当务之急。通过这些举措，不断完善全球信息采编网络，构建传输快捷、覆盖广泛的传播体系；扩大国际交流与合作，积极推动中国文化走向世界。通过对外交流与合作传播本国文化，已经成为很多发达国家输出价值观和意识形态的重要手段。中国要进一步健全对外交流合作机制，积极与国外媒体开展多层次、多形式的节目合作，开展双边或多边新闻素材和节目交换，组织国际合拍，互办电视周，通过“借船出海”方式，使中央电视台的节目在国外主流媒体播出，努力扩大国际市场份额。

2. 传播内容不够丰富，缺乏针对性

国际电视传播的关键是全球化和本地化两个维度。中央电视台的国际频道尽管提出了全球性视角，但是从实际的内容来看，国际性的话题还不多。国际新闻主要是与中国有关的新闻，像2003年伊拉克战争那样大规模、相对独立客观的国际报道还不多。而中国新闻又过于强调“正面报道”和“以我为主”，缺乏对受众的针对性，尽管实现了全球的分地区、分频道覆盖，但是传播的内容大同小异，本地化程度不高，传播内容还缺乏吸引力。前新华社社长朱穆之对此有个形象的说法：“你想说的都说了，我想知道的你都未说。”②

CCTV NEWS是中国唯一的英文电视频道，但其对外与对内的内容差别不大，只是将对内播出的新闻和其他电视节目、少数专门采集制作的新闻按照外宣的目的做二次加工，有的甚至原版传输播出。客观地讲，有一些素材是可以共享的，但目前的做法已经超越了素材上的共享，基本是一种全方位的共享（而这种资源共享的意义并不等同于CNN新闻中心资源共享的意义，CNN面对的是具有同一文化根基的群体，或者至少是受美国主流文化浸染已经发生“美国化”嬗

① 中央电视台国际频道海外落地情况. http://blog.cctv.com/html/73/806173-1087.html.

② 张森. 电视国际新闻编辑手册. 北京：中国广播电视出版社，2006.14.

变的异文化群体。在此情形下，资源共享带来的是成本多是出于对经济利益方面的权衡)。中国媒体面对的是文化根基和思维方式都不同的异国受众，如果对外新闻里经常充斥着如国内新闻里的会议镜头、先进人物的画面，又或者节目较单调、呆板，不具亲和力，时代感和趣味性都较差，不难想象，这些异国受众要么关掉电视，要么转换遥控器。现在的做法看上去很节省资源，但是相对于传播效力来说，这些节省并没有实现其既定的价值目标，反而因为资源共享走入了一个误区。

在传播内容上，中外受众的关注度存在很大的差异，针对不同文化背景的受众，我们应该要有选择性、有针对性地进行传播，在选题内容上多涉及一些全球性的问题。在全球化的形势下，世界面临着越来越多的"全球性问题"，各个国家的相互依存程度越来越高。能源、人口、粮食、裁军、公共卫生等问题，单靠个别国家的努力已经无法解决。这些问题都应该成为中国电视对外传播的报道重点。

在2008年"两会"期间，西方记者关心的气候变化、传染病防治和达尔富尔问题等就属于"重大热点问题"和"全球性问题"。在这些问题上，中国发挥着越来越重要的作用。没有中国参与，这些问题无法解决，中国在这些问题上的立场和观点不可能被西方忽视。中国电视丰富准确地报道这些问题，是"打入西方主流社会"的捷径。这些问题都是国际社会遇到的新问题，与那些已经在西方舆论中形成思维定式的老问题相比，中国可以通过自己的努力，在解决问题的同时改变、塑造中国和世界的共同利益，从而树立良好的国家形象。

3. 传播技巧把握不准，过分注重宣传

中国电视对外传播在传播方式与技巧上，显得过分注重宣传。英国人格林曾对中国媒体建议说："宣传的方式过火，夸大其词，本来你有道理，也不能使人接受，要让事实说话，而不是用形容词来拔高事实，要抛弃那些最高级的形容词。"① 中国电视对外传播的宣传味过浓是与目前的传播体制和传播政策分不开的。中国的广播电视体制，尽管开始了"两业并举"的方针，由过去较单一的形态逐渐转向多元、多层次的形态，但在电视国际传播中，依然是以事业的方式为主，国家目前仍然在对外传播行为中起着决定性作用：政府决定传媒的报道计划，批准和资助传播内容，促成传播过程，甚至评估传播结果。这种传播体制不利于"受众本位"观念的建设，影响了传播的效果，也不利于调动传播人员的积极性。

从整个国际新闻的大环境看，虽然在早期的国际新闻和20世纪激烈的国际斗争中，"国际新闻都曾经成为国际政治斗争的工具"②。但在全球化到来之际，

① 刘继南，周积华，段鹏等．国际传播与国家形象．北京：北京广播学院出版社，2002. 403.

② 朱焱．关于CCTV-9新闻频道的若干思考．对外传播，2009（2）.

国际新闻的一个重要特征就是宣传的特征不断弱化，开始越来越由“宣传型”向“新闻型”回归。可见，以西方受众喜欢的接受方式、思维习惯和审美情趣为指导，改变以往对外传播的指导性口吻和宣传姿态，将成为中国对外传播内容改革的第一部曲。

关键是要尊重西方国家的语言和思维习惯。中国电视对外传播面对的是文化背景、价值观念、语言和思维习惯等方面均与中国人差别很大的西方受众。在思维方式上，一般中国人偏好于综合思维，谈问题往往从宏观、全面的问题入手，西方人则偏好于分析思维，谈问题一般从具体问题开始；中国人常常是结论在先，然后用事实加以说明，西方人则不喜欢别人早下结论，而希望从事实中自己得出看法和评价。

鉴于此，CCTV NEWS 雇佣了几十位外国专家来帮助记者和编辑严把语言关，以保证英文报道的准确性和专业性。一些专家提出，尽管我们的编辑和记者能够写出没有毛病的英文，但是在外国人眼中，这些文字总是有些异样。比如报道中外领导人会谈的稿件中经常有“举行了热烈隆重的欢迎仪式”、“回顾了两国关系的友好发展里程”、“表达了良好祝愿”、“将双边关系推向新高”等词句，外国观众不习惯这样的套话，他们感兴趣的是中国领导人在与外部世界接触的过程中代表国家作出的承诺和履行的义务，比如签署协议的具体内容。

4. 缺乏明确性和公信力

在对一些敏感的国际问题的报道中，中国的官方新闻稿还有一个特点，就是寓坚定立场于不鲜明的观点之中。体现在行文上就是使用外交辞令，话说三分，留有余地，让读者自己揣摩。

如 2000 年 8 月中东问题，戴维营三方首脑会晤未能达成协议，巴勒斯坦总统阿拉法特来到中国，寻求中国政府对巴方单方面宣布建国时间的支持。双方领导人会晤后，我方千余字新闻通稿中通篇谈论中国积极支持巴以和平进程，而最关键的内容则被放在结尾部分，即“我们相信，以阿拉法特总统为首的巴民族权力机构一定能审时度势，在建国问题上选择最佳时机，争取最佳效果”①。不了解中东局势的观众怎么能一眼看出中国政府并不支持阿拉法特立刻宣布建国时间的真正意图呢？路透社的报道就明确得多，其稿件说，在宣布建国时间问题上，阿拉法特在与中国领导人的会晤中得到“文雅的警告”。

最近几年，中国电视对外传播在海外影响与日俱增，国际舆论对此的议论也不断增加，议论有好有坏，非议主要来自西方国家，他们多半认为中国的公立传

---

① 朱焱．关于 CCTV-9 新闻频道的若干思考．对外传播，2009（2）．

播机构毫无公信力可言。因此，中国电视对外传播机构多年来力求在“于我有利、以我为主”和“突出外、淡化宣”之间寻找平衡。从中国人“使用国际社会听得懂、易理解的语言”创办英语频道，到雇佣专业经验丰富的英语母语播音员，都是落实“突出外、淡化宣”的具体措施。

进入21世纪以来，各个国家都在积极抢占话语权，俄罗斯、伊朗、卡塔尔、法国都开办了非母语的电视新闻频道。既然参与国际舆论争锋是一种现实，中国的对外传播机构就应该充分利用国家电视台的性质，将自己塑造为报道、解释、分析中国国情和政府政策的权威电视机构。至于西方舆论对中国电视国际频道公信力和专业性的质疑，我们应该明确一点，媒体的政治立场并不妨碍其影响力的拓展。相反，如果传播方式和技巧得当，鲜明的政治立场往往能够塑造一个新闻机构的知名度。福克斯（FOX）新闻台成立之初标榜“我们报道，你们决定”的客观公正立场，但是其极右、保守的观点不断成为美国舆论批评的对象。而福克斯却凭借节目形式和编排创新，打败CNN，赢得收视率胜利。

时至今日，中国对外电视传播事业取得了长足的进步，中国电视对外传播已经发展成为对外传播交流的主力军，它承担着向世界传递良好的中国国家形象、提升中国的国际舆论影响力和国家的软实力等方面的重任。而且，随着对外传播的发展壮大，中国电视对外传播已经超过了让世界了解中国、让中国了解世界的既定目标，正在成为中国的眼睛、世界的窗口，在国际传媒中发出中国的声音，成为全球听取中国、了解中国的重要途径。

但是，中国媒体对外传播的时机、国际地位和实力以及中国文化产业的要求，与发达国家的实力和影响力相比还有很大的差距。面对差距，中国电视对外传播“走出去”任重道远，要继续推动构建现代国际广播体系，实现中国在英语、华语和当地语言的全球覆盖，扩大在海外的落地工程，努力进入西方的主流社会，形成多层次覆盖、多语种播出、多方式的环球广播电视资讯，节目的影响力要大大增强，市场的竞争力要显著提升，国际市场份额要明显增加，使中国的广播电视成为世界传媒领域当中有影响力的媒体，成为世界各国了解中国的主要渠道，成为中华文化走向世界的主要载体和知名品牌。

第二节　中国广播对外传播概况

一、中国广播对外传播发展历程

作为世界上最早大范围用于国际传播的媒体，广播凭借其跨国界性和易接受性（印刷媒体必须通过邮递，电视必须由卫星转播），一直以来都是西方国家用于对外宣传其政治主张、引导国际舆论的战略工具。中国的对外传播事业历来受到中国人民政府的关注和重视。作为中国对外传播的重要舆论宣传阵地，国际广播是中国向世界展示本国文化软实力的重要途径，也是应对国际竞争的有力武器。随着中国改革开放步伐的加快和国际地位的提高，利用对外广播来让世界听到中国的声音，让世界听懂中国的声音，进而展示中国的软实力，进一步提高中国的国际地位，变得越来越重要。自 1941 年延安新华广播电台向世界发出中国对外广播的第一声以来，中国的对外广播事业已经走过了 70 多年，无论是在传播实力还是在国际影响上，都有了质的飞跃。

1. *形成多语种优势，扩大传播范围*

中国的对外广播事业可追溯到 1941 年 12 月 3 日，当时的延安新华广播电台用日语向世界发出了中国对外广播的第一声，这是中国人民开展对外广播的开端。1947 年 9 月 11 日，陕北新华广播电台开始使用英语广播。在战争年代，中国对外广播工作者在戎马倥偬中，在枪林弹雨里，利用十分有限的物质条件，完成了中国人民对外广播的艰难起步。①

中华人民共和国成立后，由于党和政府的高度重视，对外广播事业得到了进一步的发展。1950 年 4 月，为加强对国外的广播，中央广播事业局成立了国际广播编辑部，于同一天用“北京电台”的新呼号开始播音。随后短短的十几年间，对外传播的语种从战争时期的日语和英语两种扩展到 20 多种。到 1965 年底，中国对外广播使用的广播语言已经达到了 27 种，覆盖面包括亚洲、欧洲、非洲、拉丁美洲、北美洲以及大洋洲的大部分地区，每天累计播音 100 多个小时。同时，国际广播从 1950 年起开办面向东南亚地区的华侨的方言广播，创办粤语、闽南语、潮汕话和客家话广播节目。当时，中国对外广播的规模、语种和播音时数，在世界上仅次于苏联和美国而居第三位。

在文化大革命的十年间，中国的对外传播事业也遭到了一场空前的浩劫，对外广播亦难以幸免。尽管在此期间，为适应国际形势发展的需要，面向东欧和南亚又增加了 12 种外语广播，对外广播语种扩展到 43 种，但由于“左”的思想干扰，对外广播内容照搬对内传播的宣传内容，充满了政治说教，使国外听众显著减少。直到 1976 年 10 月以后，情况才有所好转。

改革开放以后，随着国内形势的好转，对外广播事业迎来了蓬勃发展的黄金时代。1978 年 5 月，中国对国外广播机构正式更名为中国国际广播电台（China

① 甘险峰．中国对外新闻传播史．福州：福建人民出版社，2004. 160 ~ 161.

Radio International，CRI，以下简称“国际台”）。此后，中国对外广播继续增加对外广播语种，到目前，中国国际广播电台已经使用53种语言（包括43种外语、普通话、4种方言以及5种少数民族语言）向全世界广播，1984年以后又陆续开办了面向在华外国人的英语、法语、日语、西班牙语和德语广播。截至2006年底，每天累计播出节目1 100多个小时，进一步强化了中国广播对外传播的多语种优势。这一时期，除了国际广播电台得到了迅速的发展，地方电台对外广播也渐渐起步。从1982年起，广西、云南、南京、海南、新疆、内蒙古等地区的广播电台也纷纷增加播出语种，使用外语和方言分别对周边国家的听众以及华侨进行对外广播，壮大了中国对外广播的队伍。

2. 多通道传播提高节目落地质量

除了增加传播语种，让世界更大范围地区的人民能够通过广播听懂中国的声音，中国对外广播事业还积极探索各种方式和新技术，提高收听质量，增强覆盖效果，提高对外广播的传播力。

传统的对外广播主要采用短波发射，通过本地的对外发射台将短波信号传送到世界各地。尽管短波传播可以通过电离层与地面的多次反射达到大面积覆盖的效果，但是短波信号存在噪音大、不稳定且易受干扰等缺点，大大影响了短波传播的传播力和覆盖效果。因此，中国除了加强建设本土发射台以提高短波传播质量以外，还大力开展广播节目境外落地业务。从1987年起，中国先后同瑞士、西班牙、法国、马里、加拿大、巴西和俄罗斯等七个国家的广播电视机构开展互转对外广播节目或租用对方发射机转播中国对外广播节目的合作，从此开创了中国广播节目通过中波和调频的方式在海外播出的先河。① 而数字技术、通信技术和计算机技术的迅猛发展又为改造传统的对外传播方式、提高对外传播的传播力创造了有利条件：一方面，在1998年，中国对外广播的节目传送和制作已全部实现数字化，对外广播发射设备更新改造工程（建成了10部500千瓦短波发射机和4部600千瓦中波发射机）也于同年全部投入使用；另一方面，基于新的卫星传输技术，通过租用亚洲二号卫星以及三颗不同轨道的泛美卫星（PAS-8、PAS-9、PAS-10），构建了国际电台的“环球广播节目卫星传输覆盖系统”，连同与国外电台开展的互转、租机、传送、寄送节目等合作，中国对外广播已经基本上实现了全球覆盖。

环球广播节目卫星传输覆盖系统的建成，不仅扩大了国际电台的全球传输能力，使节目传送容量从原来的8路（借助中央电视台环球覆盖系统）扩展为56

① 夏吉宣，王冬梅，马为公. 国际广播事业的新发展. 北京：中国国际广播出版社，2006. 21～22.

路，实现了对欧洲、非洲、美洲、大洋洲和亚洲地区的节目传送；同时还扩大了海外广播发射网，使国际电台海外节目落地能力得到了质的飞跃。[①] 为了进一步提高收听质量，制作更符合当地人民收听习惯和收听兴趣的广播节目，中国国际广播电台还积极在境外开拓整频率落地模式，并于2006年在肯尼亚首都内罗毕建成境外第一座调频电台——CRI91.9FM调频台，取得了显著的传播效果。此后，境外整频率落地事业迅猛发展，截至2009年9月，中国国际广播电台已拥有26家境外整频率电台，153家调频/中波合作电台，1家"本土化"北欧网络电台和1家北美网络电台发布站，累计落地总时数达826.5小时，落地节目语种为41种，传播范围大为拓展，覆盖率大大提高。同时逐步实现了全球华语台普通话广播和全球英语广播的24小时环球广播，节目信号覆盖全球，并在国际互联网上同步直播。[②] 对外广播的境外落地工作从技术上实现了现代传播的有效性，进一步解决了听众"听得见、听得清"的问题，为提高中国对外传播事业的传播质量作出了巨大的贡献。

3. 充分结合新媒体，进行多元化传播

随着信息技术的不断发展，传统媒体与新媒体的融合趋势正在不断加强，对外广播事业也积极寻求与网络、数字移动通信新媒体的结合，以求通过多媒体的联合来形成对外广播的多元化传播格局。这既是国际广播面对新媒体挑战不断提高自身竞争力的举措，也是建设现代国际广播体系的要求。

传统的对外广播虽然拥有信号稳定的优势，但到达范围较窄、传播手段单一，而新媒体凭借其时空特性和多媒体传播手段弥补了这一缺陷。国际广播联合互联网进行网络传播，不仅扩大了传播范围、增强了实效性，还为受众提供了可供下载的音频和视频文件，从而弥补了广播转瞬即逝的缺陷。目前，中国国际广播电台"国际在线"网站上各类音频节目时长达到245小时，为海外受众提供了大量国内信息。[③] 中国人民广播电台主办的"中国广播网"是全球最大的中文音频网络门户，也为国内外听众提供了大量高质量的文字与音频信息。

随着手机媒体的普及和3G时代的来临，手机也成为中国对外广播传播的前沿新战线。2009年7月16日，中国国际广播电台"移动国际在线（英文版）"在北京正式发布，这是中国第一家专为新型移动终端优化设计的英文多媒体网站，为世界了解中国提供了一个更快捷、更有效的新渠道。如今，中国国际广播电台已经形成了由传统电台频道、"国际在线"网站、《世界新闻报》、24小时

---

① 林永光，唐峰．利用新技术提升国际广播的传播力．中国广播，2009（4）．

② 中国国际广播电台（CHINA RADIO INTERNATIONAL）．http：//gb.cri.cn/cri/gk.htm.

③ 中国国际广播电台（CHINA RADIO INTERNATIONAL）．http：//gb.cri.cn/cri/gk.htm.

不断流动播出的数字付费频道《环球奇观》、手机移动国际在线等多媒体组成的共同对外传播的新格局。

目前，中国对外广播传播体系已经形成传统广播电台、报纸、网络以及手机移动媒体等多媒体融合的形式，充分利用各种媒体之间的优势互补，多管齐下、形成合力。特别是对网络、手机等日趋成熟的新媒体平台的利用，使得对外传播的范围和影响力大大提升，使构建中国现代国际广播体系的工作向前迈进了一大步。

4. 加强与听众互动，实现广播效果最大化

中国对外广播的主要受众群是海外华侨华人以及外国人听众，通过各种语言以听众喜爱的方式传达中国的声音，让听众了解到一个真实的中国。而在对外广播过程中加强与受众的互动，接受受众的反馈意见，是加强中国对外广播的传播效果的重要途径。

目前，中国对外广播的听众分布在世界各地，每年中国国际广播电台都会收到大量的听众来信，而“国际在线”的成立也使得国际台与听众的交流方式从“鸿雁传书”发展到更便捷的网上互动。据统计，自 2002 年起，全球各地的国际台编辑部收到的听众来信总计已突破百万大关，随后每年逐步增长，到 2008 年时共收到来自世界 160 个国家和地区的听众来信、电子邮件等约 270 万件。从听众来信数量可以看出海外听众对中国对外广播的高度关注和积极的参与性。除了来信反馈，世界各地的听众还自发组织了各种听众俱乐部。据统计，目前国际电台的海外听众俱乐部遍布世界 56 个国家，数量高达 3 600 多个。这些数字都表明中国的对外广播在世界上拥有较大的影响力。

加强与听众的互动是中国对外广播不得忽视的一个重要环节。听众的反馈不仅表达了他们对中国对外传播的关注和喜爱，同时还给对外广播提出了很多宝贵的建议，是中国对外广播进一步发展的重要借鉴。由于对外广播的特殊性，针对不同国家和地区的广播节目要根据当地听众的特点和喜好来制作，只有制作出符合收听国家和地区的听众要求的广播节目，才能够实现广播效果的最大化，而受众的反馈就是帮助对外广播改善传播的最直接的途径。

二、中国国际广播电台的发展

作为中国对外传播的主要力量之一，同时也是中国广播对外宣传大格局的龙头，中国国际广播电台是中国主流价值观及主流文化的代表和有力的传播者，它不仅仅肩负着向世界提供中国的信息，提高对世界舆论影响力的重任；还肩负着对外塑造国家形象，建构国家话语权的重担。从建台伊始，中国国际广播电台就

不断探索，不断创新，为有效地让世界各国人民听得到、听得懂中国的声音，为塑造中国的国家形象、提高中国的国际影响力作出了不少的贡献。2006 年，在中国国际广播电台成立 65 周年之际，胡锦涛总书记在批示中要求："积极建设现代国际广播体系，不断提高中国对外广播的质量和水平，努力架起促进中国人民和各国人民相互了解的友谊桥梁，为全面建设小康社会营造和谐友好的国际舆论环境。"① 于是，构建现代国际广播体系，成为中国国际广播在新的历史时期明确的发展战略和奋斗目标。

1. 中国国际广播电台概述

中国国际广播电台（CRI）创办于 1941 年 12 月 3 日，是中国向全世界广播的国家广播电台。其前身是延安新华广播电台，新中国成立后改名为"北京电台"，直到 1978 年才正式使用"中国国际广播电台"这一名称。建台以来，中国国际广播电台一直遵循"向世界介绍中国，向中国介绍世界，向世界报道世界，增进中国人民与世界人民之间的了解和友谊"的宗旨，② 不断求新求变，发展自己，严格要求节目质量和落地效果，提高对外广播的实效。

（1）多语种广播，扩大传播范围。

目前，中国国际广播电台使用 53 种语言向全世界传播。截至 2008 年底，每天累计播出节目 1 520 多个小时。2008 年共收到来自世界 160 个国家和地区的听众来信、电子邮件等约 270 万件，遍布世界各地的听众组织已达 3 600 多个。就使用语种、播出时数和听众来信数量而言，中国国际广播电台已经成为仅次于美国之音（VOA）和英国 BBC 国际广播电台的国际广播电台。

（2）内外并重，扩大传播影响力。

国际广播一直是中国国际广播电台的主战场，多年来，中国国际广播电台一直把巩固和发展国际广播作为首要任务，服务于"大国是首要，周边是关键，发展中国家是基础，多边是舞台"的外交方针，科学配置了外宣资源。坚持"贴近中国发展的实际，贴近国外受众对中国信息的需求，贴近国外受众的思维习惯"的外宣原则，提高和改善了节目质量及编播风格；根据"入耳、入脑、入心"的外宣目标，加大发射功率、扩大覆盖范围，加强传播效果。为了提高对外传播的实效，中国国际广播电台一直把节目的海外落地质量作为检验广播对外工作的一个重要标准和努力方向。为此，国际广播电台一直不断地探索，从设备的更新、技术的创新，到通过与世界其他国家和地区的合作来扩大广播节目海外落地的范围和提高质量。2006 年 2 月 27 日，中国国际广播电台在海外开设的

① 王庚年. 从"对外广播"走向"国际传播". 中国社会科学报，2010-02-02（2）.
② 夏吉宣，王冬梅，马为公. 国际广播事业的新发展. 北京：中国国际广播出版社，2006. 1～2.

第一家调频电台——肯尼亚内罗毕调频台（CRI91.9FM）开播，开创了中国对外广播在境外整频率落地的先河。2006年11月19日，中国国际广播电台开设的老挝万象调频台（FM93）开播，这是中国国际广播电台在亚洲地区开设的第一家调频广播电台。此后，中国国际广播电台不断开展与世界各国的合作，扩大节目落地范围。截至2009年5月底，该台在境外共有21个整频率调频或中波台，153家调频/中波合作电台（包括119家调频合作台，32家中波合作电台，2家窄带播出电台）。落地节目每天累计播出总时数达724.5小时，除国际台北京本部制作的英语、法语、西班牙语、俄语、德语等30种外语以及汉语普通话和4种汉语方言节目外，在北欧还与当地媒体合作制作芬兰语、瑞典语、丹麦语节目。

除此之外，国际广播电台还非常注重环球广播的建设，从2005年6月起，华语台普通话广播实现24小时环球广播，节目信号覆盖全球，并在国际互联网上同步直播。

在加强国际外宣工作的同时，中国国际广播电台还积极拓展对内外宣新阵地。2005年9月28日，成功开办了中国第一家资讯类电台——环球资讯广播；2006年8月8日，在国内第一次开办了用9种语言播出的多语种奥运广播频率。目前，国际台已经拥有英语综合广播（轻松调频EASY FM）、国际流行音乐广播（劲曲调频HIT FM）、环球资讯广播、奥运广播（CRI OLYMPIC RADIO）、外语教学广播等5套节目，拥有6个调频、4个中波共10个对内外宣广播频率，每天制作节目120小时，分别在北京、上海、广州、拉萨、石家庄、厦门、大连、烟台等国内大中城市播出，并根据受众定位和收听需求，对原有对内外宣广播频率进行了内容改版，强化了专业化特色，初步形成了与中国对外开放格局相适应的对内外宣广播频率群，整体传播效应显著增强。

（3）多元化发展，提高传播实力。

中国国际广播电台把握当前多媒体发展潮流，积极推进在传统媒体领域和新媒体领域的多元化发展，形成了集报纸、广播、电视、网络和新媒体等多种服务，包含了从第一媒体到第五媒体的各种形态的一个结构齐全、配备合理、立足传统、面向未来的多媒体发展架构。

在传统媒体领域方面，中国国际广播电台除了继续巩固无线广播的阵地外，还创办了《世界新闻报》，以报道国际新闻为主，内容涉及国际政治、经济、文化、体育、教育、科技、社会等领域，面向全国发行。目前，中国国际广播电台面向世界各地办有39种外文报刊。在电视领域，中国国际广播电台从1999年10月开始制作并向全国传送国际新闻电视节目，发展到今天，其电视中心每天制作和传送上星的电视节目已达5个多小时，用户遍及全国300多个频道、电视台。中国国际广播电台数字付费频道《环球奇观》也于2006年5月8日正式开播。《环球奇观》以其独特的视角向受众24小时滚动播出各类国际资讯、扫描全球奇人奇事。国际台还拥有中国国际广播出版社和中国国际广播音像出版社，通过创新机制、拓展业务、加强品牌建设等，出版社的事业发展有了新起色，经营有了新突破。

随着以互联网为代表的新型传播技术的高速发展，在线广播已经成为新型广播形式，并由于其传播的多媒体性、广泛性和互动性而成为极具吸引力的对外传播方式。中国国际广播电台清楚地看到了媒介的发展趋势，于1998年底开通了中国国际广播电台网站。该网站于2000年成为中央重点新闻网站之一，2002年正式命名为“国际在线”。“国际在线”以发展为多语种、多媒体新闻集群网为目标，目前已成为拥有59个语种、4种地方语言的语种最多的网络平台，接受来自世界180多个国家和地区的访问。

在大力打造和利用网络平台进行对外传播的同时，中国国际广播电台还积极联合新型手机媒体和3G技术来提高自己的传播实力。2007年4月和6月，CRI手机广播电视分别在中国联通和中国移动平台顺利上线。CRI手机广播电视除集成国际台自有的广播、电视、互联网以及多语种信息等优势资源外，还整合了地方电台、电视台的节目内容，致力于打造最具特色的手机广播电视品牌。

（4）扩大新闻来源，改善传播效果。

为了提高国际新闻的质量和时效性，中国国际广播电台自20世纪80年代起就开始建设驻外记者站，努力扩大新闻来源，并力求实现国际新闻和广播节目的本土化。至此，中国国际广播电台已经在世界重要国家和地区建有30个驻外记者站，并在国内各省、市、自治区以及香港、澳门特别行政区建有记者站，拥有庞大的信息网。

除了扩充记者队伍，中国国际广播电台还十分重视培养高素质的新闻人才。在多年的发展中，该台主要的语言广播部在实践中建立了一批采、编、译、播合一的全能性机制，逐步形成了一支高素质的人才队伍。目前，共有38种外语干部近1 000人，编辑、记者以及专业技术人员等700多人，外籍工作人员130余人。

2. 中国国际广播电台节目情况

在不断加强自身传播能力的同时，中国国际广播电台对对外广播节目质量也相当重视。由于对外传播的特殊性，不仅面对不同的受众需要利用不同的语种来播出，而且还要针对不同国家和地区的受众的收听习惯和收听兴趣来制作节目，从而提高国际台节目在全球受众中的传播效果。这就要求中国国际广播电台对海外受众的收听需求进行一定的调查和了解，并摆脱国内传播的传统套路，以符合国外听众的收听习惯来开创对外传播的新路子，并随时代变化不断调整对外传播的理念和方式，向世界展示一个真实的中国。

海外受众对中国传媒的需求主要体现在以下三个方面：一是希望能够尽快而且全面地了解变化中的中国（或祖国）；二是希望可以了解中国经济的发展情况，尤其是投资环境和合作基础；三是希望了解丰富的中国文化，包括历史、艺术、风光、人物、语言和风俗等。中国国际广播电台从听众的需求出发，在节目制作和播出方式上不断创新，以现代化的传播理念引导传播活动，并取得了良好的传播效果。

（1）提高新闻传播时效，扩大国际舆论影响力。

以往中国的对外传播在新闻报道上沿用了对内传播的习惯，呈现出“观点主导、事实缺少”的特点，并且缺乏时效性，不符合国外受众的收听习惯。尤其是在文化大革命时期，对当时国内思想观点的大肆宣传使得国际台的收听情况一度达到惨不忍睹的地步。这种低效的对外传播不利于塑造中国的国际形象，也不利于发挥中国在世界舆论方面的作用。改革开放以来，国际台不断调整报道理念和报道方式，在对外传播“以我为主”的前提下突出“外”字，淡化“宣”字，用事实说话，用外国人的语言、思维和他们熟悉的符号说话。在新闻报道上掌握主动的话语权，将国内最新事实第一时间向全世界发布，尤其是在2008年《政府信息公开条例》正式生效之后，国际台极大地提高了国内新闻的报道时效。在国际新闻的报道上，由于国际台已经在世界重要国家和地区建有驻外记者站，拥有庞大的信息网，不仅在传播上能够实现本土化，而且能够及时快速地发布重大国际新闻并向世界表明中国在国际问题上的立场。时效性的提高使中国在国内国际重大事件中能够掌握主动的话语权，有利于抵御西方媒体的攻击，扩大中国对国际舆论的影响力。

在2009年发生的一系列重大事件中，中国对外广播迅速作出反应，先发制人、精心策划、真实负责地报道，抢占了传播活动的主动权。例如，在乌鲁木齐“7·5”事件中，在海外媒体还没有得到更进一步的信息前，中国国际广播电台利用传统广播和“国际在线”等多种广播渠道，由“国际在线”土耳其语网与土耳其伊斯坦布尔“方向”高频电台合作，于7月13日至7月17日在乌鲁木齐举办了“来自乌鲁木齐的声音”中土系列网络对话，及时向海外媒体报道事实真相，传递了中国的声音。这次事件中，对外广播发挥了其他媒体不可替代的作用，及时有效的对外广播节目在一定程度上避免了谣言的产生和扩散，引导着国际舆论朝有利于中国的方向发展。

（2）重视文化节目，塑造中国国家形象。

通过对外广播了解中国文化一直是国外听众对中国媒体的兴趣重点，并且是最容易被听众接受的传播方式。国际台自开办以来就十分重视文化节目的制作，通过文化传播塑造中国的国家形象，让世界各地听众通过对外广播文化节目进一步了解中国文化。早期国际台就通过与部分国家和地区的双边广播协议与当地定期、不定期地交换音乐和文化类节目，如今国际台在全球很多地区有自己的整频率频道或租用频道，在文化节目的制作播出上更加本土化。

文化广播传播是中国民族的、精粹的文化，国内的水光山色以及音乐、美术等，其中旅游文化交流是国家形象传播的最受欢迎的形式。旅游节目是国际台对外广播传播中国国家形象的重要节目形式，它通过介绍中国丰富的旅游资源、多彩的民俗风情，全面展示中国的悠久历史和灿烂的文化，深受海外听众的欢迎。[①] 为了加强与听众的互动，国际台还举办一年一度的旅游知识竞赛节目，吸引了众多海外受众参赛，产生了广泛影响，并形成了一定的品牌效应。例如，2006 年 11 月至 2007 年 4 月，国际台与四川联合举办“天下四川 · 熊猫故乡”知识竞赛，用 43 种语言、通过无线广播和在线广播播出了全面介绍四川自然风光、风土人情的 5 篇系列报道，通过在选题、内容和表现手法上的对外性，进一步贴近听众，增强了可听性和趣味性。[②] 此后举办的“美在四川”、“美在西藏”等与旅游相关的广播节目和知识竞赛，在旅游文化的传播中形成系列性活动，每次都吸引了不少听众参与，有效地传播了中国的文化。

（3）传播汉语文化，架设沟通桥梁。

在国家形象的传播中，文化是重要支撑，而语言既是文化的有机组成部分，又是文化的载体，有助于增进不同国家人民之间的了解。国际台通过在海外受众中推广汉语，为世界人民的交流架设了沟通的桥梁，传播了中国文化，有效地提升了国家形象。

近年来，随着中国经济的飞速发展和国际地位的进一步提高，世界各国对中国的兴趣与日俱增，兴起了一股学汉语热。中国国际广播电台借此势积极开展汉语国际推广活动，制作推出了 38 种外语版的《每日汉语》汉语广播教学节目，于 2008 年 5 月开始面向全球听众开播。该节目在教授汉语知识的同时，通过设置“文化点滴”环节，讲述中国的风俗礼仪、饮食文化、旅游交通、节日庆典、家庭观念以及当代中国方方面面的发展，向听众展示一个全面的、全新的中国。这种以中国文化为核心、以教授汉语为内容的对外传播新形式，达到了很好的传播效果。[③]

---

① 黄玉．国际广播传媒与国家形象传播．中国广播电视学刊，2009（1）．

② 黄玉．国际广播传媒与国家形象传播．中国广播电视学刊，2009（1）．

③ 黄玉．国际广播传媒与国家形象传播．中国广播电视学刊，2009（1）．

此外，国际台还依托在世界各地的听众俱乐部建立实体广播孔子课堂，进行汉语面授教学，以达到有效传播中国文化的战略目标。截至2009年12月，中国国际广播电台已在悉尼、罗马、穆扎法尔格尔等地建立了14家广播孔子学堂，宣传推广汉语教学，对于汉语推广起到了非常大的促进作用。

（4）举办媒体活动，加强国际交流。

除了通过广播节目进行对外传播，中国国际广播电台还精心策划了各种活动，在世界各地征集参与者，通过活动加强国际交流，进一步向世界传播中国的软实力，同时提高国际台的影响力。

2009年，中国国际广播电台举办了“看中国·CRI中外记者边境行”大型多媒体直播采访活动，组织多语种记者和外籍记者，对中国重点边贸地区采访报道。本次活动旨在帮助国内外受众了解中国边境地区60年来的经济发展与社会进步，领略当地的风土人情。该活动为期近2个月，吸引了200多名中外记者组成8个采访团陆续前往内蒙古、黑龙江、广西、云南等地的边境地区采访报道，通过采访团的报道向全世界展示中国边境省区与蒙古、俄罗斯、越南、老挝等邻国开展经贸、社会和文化交流与合作的情况。

此外，中国国际广播电台还经常策划组织一些与当地相关的文化活动来加强与当地听众的交流，提高自身的影响力。如2009年的“情动俄罗斯——中国人唱俄语歌大型选拔活动”就吸引了当地许多参赛者前来参与。

3. 中国国际广播电台与新媒体结合的情况

随着互联网技术以及移动3G技术的发展，其普及程度越来越高，影响力日益扩大，给传统媒体带来了巨大的机遇和挑战。如何利用新媒体技术的优势来提高传播力和传播覆盖率，扩大影响范围，是中国国际广播电台未来发展的重点之一。

（1）“国际在线”发展总体概况。

中国国际广播电台的“国际在线”网站建立于1998年12月26日，2000年被列为中央重点新闻网站之一。目前已发展成为由57种文字、48种语言音频节目组成的中国语种最多的网站。“国际在线”的访问者来自世界180多个国家和地区，网上节目时长达到每天221.5小时，日均收听人次70万。此外，通过开展对外合作，转载“国际在线”内容的境外网站不断增加。据不完全统计，世界范围内链接“国际在线”各语种网站首页的网站数量已经达到近15 000个。①

“国际在线”于2005年7月13日正式开播多语种网络电台 Inet Radio

---

① 中国国际广播电台（CHINA RADIO INTERNATIONAL）. http：//gb. cri. cn/cri/gk. htm.

(www. Inetradio. cn)，使用汉语普通话、英语、德语和日语播出。节目内容由资讯、谈话、音乐和外语教学四大类节目组成。2006 年 7 月 13 日，"国际在线"推出了包括汉语、英语、日语和朝鲜语的国内首家多语种播客（http：//pod. inetradio. cn）。2007 年 9 月 14 日，由 9 种语言组成的 11 个境外网络电台（CRI WebCast）正式开播，标志着以"本土化"为目标的新型多语种境外网络电台全面启动。①

2005 年初，根据美国 Alexa 网站统计，"国际在线"网站因其语言众多（42 种语言的文本和 46 种语言的音频）、特点突出（介绍中国和从中国的角度报道世界的独特视角），在"最具知名度的国际广播电台网站"的排名中，已经超过德国之声、美国之音和 BBC 等西方主要国际广播电台的网站，名列全球第一。②

多语种和广播资源基础雄厚，是"国际在线"的两大优势和特点。除了加强网络传播的硬件开发，"国际在线"还积极加强内容建设。

报道中国和世界，一直是"国际在线"作为中央级重点新闻网站的首要任务和工作重心。目前，"国际在线"是国务院新闻办公室授权直播其新闻发布会的 5 家新闻网站之一，定期图文音频直播国务院新闻办公室新闻发布会。同时，"国际在线"还经常派记者参加全国网络媒体的重要报道活动和中国国际广播电台组织的各项大型报道活动，形成了网络和广播的优势互补。

作为多语种集群网站，"国际在线"各语种网站在内容上既有共性，又有个性。共性内容是向世界报道中国，报道世界大事，开展对外汉语教学；个性内容则是各语种网站针对不同受众而设计的丰富多彩的有特色的内容。几年来，各语种网站先后推出了留言板、在线答题、BBS、博客、在线评论、信息服务等功能，增强了网站的互动功能和服务性、实用性。2006 年，网上孔子学院正式推出，使用境外受众的母语教授汉语，体现出国际在线多语种资源优势和广播优势，丰富了网站内容。

（2）移动"国际在线"的发展概况。

2009 年 7 月 16 日，中国国际广播电台移动"国际在线"在北京正式发布，这是中国国际广播电台发挥外语优势面向移动互联网推出的新业务，面向移动互联网而设计的多媒体网站，其节目形态广泛适用于各种手机终端，用户只需登录 M. CRI. CN，即可随时随地地浏览移动"国际在线"提供的新闻、财经、影视、娱乐、旅游等方面的信息与服务，学习简单实用的汉语对话，欣赏英语音频和视

① 中国国际广播电台（CHINA RADIO INTERNATIONAL）. http：//gb. cri. cn/cri/gk. htm.

② 创建现代广播体系　拓展国际广播阵地——中国国际广播电台夏吉宣副台长访谈录 . 中国传媒科技，2005. 9.

频节目。

其实早在2008年8月8日北京奥运会开幕之际，移动“国际在线”就开始试运行，为手机用户提供了大量信息，尤其是为来华游客提供了便利，深受海内外受众欢迎。截至2009年7月初，移动“国际在线”在试运行期间吸引了来自世界168个国家和地区的5 000多个城市的访问者。[①] 接下来，移动“国际在线”还将继续加强手机广播和手机网络的内容建设，建立全国性的手机电台集成播出平台，依据手机的可收、可听、可视功能，打造可视电台模式，充分利用新移动媒体的优势来扩大对外传播的覆盖面和影响力。

在2009年初“两会”的对外广播报道中，中国国际广播电台就充分利用了多媒体资讯发稿平台的优势，主动设置议题，整合优化各种资源，多载体、多渠道地报道“两会”，掌握“两会”报道主动权。其间，“国际在线”网站使用汉语、英语、日语、俄语、法语、德语、西班牙语、蒙语和朝鲜语9种语言进行网络直播，并推出了《两会和我》、《中国策》、《两会直通车》、《外国人对话代表委员》、《照相馆》等大型多媒体专题和栏目。此外，移动“国际在线”英文和中文频道也针对手机用户推出“两会”的相关信息服务：英文移动“国际在线”推出了《中国两会》专题，中文移动“国际在线”开设了《海外媒体看两会》、《最新消息》、《代表委员议案提案》等栏目，针对不同的使用人群和使用习惯及时发布信息，充分发挥多媒体多元化传播的优势。[②]

4. 中国国际广播电台与听众的互动情况

作为对外传播的重要阵地，中国国际广播电台一直非常注重与听众之间的交流，通过听众来信和策划活动来加强与听众之间的交流，进而改善传播效果，提高国际影响力。

从2002年开始，中国国际广播电台收到各地听众的来信已突破百万，此后每年来信数量持续增长。此外，国际台在世界各地拥有3 600多个听众组织，这些听众组织不时会举办各种特色相关活动，来宣传推广国际广播电台。国外听众对国际台的热情支持一方面体现了国际台的世界影响力，另一方面也为国际台改善对外传播提出了宝贵意见。

此外，中国国际广播电台也策划了一些主题活动，与国外听众加强互动。如2008年初南方风雪灾害期间，就特别策划了“华人同心，共抗风雪——温暖行动”大型互动活动，汉语普通话、粤语、闽南话、客家话、潮汕话五种语言广播密切联动，向海外华侨华人介绍中国的受灾情况，海外侨胞纷纷伸出援手，捐

① 中国国际广播电台（CHINA RADIO INTERNATIONAL）. http：//gb. cri. cn/cri/gk. htm.

② 中国国际广播电台（CHINA RADIO INTERNATIONAL）. http：//gb. cri. cn/cri/gk. htm.

赠大批钱物，支援中国的抗击风雪行动。“5·12”汶川大地震后，推出关爱地震灾区儿童的“绿伞行动”，得到海外华语听众的积极回应，共收到30多万元人民币的善款捐赠。2008年北京奥运会期间开展的“祝福奥运”征文活动，在海外听众中引起强烈反响，海外青少年踊跃参与，通过活动不仅了解了北京奥运，同时也加深了对祖国的情感。这些活动一方面提高了海外听众的参与热情，另一方面也培养了海外华人对祖国的深厚情感，团结了世界华人群体共同营造和谐友好的国际舆论环境。①

同时，世界各地的听众组织也十分重视与国际台的交流。美国旧金山华语听众俱乐部在2008年曾先后组织当地听众参与迎接新年唐人街大游行、反对藏独、迎接奥运火炬大游行等活动，并及时将消息和活动情况以文字和声音多种形式传递给国际台；加拿大渥太华华语听众俱乐部每年春节期间都会组织听众联欢庆祝这一中国的传统节日；新加坡听众俱乐部也组织了“迎奥运潮剧票友联谊”活动；比利时听众俱乐部定期组织听众交流收听经验，并及时向电台反馈收听效果；悉尼听众俱乐部积极参与迎接奥运火炬传递活动。② 与听众组织的互动在扩大国际台影响力方面取得了显著的效果。

另外，国外听众还曾经为国际台国际新闻报道进行了重要的通信工作。在2003年三四月份伊拉克战争报道期间，中国国际广播电台阿拉伯语广播部采访制作的《巴格达连线》节目在国内外听众中引起巨大反响，收到了极好的宣传效果。由于当时派记者进驻巴格达已不可能，这个节目是通过采访国际台在伊拉克的热心听众海奈迪，通过其在电话访问提供的巴格达的准确信息而完成的。从这个节目中国际台得到了启示，即勇于开拓，努力在听众中挖掘、获取对外广播信息，是增强对外广播宣传效果的一个有效途径。

中国国际广播电台一直不断探索对外广播的渠道和方式，并参考世界主要媒体的对外广播发展情况，制定了一系列目标，从扩大境外落地范围、发展在线广播包括移动在线广播、建设更多的国际台驻外机构、人力资源的优化配置到技术保障体系和新媒体发展，从方方面面来规划现代国际广播体系，争取在对外广播中形成更有效的传播效果。

三、地方台对外传播情况

1. 地方台对外传播总体情况

随着以中国国际广播电台为龙头的广播外宣大格局的形成，现在国内的许多

---

① 刘小勇．互动——对外广播中不可忽视的重要环节．中国广播电视学刊，2009（7）．

② 刘小勇．互动——对外广播中不可忽视的重要环节．中国广播电视学刊，2009（7）．

地方台也在积极地探索广播外宣的发展路子——或出去与国外的广播电台进行联办，或制作对应的节目输送到国外电台播出，或中文或外文，进一步扩大了中国对外广播的领域。

地方对外广播起步于20世纪80年代。1982年3月，经中央批准，广西广播电视厅的直属单位——广西对外广播电台开始筹建，并于1983年8月16日开始转播中国国际广播电台的越南语节目。1984年3月24日，该台试播自办节目，用越南语向越南广播，由此成为中国第一个用外语对外广播的地方电台。同年，福建人民广播电台开办《对华侨广播》节目，以东南亚地区的福建华侨为主要对象，用普通话和闽南语广播。[①] 此后，云南、南京、上海、海南、广东、新疆等地区纷纷开办了对外广播，加入到对外传播的潮流中。

1994年10月，在"首届全国广播对外宣传协作会议"上，全国各省市自治区外宣办和广播电视厅（局）负责人就开拓广播大外宣的必要性、紧迫性、可行性等进行了充分探讨，达成了广泛的共识。会议提出了"建立以国际台为龙头，以地方台为依托的广播外宣协作网，发挥系统优势，共创广播大外宣新局面"的具体方案：在国际台开办一档《中国之窗》节目，由31个省级电台分别制作，通过国际台向全球播出。[②]《中国之窗》于1995年正式开播，经过17年的发展，该节目已经成为全球华语听众了解中国、感受中国、亲近中国的金色之"窗"，堪称中国广播大外宣的成功范例。由地方电台制作节目上交到国际台，通过国际台播出是目前大多数地方电台进行对外广播的主要方式。

除此以外，部分边境省份的地方台还走出国门，与交界的国家合作进行对外广播，如新疆台在吉尔吉斯共和国和乌兹别克斯坦、内蒙台在蒙古均建立了自己的电台。这些电台都在当地发挥着巨大作用，对当地的受众了解中国、熟悉中国，起着其他媒体无法比拟的作用。而北京、上海、广州等大城市由于拥有大量外籍人士在当地工作和生活，因而也专设频道对当地的外籍人员进行对外传播。总之，地方台在国际传播环境日趋开放的前提下，纷纷参与到国家的广播外宣系统中，积极传播中国的声音，形成了国际对外广播大合唱的局面。

2. 国际台与地方台的合作

自1994年开始，中国国际广播电台就积极开展与国内各省市地方台的合作，通过地方电台制作，国际台播出或地方电台与国际台联合直播报道等方式来传递地方的声音。

《中国之窗》是由国际台与国内近40家省、市、区台合办、共享的一档对

① 甘险峰．中国对外新闻传播史．福州：福建人民出版社，2004. 257～258．

② 阎瑞桃．中国之窗——广播大外宣的成功范例．中国广播电视学刊，2008（1）．

外广播节目，利用中国国际广播电台数十年广播外宣的经验及各地丰富的新闻报道资源和人力资源，更全面、更充实地介绍中国各省市经济发展和社会进步，促进海外听众对中国各地的认识和了解。目前，中国内地的近40家地方台每天制作10分钟内容丰富、形式多样、具有地方特色的专题节目，通过中国国际广播电台的对外广播“平台”向世界播出。①在15年的发展中，《中国之窗》已经赢得了听众的广泛欢迎与认同，并且在听众中产生了深刻的影响，尤其是在海外华人世界中，反响更为强烈。遍布世界各地的海外华侨华人，其祖籍地遍布中国各个省、市、自治区，通过《中国之窗》节目，他们可以了解自己家乡的变化，一览全国各省、市、自治区的概貌、发展变化和所取得的成就，以及绚丽多彩的风俗民情、秀美风光，并且通过书信、电话、电子邮件等多种手段，反映他们的收听感受和建议。

由地方台采编制作的《中国之窗》，其中相当部分具有浓郁的地方特色，可听性强。为了充分利用这一稿件的资源，国际台将本来只用普通话播出的《中国之窗》逐步向方言和外语广播推广和扩张。随着近年来新媒体技术的逐步发展，《中国之窗》也于2004年初将全部节目即时推到“国际在线——华语广播”网页上，实现文字、图片、音频同步播出，从而形成立体式宣传模式。同时，华语广播网还与境外华语广播机构的网站进行链接，极大地方便了海外听众阅读和收听。②

除《中国之窗》外，国际台的华语中心从1994年起，先后与13家省会台和地市台合作开办《城市之光》节目。其中有河南郑州台的《今日郑州》、云南昆明台的《走进昆明》、山东青岛台的《蔚蓝青岛》、山东烟台台的《黄海明珠·中国烟台》、江苏徐州台的《今日徐州》和江苏无锡台的《太湖明珠·无锡》，等等。

如今，地方电台跟国际台合作的方式越来越多，一些侨乡电台也与国际台华语中心开展了合作。在春节、元旦、中秋节等节日，制作对外特别直播节目及录播节目；一些地方台就本地区的重大事件、重大节日与华语中心进行联合直播报道；各省、市、自治区电台向华语台提供新闻稿及专题素材，由华语台选编后播出，等等。

地方台制作具有浓郁地方特色的节目通过中国国际广播电台这一平台向世界各地听众进行传播，不仅能够将地方信息传递到世界各地，使更多人了解更全面

---

① 郑钦．发挥资源优势　做足外宣文章——兼谈东南广播公司“外宣”节目的选材及制作特点．东南传播，2007（1）．

② 阎瑞桃．中国之窗——广播大外宣的成功范例．中国广播电视学刊，2008（1）．

更多彩的中国，同时也体现了地方媒体的对外传播思维，从中可以看到中国对外广播的未来力量不容小觑。

3. 地方电台于国门之外传播中国——以新疆人民广播电台为例

新疆有着特殊的地理位置，陆地边境线长达5 600多千米，与8个国家为邻，13个世居民族中有6个跨国民族，是中国边境线最长、邻国最多的边境省区之一，战略地位十分重要。由于历史原因，一些民族跨境而居，邻国又有相当数量的人与中国新疆境内的民族使用同一种语言。与新疆毗邻的8个国家的宗教信仰、民族风情、文化传统各有差异，伊斯兰教、佛教、基督教、天主教、东方正教等宗教在这些国家都有广泛的教徒。加上1991年苏联解体以后，西方国家大众传媒利用中亚五国经济衰退之机，全面进驻中亚地区，在中国新疆周边形成传播包围态势。人文地理环境的复杂性以及外界媒体的包围大大提高了新疆地区舆论引导的难度。因此，2000年起国家广电总局、财政部、国家发改委等部门和相关省区积极配合启动了“西新工程”，目标是大力改善新疆地区的广电传媒工作。据此，新疆的对外传播历史掀开了新的一页。

“西新工程”实施以来，新疆广播电视发射总功率提高了3倍，新疆人民广播电台维吾尔语、汉语、哈萨克语、蒙古语、柯尔克孜语5种语言广播由过去每天共计播出46小时增加到129小时，2004年12月1日，中国国际广播电台“国际在线”网站与新疆人民广播电台“新疆新闻在线”网站联手，共同推出维吾尔语、哈萨克语、柯尔克孜语和蒙古语等四种语言网站，通过四种语言刊发了大量宣传、介绍新疆的稿件，成为内地和世界了解新疆的重要窗口和最便捷的网上通道。“新疆新闻在线”的推出不仅为新疆维吾尔自治区少数民族群众开辟了一个了解世界的新窗口，同时也为中亚国家和地区的民众搭起一座了解新疆、进而了解中国的友谊之桥，这是中国国际广播电台和新疆人民广播电台互联网发展史上的一件盛事，也是中国对外传播的一件盛事。2005年，新疆人民广播电台维吾尔语、哈萨克语、柯尔克孜语和蒙古语广播实现了网上同步传播，该网站日点击率高达30万人次。

2004年6月10日起，新疆人民广播电台通过卫星传输方式，在吉尔吉斯斯坦国家广播电台每天提供两个小时的柯尔克孜语广播节目。7月20日起，通过卫星传输方式，每天向乌兹别克斯坦国家广播公司提供30分钟的维吾尔语广播节目。

目前，新疆对外广播节目以《中国之声》总冠名，内设《中国消息》、《中国印象》、《中国风情》、《友谊桥》、《致富路上》、《中国音乐风》6个栏目。其传播对象主要是新疆境内的外国人、周边国家的受众和生活在国外的华人。新疆民语广播电视对外宣传不只是简单的区域对外传播，它还是中国对外传播的有机组成部分，也是中国外交策略的重要组成部分。

尽管新疆人民广播电台不断拓展与周边国家电台媒体的交流与合作，提高对外传播节目落地范围和质量，但是目前新疆的对外广播还存在许多问题，从编制机构、技术设备到专业人才和传播内容，各方面硬软件条件都较弱。如节目制作方面，新疆广播电视对外传播的节目以选编、翻译已经报道过的节目为主。虽然有自己采制的内容，但比例还很低，仅占1/3。同时由于许多节目是通过录制中央电台、电视台的播出节目，这些节目的版权问题并没有得到很明确的解决，所以存在不正规、不合法的担忧。因为不能实现资源共享，还要专门派人录制节目，增加了工作量。这些方面都约束了新疆人民广播电台在对外广播舞台上发挥实力、引导舆论。[1]

除新疆以外，广西、云南、西藏等地都针对邻国听众开办了对外广播，有些还与泰国、越南、老挝、缅甸等国家和地方电台建立了交流与合作关系，进一步加强对外广播的落地。

4. 地方电台对内外宣情况——广东电台对外广播概况

广东电台对外广播最初顺应广东改革发展的需求而开播。1992年，广东电台创办了第一个全英文频道——广东电台英文台，当时该频道全天播音12小时，成为当时国内第一家省级英语电台。然而后来英语台由于经费与人才流动问题而停播，广东电台的对外广播被迫暂时停止。[①]

2002年3月1日，广东电台又开始了对外广播的新航程，通过制作每期5分钟的《广东英语新闻》节目，分别在广东电台新闻频道、城市之声、教育之声播出，每天播出11次。这是当时广东唯一的广播英语新闻，内容主要是由电台自己采集、编译的本土新闻。2003年，专题对外广播节目《今日广东》开播；2004年，广东电台对外广播的专属网站 www. radio - gd. com/english 开通，网站设计突出岭南风格，独树一帜；2005年，《广东英语新闻》每天播出的次数增加到12次，播出频道增加到4个，分别是新闻频道、珠江经济广播电台、城市之声与交通之声。2005年4月18日起，新的外国嘉宾主持谈话类节目开办，周一至周五每晚半小时。[②]

目前广东电台对外广播节目内容构成分为三个板块，新闻类节目《广东英语新闻》周一至周五每隔一小时循环播出，并在广东电台对外广播网站提供下载服务，可供听众随时收听。专题和休闲类节目包括每周一次的《今日广东》和《我的广东》，分别介绍广东文化和发展，以及外籍人士的广东生活。第三个

① 朱丽萍．新疆民语广播电视对外宣传策略．新疆师范大学学报（哲学社会科学版），2009（6）．

② 唐佳梅．广东电台对外广播的亚运策略与发展思考．新闻界，2010（1）．

板块为服务信息板块，主要通过网络展现，除了介绍广东的背景、生活、投资、办事等常规服务信息外，还分不同主题策划专题信息。至此，广东电台逐步扩展自己的对外传播节目形式和规模，针对在本地工作、学习、生活的外籍人士进行对外传播，帮助他们了解自己所处地区的新闻，传播广东文化，并进一步提高对内外宣的实力。

除了节目形式的逐渐多样化和规模的逐渐壮大外，广东电台对外广播的国际合作也蓬勃发展：2002 年《广东英语新闻》开播不到一个半月，日本 NHK 电台便邀请其加入亚洲英语新闻交换网。2003 年 2 月，德国之声电台发来请求，把《广东英语新闻》英文文稿作为其节目资料使用；同年，位于伦敦的世界广播网邀请广东电台制作一个 15 分钟的周播节目，通过其卫星和其他数字转播平台向全世界播出。就这样，《今日广东》英语专题节目通过世界广播网的卫星向美洲、欧洲、非洲及中东地区、亚太地区播出，世界各地的互联网听众也可以通过世界广播网网站（www. wrn. org）随时直接收听和下载。2004 年 6 月，加拿大国际电台开始把《广东英语新闻》中的英文文稿作为其节目资料使用。广东电台还曾和英国广播公司 BBC 合作制作反映中国学生情况的现场直播论坛《下一代》。2007 年广东电台对外广播与澳大利亚广播电台进行“中国直击——发展中的广东”跨洋直播节目合作。[①] 通过与国外媒体的合作覆盖，广东电台对外广播的受众群就从在穗的外籍人士，扩展到对广东新闻和发展有兴趣的全球听众，进一步扩大了自己的对外传播范围和对外传播实力。然而，尽管广东电台的对外传播近年来发展迅速，但由于经费、人才、管理、技术、定位和规划等各种原因，影响力仍然有限。

第三节　中国报纸对外传播概况

作为世界上最早成型和发展起来的大众媒介，报纸在对外新闻传播历史上有着非常重要的地位，是世界各国尤其是媒介发达国家进行对外传播最早采用的形式。而在中国的对外传播历史上，报纸也是中国进行对外传播实践的先驱。中国早期报人的办报理念中，就处处体现了对外传播、塑造国家形象的思想。如今，电子媒介和新媒介的兴起和飞速发展，对报纸的生存产生了巨大的威胁。然而，尽管在时效性和信息量方面无法与电子媒介和新媒介匹敌，但是报纸利用比较优

① 唐佳梅．广东电台对外广播的亚运策略与发展思考．新闻界，2010（1）．

势和版面优势，能够为受众提供深层次的信息，同其他大众媒介相比，报纸更有利于读者进行客观冷静的思考，尤其是在高度信息化的今天，报纸能够打破动态信息的限制，发挥文字的优势，为公众提供全面的信息和深刻的分析，有助于读者对事件进行更全面的认识和更深入的思考。同时，报纸通过深度报道和评论，有利于清晰明了地表达中国在国际事务上的观点与立场，进而对国际舆论产生影响。因此，在媒介现代化的今天，报纸作为中国对外传播媒介体系的一员，在进行对外传播和塑造国家形象上起着非常重要的作用。

一、中国报纸对外传播的历史发展情况

中国的对外新闻传播是在抗日战争时期起步的，在此之前，经历了一个很长的酝酿期。[①] 在中国早期报人的办报实践中，就有专门针对海外华侨和外国人而进行的办报活动，其中既有中文报纸也有外文报纸。但这些报纸主要是为了宣传革命运动或者为在华外国人服务，并没有真正起到传达中国的声音、塑造中国国家形象的作用，因此这个时期的办报活动只是处于萌芽状态和酝酿时期的中国对外新闻传播，而不是真正意义上的对外传播。

抗日战争时期（1930 年起）到新中国成立前是中国对外传播的起步阶段，这一阶段出版了多份对外新闻传播的报纸，但基本上都是为了战争服务，在抗战时期起了一定的塑造中国国家形象的作用，但是由于战乱的影响，很多报纸生存时间不长，新中国成立后这些报纸基本上都停办了。

新中国成立后到 1980 年是中国对外传播的动荡期，这一时期属于中国对外传播的“广播书刊时代”，对外广播和外文杂志占据了对外传播的优势地位，报纸的对外传播陷入低潮，只有一份创办于 1958 年的英文报纸 *Beijing Review*（《北京周报》）。《北京周报》是第一份由中国人自主创办的外文报纸，在北京出版，主要是向外国人介绍中国的政治、经济、文化等方面的情况，是当时外国人了解中国的最早的窗口之一[②]，起初只有英语版，后来发展至包括法语、德语、意大利语、日语等语种，最多时用 8 种语言出版，发行量曾达 13 万份。到了文化大革命时期，由于中国特定的政治环境，英文报纸根本没有发展空间，《北京周报》也只是在夹缝中求生存。并且由于当时中国媒体的性质发生了畸变，连篇累牍地歌颂文化大革命和一些领导人，由新闻舆论工具发展为单一的阶级斗争工具，报纸的对外传播也遭到了极大的破坏。[③]

---

① 甘险峰．中国对外新闻传播史．福州：福建人民出版社，2004. 1.

② 施芳芳．中国大陆英文报纸的对外传播现状及发展策略．苏州大学硕士学位论文，2008.

③ 施芳芳．中国大陆英文报纸的对外传播现状及发展策略．苏州大学硕士学位论文，2008.

文化大革命结束后，尤其是改革开放以来，中国迎来了对外传播飞速发展的时代，此时中国报纸的对外传播也走上了一个新的台阶，涌现了一批新的对外报刊。其中包括英语日报《中国日报》、侨报《华声报》、《人民日报·海外版》、《新民晚报·美国版》等。其中《中国日报》创办于1981年6月1日，是中国全国性的大型综合性英语日报，它的创办结束了中国自1951年以来没有英文日报的局面，成为中国对外传播的重要窗口之一，是中国对外传播系统的重要媒介之一，且影响力正在不断扩大。此外，地方性对外传播报纸的发展也是这一时期中国报纸进行对外传播发展的一个明显特征。自20世纪90年代以来，许多大中城市开始创办自己的英语媒体，如北京、上海、广州、深圳以及成都等地纷纷创办了自己的英文报纸，主要面向在本地及周边城市工作的外籍人士以及入境游客。上述地方性英文报纸也在对外新闻传播中发挥了一定的作用，甚至在某些地区产生的影响还相当大。这些地方性英语报纸与《中国日报》一起，相互补充，形成对外新闻传播的合力。

除了英文报纸以外，专为海外华侨华人及港澳台同胞服务的对外华文报纸也在这一时期崭露头角，并发挥越来越大的作用。1985年，中共中央机关报《人民日报》开办了海外版，有针对性地向海外华侨华人宣传中国党和政府的方针、政策和祖国的新面貌，传播海外华侨华人和友好人士所关心的最新信息，反映他们的呼声和要求，为他们提供资讯服务。① 而经济较为发达的大中城市也开始面向海外创办华文报纸，如上海《新民晚报·美国版》，这是中国第一份在国外编辑出版的报纸，内容丰富、信息量大，有关上海的报道及时、准确、全面，深受在美华人的欢迎。② 华文报纸对中国向海外华侨华人传播祖国的方针政策和新闻事实、展示祖国的新面貌、推广汉语文化起到了很大的作用，是中国报纸对外传播的一股重要力量。

随着新媒体日渐成熟和普及，对外传播报纸为提高自身的传播实力，纷纷走向与新媒体的媒介融合。各报开始创办自己的网络版，部分报纸还建立了自己的网站。如创办于1995年的中国日报网，是中国最早通过信息高速公路向海外读者展示中国报纸的网站。③ 目前该网站采用三种语言对外传播，依托报社丰厚资源再结合互联网速度快、范围广的优势，将中国的声音更迅速地传递给更大范围的海外读者。对外传播报纸的上网一方面体现了中国对外传播实力的与时俱进；另一方面也加强了报纸与读者之间的互动，有助于报纸进一步对外传达中国的声

---

① 甘险峰．中国对外新闻传播史．福州：福建人民出版社，2004. 243.

② 甘险峰．中国对外新闻传播史．福州：福建人民出版社，2004. 246.

③ 潘天翠．中国日报网：形象化的展示中国．网络传播，2007（2）.

音，塑造中国的形象。

经过几十年的建设，中国对外传播报刊生态系统已初具规模，形成了一个以中央级报纸（《中国日报》、《人民日报·海外版》）为主、地方性报纸为辅，外文报纸与中文报纸并举，国内办报和国外办报相结合的对外传播生态群落。随着改革开放的进一步发展，中国国际地位的进一步提高，对外传播报纸也不断调整报道方式，进行版面革新，推进对外传播报纸的本土化，创新发行方式，力求更符合目标受众的阅读习惯和阅读兴趣，更有效地向世界传达中国的声音。在传播理念上淡化“宣”字、突出“外”字，不再单一地传达官方的声音，更注重用事实说话，提高了信息的可信度和新闻的时效性与可读性。随着中国国力日渐增强，世界对中国的关注越来越多，如何通过报纸向世界各地的人们介绍发生在中国的重要事实，表明中国在国内国际事务上的立场，改变一直以来国际传播中“西强我弱”的局面，已经成为中国报纸对外传播所面对的重大课题。

二、中国外文报纸的对外传播情况

外文报纸是使用海外读者本身的语言来对外传播中国信息的一种重要的传播方式。随着全球化和信息化浪潮的到来，一个不争的事实是：越来越多来自不同国家和地区的人们在用一种语言即英语相互交流和传播思想。[①] 据统计，目前世界上有60多个国家把英语作为官方性的语言，有85%的国际组织把英语列为通用语言（如联合国、欧盟等）。无论是在使用人数还是应用范围上，英语已经在国际传播中实现了一种语言强势。因此，中国在进行对外传播时，也使用英语作为主要的传播语言，尤其是平面媒体如报纸的传播上。因此，在研究外文报纸的对外传播情况时，主要研究的就是英文报纸。

当代中国外文报纸的成长期主要是在改革开放以后。1981年6月1日，*China Daily*（《中国日报》）在北京创刊，该报是中国自1951年以来第一份也是目前唯一一份大型的全国综合性英文日报，它的创办开创了新时期中国英文报纸的新纪元，具有重要的历史意义。该报面向全国和国外发行，目前已经发行到150多个国家和地区，发行量超过30万份。[②] 经过近30年的发展，《中国日报》目前已经成为拥有十几份出版物的英文报系，对外传播实力得到了加强。此外，随着中国经济政治的迅速发展，部分中心城市如北京、上海、广州等的国际化发展也催生了当地的英文报纸。这部分报纸主要针对当地的外国人进行传播，为他

---

① 郭可．当代对外传播．上海：复旦大学出版社，2003.26～28.

② 李晨．论中国英文报纸的发展现状和发展策略．暨南大学硕士学位论文，2005.

们提供了解中国的途径，向他们传达中国的声音，实现本土对外传播。

中国外文外宣报刊系统形成了以中央级报纸为主、地方性报纸为辅的对外传播格局。目前，中央级的外文报纸仅有 *China Daily*（《中国日报》）一家日报，其下的多种出版物包括 *Beijing Weekend*（《北京周末报》），每周日出版；*China Report*（《中国专稿》），只在美国发行，随美国《华盛顿邮报》周日版发行；*China Daily Hong Kong Edition*（《中国日报·香港版》），在香港采编发行；*Business Weekly*（《商业周刊》），是一份财经类报纸，每周二出版。此外，还有一些专业性英文报纸，主要向外籍读者介绍中国的经济发展情况和招商引资信息，如《中国改革报》周日版的《招商导刊》，为彩色对开 8 版，中英文对照的《招商导刊》，是投资贸易以及招商引资领域专业报纸；《汪洋证券中国 B 股》，介绍中国 B 股最新报道，交易知识及个股研究的英文版。[①]

而地方性报纸主要有 *Shanghai Star*（《上海英文星报》），创刊于 1992 年，是上海第一份英文报纸，每周四出版；*Shanghai Daily*（《上海日报》），创刊于 1999 年，是中国内地第一份综合性彩色英文日报，周一至周六出版，周日无报；*Beijing Today*（《今日北京》），创刊于 2001 年，北京市属第一份英文报纸，每周五出版；*Beijing Review*（《北京周报》），创刊于 1958 年，创刊时仅有英文版，其后相继创办了法、西、日、德文版，现今除了英文版外，还开设有中、英、法、德、日网站，出版《中国与非洲》、《中国新闻》等月刊；*Guangzhou Morning Post*（《广州英文早报》），创刊于 1997 年，是华南地区第一份综合性地方英文报纸，每周五出版；*Shenzhen Daily*（《深圳日报》），创刊于 1997 年，是中国经济特区唯一的综合性英文报纸，每周三期；*Chengdu Weekly*（《成都日报英文周报》），创刊于 2001 年，是西南地区唯一一份综合性的英文报纸，每周日出版。[②]

1. 中央级外文报纸对外传播情况

中国中央级外文报纸以 *China Daily*（《中国日报》）为核心，面向国内外发行。但目前，除《中国日报》外，其下的外文报纸都只是少量发行，没有在海外形成一定的影响力。因此，在中央级外文报纸中，呈现出《中国日报》一报专强的局面。作为中国唯一一份进入西方主流社会的英文报纸，《中国日报》在中国对外传播体系中具有重要的地位。

《中国日报》从创办伊始，就得到了政府的重视和支持，聘请了多位外国专家针对报道的内容、版面的设置进行了全方位的指导。《中国日报》的办报宗旨是："让世界了解中国，让中国走向世界。"《中国日报》是目前中国被境外各大

① 施芳芳．中国大陆英文报纸的对外传播现状及发展策略．苏州大学硕士学位论文，2008.

② 施芳芳．中国大陆英文报纸的对外传播现状及发展策略．苏州大学硕士学位论文，2008.

通讯社、报刊、电台、电视台转载频次最高的报纸，在全球信息交流中代表中国的声音，被公认为中国最权威的英文刊物。①

《中国日报》总社位于北京，在国内主要城市设有记者站，上海设有华东新闻中心，在海外有三个总部，分别是伦敦、中国香港和美国，分别覆盖欧洲和非洲、亚洲和大洋洲、南北美洲，各类重要报道主要由本报记者采写，同时精选采用世界主要通讯社，包括新华社、路透社、美联社、法新社、彭博社以及国外主流大报《泰晤士报》、《卫报》、《金融时报》等的稿件。《中国日报》每天在北京、上海、广州、香港和纽约同步印刷，设北京版、美国版和香港版，国外读者主要包括各国政府官员，金融、商贸机构，中国问题专家，民间贸易组织管理人员及科研、教育、文化的专家、教授、学者以及一切对中国感兴趣的人士。《中国日报》是唯一代表中国加入由亚洲 14 家主要报纸组成的“亚洲新闻联盟”的成员，并通过该组织的传播途径将中国的声音覆盖亚洲 2 000 万读者。与此同时，《中国日报》运用其影响力，积极构建多种形式的中外交流平台，迄今已经成功举办了 9 次世界级企业参加的“中国日报总裁圆桌论坛”。②

随着中国国际地位的进一步提高，关注中国问题的海外人士也越来越多，作为中国对外主流媒体之一的《中国日报》就担负起了向海外人士传达中国声音的重任。多年以来，《中国日报》不断自我提升，提高新闻宣传的技巧，为让世界更好地了解中国，营造良好的国际环境，提升中国的国家形象和国际影响力作出了贡献。

（1）内容版面不断创新，打造世界一流英文媒体。

《中国日报》每周六期，周一至周四对开 32 版，周五对开 47 版，周六日合办的周末版对开 16 版于周六发行。在近 30 年的发展中，《中国日报》坚持与时俱进，紧跟时代的步伐，为能够更有效地向世界传递中国的声音而不断地摸索。从 2004 年以来，《中国日报》已经进行了 3 次大规模的全面改版和扩版。每一次改版都是为了向世界更好地展示中国、说明中国，提升报纸的国际竞争力及其在海外的舆论影响力，使《中国日报》成为与中国国际地位相称的世界一流英文媒体。

长久以来，《中国日报》一直坚持以“让中国走向世界，让世界了解中国”为办报宗旨，在每次改版中都更加注重新闻报道的深度和广度，并且在报道中更多地借鉴西方报纸的成功经验，运用多元化和个性化的语言风格，用亲切的话语

---

① 《中国日报》报系简介．中国日报广告网站．http：//app1. chinadaily. com. cn/adv/cd_ resource/CD_ JJ. htm.

② 赵楠．中国形象塑造——以《中国日报》为例．山东大学硕士学位论文，2008.

和鲜活的叙述方式去赢得读者的信任和喜爱。在2007年的改版中，《中国日报》增设一批有影响力的精品栏目，向海外读者提供立体化、多角度的国内、国际新闻解读和背景阐述，分析重大新闻事件的发展趋势和走向，并邀请一批国外知名政论家在新增的国际言论版开辟专栏，从而更有效、更有针对性地履行向世界说明中国、让中国走向世界的重要使命。[①] 2010年3月，《中国日报》进行了创刊以来规模最大的改版，不仅从内容上进行创新，连LOGO和报头也一并修改了，以全新面貌出现在世界各地读者的面前。这次改版一方面是在中国近年来经济政治发展背景下为进一步提高报纸的国际影响力而进行的创新，另一方面也是在互联网时代将报纸与网络的功能区分开来，把全方位及时的新闻覆盖交给网站，把深入的分析解读和人性化的故事留给报纸，同时在版式设计上更加符合读图时代的要求，提高网络时代的报纸的可读性和竞争力。

除了在内容和版面上进行不断的创新，《中国日报》在传播理念上也根据世界发生的变化和读者对中国的关注点的变化不断地进行调整。随着全球化的发展和中国国际地位的提升，已经不再有纯粹的中国新闻，许多在中国发生的事情都受到全世界的关注，中国新闻在很大程度上成了国际新闻。因此，《中国日报》重新定位了自己的办报方针，即“了解世界、解读中国”。在报道新闻事件的同时，进一步追踪、分析、聆听各方的意见，以中国人的角度和视角来点评事件，引导舆论，在世界舞台上发出中国的声音。

除此以外，《中国日报》还加强了对民生的重视，推出新的封面话题的栏目，关注民生，关注世界人民关注的焦点，关注老百姓关注的焦点，及时回应国际社会以及老百姓与这些新闻事件的关系，并且加强了互动性和趣味性，在评论板块开辟《碰撞》这一新栏目，让持有不同意见的人可以在上面各抒己见，使报纸言论更加多元化，更符合外国受众的阅读习惯，并且进一步提高了报纸的可信度和认同度。对事实的关注和对言论的开放有助于外国受众对中国有一个更全面的了解，有助于消除外国受众对中国的误解，使中国与世界的沟通更加流畅。

（2）报纸上网扩大传播范围。

随着互联网逐渐成为对外传播的重要窗口，《中国日报》也加强与网络媒体的合作，建立了自己的网站，通过互联网的高速度、大容量、互动性强和覆盖面广的特点以及与纸质媒体的深度相辅相成，共同向世界传递中国的声音。

中国日报网始建于1995年12月，是第一个通过“信息高速公路”将中国的报纸展示给海外读者的网络平台。中国日报网的口号是“双语资讯通天下”，

---

① 施芳芳．中国大陆英文报纸的对外传播现状及发展策略．苏州大学硕士学位论文，2008.

特色定位是“用英文向世界介绍中国，用中文向中国介绍世界”（Connecting China，Connecting the World）。[①] 经过多年的发展，目前中国日报网已经开拓了英文网、中文网和法文网三种语言的网站，传播范围进一步扩大。

中国日报网作为国家旗帜性对外网站，肩负资讯沟通的“便捷桥梁”使命。[②] 在对外传播过程中，中国日报网一改过去对外传播中常出现的生硬的说教，不着边际的夸夸其谈，或者永无休止的意识形态上的大辩论的弊病，坚持用事实说话。网站始终坚持第一时间将国内发生的大事及所有有价值的新闻介绍给国外受众，掌握话语的主动权，并且开通英语论坛让网民进行讨论，充分发挥网络的互动性；在传播国家形象上，中国日报网尊重新闻本质，据实以报，尽量避免将主观意识加诸其上。此外，中国日报网比较重视用对话的形式来传播国家形象，加强国与国之间的交流。网站常常举办各种活动来缓解中国与不同国家之间的隔阂，消除矛盾和误会。例如，在网上举办中日论坛，并和美国大使馆等部门合作，举办“对话美国”的网上互动活动，请美国的议员、政客、学者、学生、普通公民通过互联网来与中国的官员和网民对话，探讨一些共同关心的问题，从而消除双方的误会，促进和谐的沟通。

除了发挥网络实时性和交互性的特点外，中国日报网还积极进行各种技术创新，力求利用其多媒体的特性向更多海外读者展示中国的真实情况。比如在奥运会期间做了一个子网站“2008——北京”奥运网站，通过音频和视频向国外读者展示中国人的日常生活，展示中国城市的真实面貌，让所有无法亲临中国的人更直观地了解中国。

在2009年12月，中国日报网对其英文网和中文网进行了全新的改版，力求以更快捷、更吸引人的方式向海内外读者提供更多有特色、有深度、多角度的报道，全面介绍中国在政治、经济、军事、文化、社会、体育、娱乐等方面的发展与变化，让世界了解一个真实、全面的中国。新版英文网更加注重展示《中国日报》的精品内容，比如深度报道、评论、特稿等；进一步强化新闻报道的时效性，开设网络独家栏目，充分利用《中国日报》遍布全国各地的记者，及时报道全国各地的大事与新鲜事。网站改版后大量增加照片、幻灯片、视频、音频等多媒体内容，并形成初具规模的视频频道，进一步加强了视觉效果。同时评论内容也得到了强化，增开了智库频道和辩论频道，让网友们既能看到国内外专家的意见，也可以亲自就热点话题针锋相对，畅所欲言。目前，英文网“中国论坛”已经成为国内最大的英文时事论坛，是国内外网友交流思想的平台。中文

---

① 潘天翠．中国日报网：形象化的展示中国．网络传播，2007（2）．

② 潘天翠．中国日报网：形象化的展示中国．网络传播，2007（2）．

论坛和博客则主要针对具有国际视野和海外经历的高端读者，为他们提供思想汇聚的平台。

在手机媒体阅读渐成热潮的今天，为进一步贴近国际受众的阅读习惯和信息需求，《中国日报》联合中国移动公司，于2008年推出了全国第一份双语手机报，迄今已拥有50万付费用户，成为国内发展速度最快的手机报；2009年6月，中国日报网站还正式启动了英文手机网站（m. chinadaily. com. cn），全世界的手机用户通过手机上网就可浏览中国日报网站，提交新闻跟帖，参与手机互动社区讨论；2009年7月，《中国日报》双语手机报香港版正式发布上线，向香港地区手机用户发送《中国日报》彩信手机报；2009年8月8日，《中国日报》手机报"有声百科"音频内容正式上线，成为中国第一家在手机报中嵌入音频的无线媒体。《中国日报》通过开通手机报的形式进一步与网络和无线业务相互配合，共同形成立体、高效的国际传播新格局。

2. 地方外文报纸的对外传播情况

改革开放以来，地方性英语媒体的发展成为中国英语媒体发展过程中的一个明显的趋势，地方性英文报纸就是其中重要的生力军。地方性英文报纸是指中国地方性实体创办的，以英语为写作语言，以来到当地的外国人为主要受众，通过提供信息服务以实现本土对外传播的综合性英文报纸。从1991年创办的《北京周末》到2001年创办的《成都周报》，短短10年，从东到西，从南到北，中国几大经济圈的中心都有了本地英文报纸。在服务来华外国人、发挥本土对外传播功能上，各地方性英文报纸发挥了不可替代的作用，成为中国报纸对外传播的子窗口。

地方性英文报纸立足于中国各经济圈的中心城市，依附地方政府或当地大的传媒集团，这两个方面的优势一方面保证了地方性英文报纸的受众群，另一方面也使其拥有丰富的资源。另外，与全国性的英文报纸以及面向海外市场的其他英语媒体相比，地方性英文报纸在发挥对外传播的功能上有着特殊优势。首先是接近性优势。对于来到当地的外国人来说，他们对所处环境相对陌生，处于信息空缺的状态，对心理安全、生活便利以及归属感的高度渴求使得他们对信息的需求程度极大地提高，因此亟须通过媒体了解周边发生的事情，了解各种服务性信息，了解当地的风土人情、文化习俗以及当地中国人的生存状态。地方性英文报纸立足于中心城市，以来到当地城市的外国人为目标受众，报道当地的文化生活资讯，在满足目标受众的心理需求上有着得天独厚的优势。其次是传导性优势。通过在中国生活、工作、学习或者旅游的外国人与在国外的亲朋好友的交流，可以把他们在地方性报纸上接收到的关于中国的信息进一步传播出去，并且由于这些人身处现实环境，在中国信息的传播上具有"意见领袖"的作用，通过他们传达出去的信息可信度高且更易于被接受，从而达到良好的二级传播效果。因此，办好地方性英文报纸，服务好这些来到当地城市的外国人将有助于他们对所在国传导积极的信息。最后是灵活性优势。地方性英文报纸不必像全国性英文报纸那样严肃，可以更多地通过报道带有地方特色的软性新闻或对硬新闻的“软化报道”的形式，在满足来到当地城市外国人的衣、食、住、行、乐需要的同时，实现对外传播功能。

在新闻报道方面，首先，地方性英文报纸更多地关注本地新闻，尤其突出与当地外国人利益密切相关的经济、文化、外交政策等，对于外国读者而言，这些报纸的内容对他们认识自己生活的城市以及如何在自己所处城市里更好地生活提供了丰富的信息。其次，地方性英文报纸对地方文化的报道比较突出。中国文化博大精深，各个地方也有自己独特的地域文化，上海有海派文化，北京有京派文化，广东有岭南文化，成都有蜀文化。外国人来到中国的某个城市，必然希望了解当地的文化。目前，《上海日报》和《广州英文早报》在内容方面都涉及了当地文化，如前者的特写版经常会报道一些中国文化的东西，后者设有文化版。再次，地方性英文报纸内容涵盖了为当地外国人提供便利的生活服务类信息。这些信息对于来到陌生城市的外国人来说至关重要，也是地方性英文报纸灵活性的体现。《上海日报》的 *What's on* 栏目就是对上海近期举办的一些展览、赛事等活动进行预告，此外还推出了房屋租赁等分类信息；《深圳日报》的 *Leisure Highlights* 也是一个对近期深圳活动预告以及电视预告的板块；《成都周报》对这方面的内容也有所涉及。

在普及汉语文化方面，地方性报纸也发挥了相当积极的作用，比如《上海日报》开办了 *Buzz Words*（“时髦新语”）和 *Shanghai Face*（“普通上海人”）等栏目，针对层出不穷的新语言、新鲜词汇和上海本地人的普通用语，为读者提供推荐的翻译方法，让读者可以进一步了解并融入自己所生活的城市中，与该城市的居民有更畅通的交流。

为了在网络时代扩大传播影响力，地方性英文报纸也纷纷开展了与新媒体的合作，如《上海日报》以上海日报网站（www. shanghaidaily. com）为平台，着力推进新媒体建设。利用网络的快捷性和信息的海量性，更注重即时新闻、财经报道和使用服务信息，为在上海以及有意向到上海生活、工作的海外人士提供了丰富的信息。通过网络可以让海外通讯社的驻京记者更方便地从中选择所需要的信息（甚至包括尚未见报的网上即时新闻）并传播出去，加快了外宣传播速度，加大了外宣影响广度。《上海日报》通过与国外媒体互换新闻的方式实现了内容上的对外传播，将各自最佳版面内容通过计算机输送到对方媒体刊登，使对方能有最新、最精彩的信息，成为国际性的信息交换。

3. 中国英文报纸对外传播中存在的问题

尽管近年来中国英文报纸对外传播经过不断的创新和改革，在世界上产生了越来越大的影响，但是在对外传播过程中，中国英文报纸依然存在着不少问题。

（1）公信度不高。

中国媒体由于受国内新闻传播体制的束缚，长期以来在新闻传播方面受到了政策性的限制。中国对媒体的传播活动多采取事先预防的新闻审查制度，即在新闻报道前进行内容审查。如以文件的形式对某些热点话题和敏感话题作出禁止报道或限制报道的规定，这种对采编业务方面的管制虽然在一定程度上可以防止报道中出现政治失误，但会影响记者和编辑的工作积极性及创造性。而且在规定的模式和框架中，各家英文报纸的新闻报道内容和模式往往会千篇一律，不仅影响了报纸自身的风格个性，也影响了报纸的可读性和服务性。政策上的约束使中国媒体在国际社会上一直被认为是政府的“传声筒”。由于文化和意识形态的不同，外国受众对政府创办的媒体一向抱有怀疑的态度甚至有天然的抵触情绪，面对受新闻管制的中国外文报纸，这种态度和情绪会进一步加强，从而导致中国英文媒体的国际公信度不高，受众认同度也较低。

（2）语言文化差异。

语言文化差异对新闻的采编和报纸的风格都有一定的影响。由于中国人的通用语言是汉语，而汉语无论从语法上还是使用习惯上都与英语有着非常大的区别，因此中国英语报纸新闻工作者在进行新闻的采写时，难免会将汉语思维转嫁到英文新闻写作中，由此产生了“中国式英语”一说。“中国式英语”并非语法不通的英语（如在旧上海出现的一种中英文夹用被称为“洋泾浜”的英语），或者是不精通英语的人士所使用的英语，而是指书写正确、语法通顺，但带有中国味的英语。[①] 尽管“中国式英语”有一定的辨认度，能够使外国读者一眼看出这是中国人的“声音”，但是在信息接受方面仍会存在一定的困难，如一些由中文新名词直接翻译成的英文往往会对读者造成阅读困难。而文化方面的差异使得英文报纸在进行新闻选择和语言表达时会与外国读者的心理需求和阅读习惯产生一定的偏差，从而导致在外国读者中受欢迎度不高、影响力十分有限。要克服语言文化差异带来的传播困境，就需要加强英文媒体新闻工作人员的语言功底，以及加强对外国读者的文化传统、风俗习惯、历史背景的了解，借鉴知名国际报纸媒体，打造更专业的英文报纸。

（3）受众定位偏差。

尽管中国英文报纸的读者定位是外国人以及在华外籍人士，但是其实际读者

① 郭可．当代对外传播．上海：复旦大学出版社，2003. 82.

与受众定位有着一定的差异。随着全球化程度越来越高，在中国学习英文的人越来越多，而英文报纸是英文学习者学习英语最好的工具之一。据统计。国内英文报纸的读者超半数是国内的学生和白领等有英语阅读能力的读者，如《中国日报》曾做过调查，发现报纸超过50%的读者都是中国人。受众定位与实际读者之间的偏差造成了目前国内英文报纸普遍传播效果与经济效益不理想，而由于报业面临的市场压力，报纸为求生存就必须迎合市场需要，因此导致部分报纸改变了自身的受众定位，如《广州英文早报》经过改版后，将自身明确定位为面向广州白领的“精英周刊”，确定当地有英语阅读能力的中国人为目标受众，只是兼顾服务来到当地工作、旅游的外国人，其版面内容和编辑方针相应作出了较大改变，在内容和风格的倾向上会更偏向国内读者。[①] 这样的受众定位直接导致了报纸功能定位的不当，对外传播能力和效果受到极大的影响。要解决受众偏差的问题，关键还是要对目标受众的阅读喜好进行调查，根据他们的阅读习惯来更新报纸的内容和风格，提升报纸对外传播的专业程度。

三、中国华文报纸的对外传播情况

随着中国国际地位的进一步提高，世界上学汉语的人越来越多，加上中国在海外拥有数量庞大的华侨华人，他们对祖国的信息有着非常大的需求，因此，通过汉语来向这些人群传达祖国的声音，也就成为对外传播的另一个重要领域。

中国华文对外传播的受众，主要是指海外华侨华人，也包括港澳台地区的受众。其中港澳台地区由于实行有别于中国内地的社会制度，其受众在思想意识、文化背景、价值观念、接受层次、心理素质、观察内地事物的角度和立场、关心内地新闻的地域诸多方面都与内地受众不尽相同，因此，传统上一直把对港澳台地区受众的新闻传播与内地受众的新闻传播区别开来，对他们进行的新闻传播也属于对外传播。

目前，中国对外传播体系中主要的华文报纸包括中央级的《人民日报·海外版》、地方级如上海的《新民日报·海外版》等。此外，还有一些地区的媒体与国外的媒体合作，通过制作海外版或者在海外报纸媒体上开辟版面进行对外传播。如2002年《星岛日报》与上海《新民晚报》合办了《新民晚报·澳大利亚版》，面向澳洲华人群体进行传播；江苏省侨办委托中新社江苏分社制作《今日江苏》，每周一版；另外，侨鑫传媒（澳洲）有限公司出版、广州《新快报》协办的《澳洲新快报》也在2004年6月30日创刊，目前采用4开出版，主要版面

① 朱俊芳．中国地方性英文报纸的发展策略研究．南京师范大学硕士学位论文，2007.

除当地新闻外均由广州制作；《山东侨报》和《哈尔滨日报》分别与在美国颇具影响的华文报纸《国际日报》签署了合作协议，前者随《国际日报》在海外发行，后者则与其合办《国际日报·华夏商务》板块，并已成为该报在美国读者中最受欢迎的一个板块。这些都是针对中国华文报纸对外传播的形式所进行的探索，有些已取得了不错的效果。

目前，中国对外进行华文传播的历史并不长，在发展中面临种种困难，首先是华文传媒在海外大部分非华语地区处于边缘弱势地带；其次，在华语地区如港澳台和东南亚等地区与当地的华语媒介之间存在竞争；再次，海外华人群体中对华文报纸的需求程度不一，并且该受众群体存在不稳定状态。面对存在的种种困境，中国对外华文媒体一方面不断壮大自己，另一方面开创各种新的发行方式，如联手海外华文媒体，利用他们对当地语言、风俗习惯和运作机制的相对熟悉来扩大自己在海外的影响力。

华文报纸走出国门对外传播，通过向华侨华人输送祖国的信息，传递祖国的声音，对加强中华民族的民族凝聚力、激起海外华人的爱国热情、团结海内外华人起到了重大作用。

1. 《人民日报·海外版》

《人民日报·海外版》是中国共产党中央委员会的机关报，创立于1985年7月1日，是中国对外开放最具权威的综合性中文日报，是海外了解中国、中国了解世界的窗口，是沟通海内外交流与合作的纽带和桥梁。《人民日报·海外版》在北京编辑，周一至周五出对开8版，周六4版，周日无报，发行到世界80多个国家和地区。

《人民日报·海外版》的主要读者是海外华侨华人、港澳台同胞，中国在各国的留学生和工作人员、关心中国情况的各国朋友以及来华旅游、探亲、进行学术交流和从事经贸活动的各界人士。在创刊时，中国改革开放的总设计师邓小平就特地为创刊号题词“向海外朋友问好”。针对这部分海外读者的特点，即他们虽有着共同的文化背景，但毕竟长期生活、工作在不同社会制度的国家里，其价值观念、思维习惯和阅读习惯与国内读者有着很大的不同，因此，《人民日报·海外版》一直以“坚持党报性质，努力突出‘海味’为办报思想，坚持软硬结合、刚柔并济的办报手法，从海外受众的需求和阅读习惯出发来办报”①。经过20多年的发展，目前《人民日报·海外版》已经成为中国面向海内外公开发行的最主要的媒体之一。

---

① 于森. 贴近，再贴近些——《人民日报》(海外版) 副总编辑王谨谈对外报道中的“三贴近”. 对外大传播，2007 (10).

“世界，每天用中文阅读中国”，是《人民日报·海外版》办报人不懈的追求与理想。[①] 多年来，《人民日报·海外版》不断地创新报道方式，力求形成自己的特色，并且不断地扩大传播范围。以“世界了解中国的独特窗口”为目标，竭诚为海内外读者服务，不断扩大读者群和传播面。目前《人民日报·海外版》已在美国、加拿大、法国、日本、澳大利亚、马来西亚、韩国等国建有13个印刷点，发行范围达80多个国家和地区，还和13个国家中当地有影响的华人媒体合作编辑13份日报、周刊、专版，实现了再传播，扩大了传播范围。

除了扩大发行范围，《人民日报·海外版》还不断探索和创新报纸的报道内容和版面设计。创刊时，《人民日报·海外版》采用繁体字进行传播，但从1992年以后，随着简体字越出中国国界，被越来越多的海外华人社区使用，并且成为联合国使用中文的规范，在创刊7周年时正式改繁为简，用简体字进行对外传播。这一方面有助于推广简体字，另一方面也进一步规范了中国的对外用字标准。而在版面设计上，《人民日报·海外版》在近年来也屡次改革，较之早年的栏目设置，在不失庄重的情况下，更加重视版面、图片和标题，设计更活泼、更具市场感。在文章内容方面注意多用事实背景作说明，做到内外有别。部分文字报道的排版由原来的两栏改成了三栏，形式上向海外报纸风格靠近，内容上增加了头版的信息量。

在报道内容上，《人民日报·海外版》总结多年的经验，在内容选择和报道形式上更注重新闻的可读性，全方位地突出有海外版特色的新闻，突出海外读者，也就是华侨华人、留学生等关心的新闻。首先是突出处理能使中国形象增辉的重大新闻。让外界准确、全面地了解中国，了解中国的政治和经济，了解中国的社会和文化，了解中国的国情和人民的真实情况；同时突出处理与祖国统一有关的新闻，突出处理海内外关注的台港澳问题，如创刊伊始就辟有专门的“台港澳侨”新闻版。其次，摒弃过去社会新闻与党报无关的思想，更加重视各方聚焦的社会新闻，通过这些反映社会主义伦理道德的社会生活、社会风尚和社会问题来展示一个全面的中国；而在涉外新闻的处理上，突出处理事关大局的部分，并着重体现和服务于中国外交的整体策略，突出中国在国际事务上的立场。再次，《人民日报·海外版》还注重发挥报纸深度报道的优势，对重大题材的新闻进行跟踪分析，从多角度、深层次、综合性把握和揭示新闻事件的过程，以及新闻事件与社会的种种联系。通过不断地提高自己的新闻魅力，从而实现报纸的新闻性、服务性和可读性，加强对外传播的实力。

---

① 于淼．贴近，再贴近些——《人民日报》（海外版）副总编辑王谨谈对外报道中的“三贴近”．对外大传播，2007（10）．

经过20多年的发展，《人民日报·海外版》扩大了海外影响力，成为海外华侨华人了解中国信息的重要窗口之一，并且还在不断地发展创新中，为进一步扩大对外传播而不断前进。

2.《新民晚报·海外版》

创刊于1935年的《新民晚报》可以说是目前中国历史最悠久的晚报，是国内发行量最大的晚报之一，也是中国第一张跨出国门的地方性报纸。[①] 1996年11月，《新民晚报》驻美国记者站成立，《新民晚报·美国版》正式创刊。此后，《新民晚报》不断探索各种海外扩散的方式，提升对外传播实力，扩大其在海外的影响力。到目前为止，《新民晚报》在境外出版的海外版已经达到25家，除了美国版以外，还有《新民晚报澳洲专版·上海新闻》、韩语版《中国瞭望》双语杂志，以及22个与海外华文媒体合作创办的华文版面。在开办各种海外版的同时，《新民晚报》还注重为适应当地文化地域的需求而不断进行变革，从而扩大地方华文报纸在海外的影响力。

多年来，《新民晚报》一直探索对外扩散的方式，并建立了自己的一套创新模式。与《人民日报》采用《人民日报》主体与其海外版主体各自运行的方式不同，《新民晚报·海外版》在进行推广中采用了广泛的合作协同策略，目前已有四种比较成熟的扩散模式：第一种是以《新民晚报·美国版》为典型的自主制作、自主发行模式，应用于美国这个中国新移民最多、最广的地域，以上海新移民为主要传播对象，其发行遍及美国200多个城市和加拿大部分地区，核心地带在华人聚集最多的洛杉矶地区；第二种是以《新民晚报澳洲专版·上海新闻》为主的信息提供平台模式，由对方自由选择《新民晚报》的所有信息内容，对方在信息制作上不受中方的媒介立场影响；第三种是以泰国、日本等国为典型的合作模式，由《新民晚报》与当地华文报纸合作，向对方提供内容（由《新民晚报》的海外部、国际部、副刊部等对应部门直接制作版面），随合作媒体附版发行；第四种是以韩国版为典型的双语模式，由《新民晚报》与当地报纸合作，共同制作、翻译内容。通过与本土媒介之间的互利合作使《新民晚报·海外版》更有效地利用各种资源，达到资源利用的最大化，并且可以借助当地媒介的品牌优势来提升竞争力，扩大影响力。

《新民晚报·海外版》在进行受众定位时，主要选择与内地联系最紧密的内地新移民作为主要传播受众，传送这些人关心的祖国内地变化、求学生存知识、回国招商机会、异地生存经验等基本内容，与当地华人办的华文报纸的受众错

---

① 许燕．华文对外传播的生态位分析与发展策略——以《新民晚报》海外版为例看华文对外传播的创新扩散．新闻大学，2009（1）．

开，更有针对性和影响力。同时《新民晚报》也根据各地海外版出版方式的不同进行不同的读者定位。通过自主制作、自主发行模式进行传播的报纸，主要针对当地的新移民进行传播；通过信息提供平台模式出版的报纸，由于内容选择和信息制作均由对方媒体独立执行，因此主要面向广泛的与中国新闻理念无需一致的受众；而以合作模式出版的报纸，由于版面由《新民晚报》直接制作，因此具有更多的灵活性，可以根据对象国受众的文化背景和阅读习惯来进行有针对性的传播，适应于海外各国不同背景的华人读者；而双语传播模式则可对当地关注中国新闻的汉语和外语读者同时进行传播。

为了扩大对外传播效果，《新民晚报·海外版》在内容创新上也下了工夫。地方性华文报纸的最大优势就是在传播过程中突出地方性特色，《新民晚报》的各个海外版本都有《上海一周》、《中国瞭望》等栏目，让关注国内情况的读者们能够获得原汁原味的中国信息。《新民晚报》还注重整合国内和海外华文媒体的新闻资源，提供覆盖中国各地的各种重要信息，让来自不同地区的国外华人读者均能了解自己家乡的发展变化。如《新民晚报·美国版》的“祖国各地”版就成为全国各个地区对外传播的窗口，这一版面由国内多个省市的兄弟报纸轮流提供当地新闻，或按照《新民晚报》的要求编辑每日版面。另外编辑在处理一国新闻时会根据当地受众的需求喜好来操作，《新民晚报》驻美记者站以“生活在华人读者中”为目标，强化以受众为本的意识，积极争取华人读者的支持，紧密联系读者并及时听取他们的反馈意见，更好地为当地读者服务，让中国的声音在美国主流媒体中占有一席之地。另外，随着中国国际地位的进一步提高以及《新民日报·海外版》影响力的进一步扩大，海外版的读者已经从华侨华人逐渐扩大到一部分当地人士，如在美国、日本、加拿大等与中国文化交流、经贸关系较为频繁的国家，学习华语的人数越来越多，由此形成了一个新的华文读者群。因此，《新民日报·海外版》在进行对外传播时也推动了当地汉语简体字的普及，为当地华文读者学习汉语提供了辅助材料。

经过多年的发展，《新民晚报·海外版》在促进中外友好，宣传上海魅力，展示上海改革开放新形象，服务海外华侨华人等方面做了不少实在的工作，逐渐在西方社会产生影响，为其他地方报纸的对外传播提供了重要的借鉴。

第九章　国际传播的中国式建构

第一节　国际传播的发展趋势

福特纳认为国际传播系统的特点是技术、政治、意识形态和经济之间的关系错综复杂，所以这些因素的任何一个变化都会影响到国际传播的发展，同时也会影响到美国传播系统的构成元素，因为美国的传播系统与国际传播有着密切的联系，会受到全球传播环境的制约。未来国际传播的重要性将不断增加，同时对传播技术及内容的控制也会有所加强；传播观念的冲突仍然存在；国际传播系统无论多么强大，也无法为全球民众提供均等的使用机会。

美国纽约州立大学布法罗分校传播系副教授洪俊浩博士认为，国际传播的未来趋势有三点：一是传播的全球化、跨国化；二是更多地依赖于传播的高新技术；三是传播事业将朝着市场化、商业化、私有化发展。[①] 第三点不是指同时并举，有的可能所有制不变，但是传播产品实行市场化；有的私有化了但不一定做到市场化，而或许只达到商品化。结合中国学者的研究，未来国际传播将呈现以下趋势：

一、国际传播的技术性越来越强

国际传播与国内传播的明显区别就是跨越国界，穿越遥远的距离，需要现代化的技术手段才能使信息远距离、无障碍地传输，其对高新技术的要求远远超过国内传播。

国际传播的客观需要，“不断催促着传播技术的更新，而传播技术的进步又不断增添或更新着国际传播的样式”[②]。从印刷、电信、广播、电视、卫星通信到网络技术，从国际传播发展的历史来看，每一次技术的进步都会使国际传播的样式发生极大的改变。在传播的要素中，传播技术是更新速度最快的要素，特别

---

① 李晓冬．洪俊浩教授谈国际传播研究的现状与未来．国际新闻界，1997（4）．

② 张允若．国际新闻传播：跨世纪的飞跃与挑战．国际新闻界，1998（2）．

是在高新科技时代，传播技术的进步由于数字革命以及电脑、电信和视听业技术的融合而加快了步伐，媒介融合已经成为现实。通信系统实现了高度一体化，电话传输和电视图像不用再通过各自单独的频道进行。新的信息技术和电信资源之间的结合日益密切，电信邮政系统、电报、海底电缆等技术一直支撑着国际传播系统，未来电信与新闻传播系统将会更加密切地融合在一起。网络成为一个交互性、多媒体的平台，国际信息网络特别满足了国际传播在跨越时空和国界的强烈要求。然而只有当高性能的电路普及后，网络本身的优势才能表现出来，特别是在国际传播中，跨国、跨洲的电路是关键的要素，以往的海底电缆被光缆线路所代替，技术专家认为“光纤提供的高速长距离通信系统的性能优于电缆系统和卫星系统，这种系统数量激增，所以国与国之间、洲与洲之间及时区与时区之间的界限将继续得到消除”①。1988 年第一条跨越大西洋的海底光缆建成；1990—1997 年有 121 个世界范围海底光纤系统开通；1999 年 Kessler 市场情报公司（KMI）的报告称在 1998 年有 97 个国家和地区连入海底光缆，预测在 2003 年左右将有 134 个地区和主权国家连入海底光缆。② 光缆的建设需要极高的成本，但是它的多少标志着一个国家对外信息的密集度，如今世界各大洲基本上都通过光缆联系起来。国际信息数量的增多加大了对频宽的需求，网络由电路交换技术向 IP 路由网络迈进，促使陆地与海底光缆网络容量不断攀升。国际传播技术的发展使得提供视频、高速数据、高分辨率图像传输成为可能，使各种信息以文字、图片、音像、动画等多种样式，全天候迅捷流畅地在世界各地传播。未来的要求是“建立一个能同时、快速、廉价地在源头与接收点之间传输几种不同传输材料的国际系统，并且能从一种传输系统转换成另一种传输系统。例如，从一国的国内电话系统进入国际卫星或光纤线路，然后再进入另一国的国内电话或数据传播系统”③，而且卫星和光纤技术将互相补充。国际卫星系统将会逐渐统一，卫星直播电视和广播技术仍有很大的发展空间，原来的模拟设备逐步被数字化系统所取代，图像和声音更加清晰，具有较强的抗干扰性，能够更多地使用频道资源，为用户和终端之间更快速的交互反应扫清了道路。

然而传播技术并不能惠及所有的国家和所有的个人，“无论国际传播系统的能力有多大，多么复杂，或多么完整，它本身仍然无法为全球民众提供均等的机

① 海底光纤系统数量将翻一番．光纤与电缆及其应用技术，1992（3）．

② 海底光缆迅速增多．光电子技术与信息，2000（1）．

③ ［美］罗伯特·福特纳．国际传播：“地球都市”的历史、冲突与控制．刘利群译．北京：华夏出版社，2000. 289.

会。单凭传播技术也无法形成地球村”[①]。国际卫星电视的卫星信号虽可覆盖全球，但因接收天线和机顶盒在部分国家受到严格的控制，信息的传播在全球并未真正落地；计算机硬件和软件的价格和高昂的网络使用费限制了互联网的应用范围；发展中国家缺乏新技术的知识和人才，也缺乏充足的资金建设国际传播的基础设施，因此将会在技术方面更加依赖发达国家。

传播技术的变革“不仅影响到我们使用新技术的方式，而且影响到我们对其服务的使用及使用目的”[②]。使用网络的网民数量急剧增长，瑞典 IT 服务公司 Pingdom 对 2011 年的全球互联网数据进行了汇总，全球网民总数为 21 亿，中国以 4.85 亿的网民总数位居全球之首[③]。也就是说，全世界有 30% 多的人在使用网络，网络已经成为人们获取信息的主要形式。中国互联网络信息中心 CNNIC 发布《第 29 次中国互联网络发展状况调查统计报告》，截至 2011 年 12 月底，中国网民规模达到 5.13 亿，互联网普及率达到 38.3%。国际信息网络带给传播的革命性的深刻变化，以及它在全世界的迅猛发展势头，使之未来必然在国际传播中占据主导地位。

传播技术的发展也会引起新的国际传播规则问题，一方面要统一各种网络及其接入和输出的技术标准，避免对知识和专利各自为政的垄断；另一方面又要保护各种知识产权，使技术能够更大范围地为人类服务。

二、国际传播的商业化

1. 各国传播体制的商业化趋势

一直到冷战时期，国际传播的政治性目的都是非常强烈的。冷战结束后，国际形势发生了巨大的变化，国与国之间的竞争首先是经济实力的竞争，发展经济成为各国的首要任务，许多国家的传播系统开始朝着私有化、商业化的趋势发展。20 世纪“80 年代以前，官办国际广播电台在国际传播中占有绝对主导地位。80 年代以后，西方国家广播电视媒体经过激烈的市场竞争，一些大型传媒在竞争中胜出，并在以后不断的购并融合浪潮中形成跨国媒介集团”[④]。许多国家，特别是在欧洲，已纷纷开始将其国家广播和电视系统私有化。例如，法国、

---

① ［美］罗伯特·福特纳．国际传播：“地球都市”的历史、冲突与控制．刘利群译．北京：华夏出版社，2000. 275.

② ［法］洛特菲·马赫兹．世界传播概览．师淑云等译．北京：中国对外翻译出版公司，1999. 25.

③ 2011 年全球互联网数据汇总：中国 4.85 亿网民居首．http：//www. ithome. com/html/it/9407. htm，2012 - 04 - 03.

④ 吴玉玲．新技术条件下国际传播的发展变化．新闻与传播研究，2001（4）.

西班牙、意大利和英国都增设了私人广播电视用以补充国营系统，或卖掉部分国家广播电视系统使之成为私有化的开始。有些国家如英国，也开始进行国有电信网络的私有化。国际上将这一进程称之为“撤销管制”[①]。

如今在发展中国家甚至社会主义国家，媒体的商业化趋势正方兴未艾，美国以赢利为目的的商业化模式开始为多数国家所效仿。如尼日利亚的广播网中已经引入了商业机制，苏联和东欧社会主义国家解体后也都走上传媒商业化的道路。俄罗斯在公开化和民主化时期造就了一批传媒大亨，虽然普京时代政府加强了对传媒的国家控制，但市场化成为不可逆转的趋势。在跨国商业性媒体强大竞争力的冲击下，一些公营、官办媒体也朝着商业化方向发展。在政府的推动下，“‘公共’广播电视网和国有的电信实体也逐渐转向以赢利为目的，甚至政府所属的机构也引入了赢利的观念”[②]。

20 世纪 80 年代，中国传媒业开始了市场化的转型，媒介逐渐由政府拨款转向市场化运营，开始依靠广告生存。1996 年，中国第一个媒介集团广州日报报业集团成立，“标志着我国媒介在个体实现市场化的基础上终于又开始进入规模经济的时代”[③]。此后不断加深对文化体制的改革，鼓励和支持非公有资本进入互联网服务、新闻出版单位的广告和发行等文化服务领域。2009 年新闻出版总署的《关于进一步推进新闻出版体制改革的指导意见》，目标是全面完成经营性新闻出版单位转制任务，建立现代企业制度，在企业内形成有效率、有活力、有竞争力的微观运行机制；推动跨媒体、跨地区、跨行业、跨所有制的战略重组，开拓融资渠道，培育一大批骨干出版传媒企业，打造新型市场主体和战略投资者等，说明中国的传媒“正从由‘事业性质、企业经营’，向‘重新确立市场主体，实现公益性媒体和经营性媒体两分开’转变”；“向建立现代企业制度，构建充满活力、资源整合的传媒产业市场发展机制、打造国际传媒集团转变”[④]。

网络媒体天生具有商业性，它诞生于传媒商业化的时代，因而全世界的网络媒体大部分都是商业性的。传媒体制的商业化伴随着国内媒介市场的部分开放，允许境外跨国传媒集团进入。而西方国家控制的世贸组织协议不断地要求成员国开放市场，降低对信息产品的关税。跨国商业性媒体的不断壮大，以及发展中国家境内跨国媒体的加入，将使国际传播竞争更加激烈，并且信息传播渠道增多，

---

① ［美］罗伯特·福特纳．国际传播：“地球都市”的历史、冲突与控制．刘利群译．北京：华夏出版社，2000. 264.

② ［美］罗伯特·福特纳．国际传播：“地球都市”的历史、冲突与控制．刘利群译．北京：华夏出版社，2000. 300.

③ 胡正荣．后 WTO 时代我国媒介产业重组及其资本化结果．新闻大学，2003（3）.

④ 严功军．当前我国新闻体制改革的新趋势．西南民族大学学报（人文社会科学版），2009（10）.

加速了信息量的增长。但是媒体的商业化也给国际传播带来一些影响，“影响到传播通信产品的购买、国际传播通信法规、知识产权问题、商业贸易和对文化侵略的恐惧。”①

2. 国际传播内容的娱乐化

政府控制管理的对外传播政治性较强，传播风格一般比较严肃。传媒的商业化带来市场竞争，而国际传媒的进入加剧了媒介的国际竞争，媒体将发行量、收视率视为生命线，内容不得不随公众的兴趣而变化。为了吸引眼球，传媒内容向煽情、刺激性方向发展，即使严肃的硬新闻也变得趣味化、戏剧化，大部分国际新闻只有负面报道才能吸引人，而严肃的国际政治新闻报道也被恶搞成为全球娱乐的对象。

由于发达国家市场化进程较早，娱乐化程度较深，而且将其推行到世界，引起发展中国家传媒的模仿，国际传播从20世纪90年代整体呈现娱乐化趋势，如国际传媒对辛普森杀妻案、戴安娜王妃之死和克林顿丑闻案的追逐报道。电影、唱片和广播、电视、网络都以娱乐为目的，而且问题不在于这些媒介展示具有娱乐性的内容，而在于所有的内容都以娱乐的方式表现出来。其中电视作为一种快乐媒介，其带来的娱乐化更加严重，“不管有的新闻看上去有多严重，它后面紧跟着播放的一系列广告都会在瞬间消解它的重要性，甚至让它显得稀松平常”②。

商业传媒的本质是追求利润，在市场的利诱下，传媒已经从以往的“守门人”变成了反常、黄色和暴力新闻的追逐者。过度娱乐化导致媒体在逐利的过程中放弃社会责任，而且将会对国际社会和消费者产生不良影响，受众在潜移默化中丧失了对现实社会的深度思考能力，也丧失了基本的人文关怀。

3. 国际传播的个性化服务

由于国际传播的受众具有不同的意识形态、价值观念和文化风俗，使用不同的语言、完全相同的传播样式和内容已经不能取得最佳的传播效果，因此传播方式、传播语言和传播内容等都开始针对特定的受众群体而变化。西方发达国家传统的媒体已经开始根据特定的传播对象定制传播内容和广告，四大通讯社——美联社、合众国际社、路透社、法新社——“针对特定的世界市场创立了各种语言的业务，并且在各自认为最有利可图的领域加强了它们的活动”③。它们还为

① ［美］罗伯特·福特纳．国际传播：“地球都市”的历史、冲突与控制．刘利群译．北京：华夏出版社，2000. 300.

② ［美］尼尔·波兹曼．娱乐至死．章艳译．桂林：广西师范大学出版社，2004. 135.

③ ［美］罗伯特·福特纳．国际传播：“地球都市”的历史、冲突与控制．刘利群译．北京：华夏出版社，2000. 158.

特定的客户收集其所需要的信息和数据。

网络的出现为有针对性的传播提供了更便利的工具，网络数字化的信息传输和电脑、电视、电话三个终端的合一，使得为客户制作具有个性的传播内容更加可行。商业性网络可以在特定的时间里，针对特定的观众，播出特定的节目。随着网络用户的不断增长，面对浩瀚的信息海洋，用户对个性化信息的需求也在增加，只为受众提供同质化的信息产品已经不能适应受众需要，而要为特定的受众群甚至个体、大的客户定制个性化的信息产品和提供个性化的信息服务，出版报纸杂志的地方版本，使用当地语言播送境外电视频道，甚至专门制作地方节目。如美国国家广播公司新闻频道 MS - NBC 按照用户文化上的要求推出新闻专页，针对德国、法国、日本、俄罗斯等国的用户；英国游戏节目《谁想做百万富翁》（*Who Wants to Be a Millionaire*?）已经登陆50多个国家，而且在每个国家和地区的版本都不一样，美国版本的《百万富翁》已经成为美国广播公司及其母公司迪斯尼公司历史上赢利最高的电视节目，香港亚洲电视也依靠这档节目打败了竞争对手无线电视的“香港小姐”竞选节目，创造了收视神话。

广告是新闻机构的命脉，网络广告迅猛上升成为赢利的主要手段，但是有效的广告针对特定的消费者，而科技公司掌握了有针对性广告的数字空间，美国皮尤调查中心“卓越新闻项目”发表的《2012 新闻媒体的状况》（2012 *State of the News Media*）报告称“科技公司如谷歌、亚马逊、Facebook 和苹果如今控制着新闻的未来”①。因为这些科技公司利用在互联网上收集到的个人数据直接播放针对特定消费者的广告，而传统媒体在这方面做得还不够，22 家顶级新闻网站中，大多数网站没有针对特定消费者的广告，只有三家网站——CNN、纽约时报和雅虎新闻拥有类似广告。但是由于新闻传媒传统的信息和数据的优势，如果努力可能会赶上。

三、国际传播的环境将更加复杂

国际传播不仅受到各个国家政治、经济、文化、人口结构、地理结构诸多因素的影响，而且还会受到国际环境整体气候的影响，所以国际传播是在一个复杂的环境中运行，要从整体上进行把握，以全球的眼光去认识它，了解其存在的问题。

1. 国际政治环境的多变

随着冷战的结束，东西方紧张关系得到缓解，但是南北之间的经济差距和文

① 皮尤调查：科技公司控制着新闻的未来. http：//news. dayoo. com/finance/201203/19/54391_107917757. htm，2012 - 04 - 03.

化冲突不断。在后冷战时期，国际意识形态的斗争仍然比较激烈，特别是美国在全世界推进民主，导致国际局势动荡加剧。进入 21 世纪以来已经有十几个发展中国家发生“颜色革命”之类的事件，发达国家因为种族冲突、贪污舞弊和经济危机也不断发生各种骚乱。非战争性质的政权转变成为民主时代的正常形式，而这往往伴随着大规模的示威游行甚至暴力冲突，从而为国际传播提供了更多的报道素材。

跨国传媒在国际传播中所占的地位越来越重要，在这些革命和骚乱中，它们既是报道者又是鼓动者。西方国际传媒虽然追逐商业利益，但在根本上仍然是推行资本主义的生活方式和价值体系。由于它们潜移默化的宣传影响，很多国家的“民主革命”都是它们鼓动甚至直接策划的结果；而在“民主革命”事件发生后，它们又在第一时间煽风点火，使事态更加扩大化，并在政治利益上谋求更大的利益。

发展中国家为了抵御发达国家的传媒霸权，必然会加强对信息进入的控制，所以出于意识形态的控制和反控制仍然是未来国际传播的焦点。

2. 电子商务的自由流通

知识经济时代的重要特色就是以传播媒介为核心的信息产业成为社会的主流，信息正在取代物质资源而成为创造财富的主要源泉，谁最快地拥有最新的信息、知识，谁就将成为商业世界新的主宰者。媒体不仅是世界经济一体化的一部分，而且在全球化过程中位居核心地位。

未来社会的经济活动将主要在高度发达的信息传播网络中进行，网络经济的发展速度使其很快就有可能超越传统市场。艾瑞咨询集团的中国互联网经济报告显示，2011 年中国网络经济达 2 452.6 亿元，远远超过实体经济的总增速，而且对实体经济的渗透逐渐加深，其发展趋势是网络视频将成为与电视视频并驾齐驱的主流媒体，网络广告是所有广告形式中增长最快的。[①] 中国统计局公布的 2011 年中国 GDP 总值是 471 564 亿元，其中网络经济所占份额为 0.52%。而同为发展中国家的印度网络经济发展最快，波士顿咨询集团的报道称，印度网络经济收入有望在 2016 年达到 10.8 万亿卢比，增长速度远远高于其他发展中国家。据波士顿咨询集团“Connected World”系列的一篇报道，在 2010 年的整体经济收入中，印度网络经济收入为 3.2 万亿卢比，占 GDP 的 4.1%[②]，网络已成为印度第

① 阮京文. 势不可挡——中国互联网经济解读. http://wenku.baidu.com/view/651b1009f78a6529647d53e7.html.

② 印度网络经济发展迅猛. http://news.163.com/12/0401/11/7U0KE6GB00014JB5.html，2012-04-03.

八大行业，超过矿业及公共事业。亚洲由于拥有最多的网民，是电子商务最大的具有发展潜力的地区之一，也是发达国家争夺的主要市场。

在经济全球化的带动下，媒介经济的全球化也如火如荼，跨国商业性媒体已不再是单纯搜集、制作和传递信息的机构，而是以信息为主要产品的经济实体。各国媒体持续不断的集团化、规模化、跨行业化的合并浪潮，以及传媒大亨的跨国媒体收购行为，促成了超大型跨国信息产业集团的形成。这些跨国商业媒体集团凭借其经济实力和发达的技术，为了在发展中国家谋取最大的利益，对发展中国家的要求从“信息的自由流通”转向“电子商务的自由流通”，并通过世贸组织打破各国的贸易壁垒。没有限制的国际信息和传播的自由流动，不仅使他们获得巨额的利润，而且直接造成世界经济的寡头垄断。美国就曾称，将“通过覆盖全球的网络来控制世界上每个人的喜怒哀乐，控制财富和国家安全的源泉信息，利用可以操作的途径来控制世界”①。

3. 发展中国家国际传播实力的崛起

随着发展中国家经济实力的增强，其传媒也逐渐走上世界舞台发出自己的声音，具有一定的影响力，如中国新华社、卡塔尔半岛电视台等。但它们不可能在短期内完全赶上西方媒体，在国际舆论中也存在不被理解和接受的状况。

随着网络的普及，占人口多数的发展中国家的网民将会影响国际传播的走向，发达国家跨国传媒的主导力量将会受到挑战，如在 2009 年伊朗的选举骚乱中，虽然伊朗实行信息封锁，关于骚乱的各种消息还是通过 Twitter 和英美的公共电视 BBC 和 NPR 向世界扩散，但是作为商业性的跨国传媒 CNN 却出现了异乎寻常的沉寂，以致 Twitter 上出现话题标签“失败的 CNN”（#CNN Fail#），说明“本地人已经获得了报道自身新闻的力量，不管是通过 Twitter、Facebook、博客还是手机。CNN 的专有进入权被极大瓦解了”②，也表明人们对商业性传媒一定程度的不认可。

4. 文明冲突仍然是国际传播的困局

亨廷顿提出的文明冲突论认为，不同文明之间的冲突将成为全球未来战争的导火索，“文化和文化认同形成了冷战后世界上的结合、分裂和冲突模式”。历史上的不同文明及其均势正在发生变化，“西方国家的普世主义日益把它引向同其他文明的冲突，最严重的是同伊斯兰和中国的冲突”③。“9·11”事件和中东、非洲的“颜色革命”似乎都证明了他的预言。不过他的论断也引来不少争议，

---

① 吴玉玲．新技术条件下国际传播的发展变化．新闻与传播研究，2001（4）．

② 胡泳．Twitter 与国际新闻的倒掉．中国企业家，2009（13）．

③［美］塞缪尔·亨廷顿．文明的冲突与世界秩序的重建．周琪等译．北京：新华出版社，1998.5.

不管中国人是否承认，中国与其他文明的冲突将成为未来的主要冲突，在西方人眼中，中国将是未来最大的竞争对手。

从某种意义上说，文明的冲突未必是一件坏事，从历史上来看，各种文明都是在不断的冲突和融合中进步、发展的，与世隔绝的文明不可能发展壮大、长久生存。而一个开放的社会文明会不断地汲取其他文明的长处。国际传播的背景就是跨文化传播，国际传播的内容也都是文化产品，国际传播一方面加快、加深了不同文明间的交流和理解，另一方面也带来不同文明的碰撞与融合。文明程度较低的文化容易被文明程度较高的文化所同化，因而在全球化的过程中处于劣势地位，但是没有一种文明是劣等的，任何文明都有其存在的理由，应该得到其他文明的尊重。

文明的冲突使国际传播的内容和方式都面临着考验，稍有不慎，就可能由于报道引发国际冲突，如2002年在尼日利亚举行的“世界小姐”选美大赛，本来就与该国的伊斯兰教义有冲突，而当时的一篇报道更因为亵渎其宗教情感导致全国骚乱。又如，中国国内民众和海外华人抗议西方媒体对西藏“3·14”事件的失实报道。

第二节　中国国际传播研究的特色

一、国际传播研究现状

国际传播学对于中国来说是个新课题，20世纪80年代只有零星的国际传播会议和文件介绍，到90年代才开始正式的国际传播研究。截至2012年4月2日，以“国际传播”为题名在中国期刊全文数据库、世纪期刊中进行搜索，共有485篇论文，其中去掉29篇武术、6篇通货膨胀等无关文章，应有450篇；再去掉大概1/4的重复率的话，可能只有300多篇。另外，以国际传播研究的具体内容为题名进行搜索，“全球化”有25 708篇，“文化软实力”有1 486篇，“国家形象”有954篇，“公共外交”有304篇（其中与国际传播相关的文章有85篇），“世界体系”有265篇，“文化霸权”有226篇，“文化帝国主义”有121篇，“现代化（结果中用‘传播’再搜索全文）”有65篇，“传播政治经济学”有38篇，“媒介帝国主义”有11篇，“国际（世界）传播（信息、舆论）新秩序”有5篇。从中可以看出中国学者对国际传播相关话题的研究和关注程度。

一些学者将其对国际传播的研究写成了著作或者教材，主要有刘继南《国际传播——现代传播文集》（2000）、蔡帼芬等《国际传播与媒体研究》

（2002）、程曼丽《国际传播学教程》（2006）、关世杰《国际传播学》（2004）、郭可《国际传播学导论》（2004）、王庚年《国际传播探索与构建》（2009）、田智辉《新媒体环境下的国际传播》（2010）等。2011年是国际传播研究著述最多的一年，数量之多超过以前的总和，主要有陈韬文等《与国际传播学大师对话》、任孟山《中国·传播·世界：国际传播与国家主权》、胡正荣等《世界主要媒体的国际传播战略》、刘燕南等《国际传播受众研究》、刘利群等《国际传播概论》、张艳秋等《国际传播策划》、刘笑盈等《国际传播史》、关世杰《跨文化交流与国际传播研究》、王庚年《国际传播发展战略》等，另外还有很多研究国家形象及其他与国际传播有关的著作。由于中国国际传播又称为对外传播，一些对外传播的专著在20世纪80年代就已经出现，如段连成的《对外传播学初探》（1988）、沈苏儒《对外传播学概要》（1999）、郭可《当代对外传播》（2003）等。

关于宏观的国际传播研究，刘继南的《国际传播——现代传播文集》是早期国际传播研究成果汇集，主要分为国际传播理论与实践、国际传播的态势与对策、国际传播与跨国文化、国际传播纵横谈四个部分，涉及舆论安全、国际传播秩序、中国国家形象、对外传播技巧、国际传播态势、国外传播体制、传播在国际关系中的作用等问题，构成了国际传播研究相对完整的体系。

锆书锴（2011）通过对2001—2010年《新闻与传播》杂志的文献研究对中国的国际传播研究进行了总结，归纳出中国学者关注的三大主题：全球化时代与中国立场、跨文化传播与中国议题、中国软实力与国家形象。①

其他的研究还包括国际传播人才培养、其他国家的国际传播经验、国际传播能力及战略研究、中国电影文化的国际传播，另外比较多的是广播电视和网络等媒介的国际传播实例研究。

中国的国际传播概念和学科归属还存在比较混乱的情况，从早期的对外宣传到对外传播、国际传播、全球传播、世界传播等名目并存，而且都号称有自己的学科体系，但实际上都是跨越国界的国际性传播，因此本书将它们统一归属于国际传播。

二、重点主题的研究

在国际传播内容的研究方面，中国学者探讨较多的是全球化、国家形象、公

① 锆书锴．国际传播10年：理论研究述要与思考——基于2001—2010年《新闻与传播》的文献研究．东南传播，2011（10）．

共外交等方面，所以本书对此进行重点介绍。

1. 全球化

2001 年中国加入 WTO，掀起了对全球化研究的热潮，在研究中除了运用新闻学和传播学理论外，还从公共关系学和舆论学、政治学、管理学、文化学、经济学等不同学科视角进行研究。前期的研究主要是从全球化的概念定位开始，进而对全球化概念的发展历史、全球化影响进行研究，从 2006 年左右开始，对全球化本身的讨论已经没有意义，学界主要是将全球化作为一种背景、语境进行国际传播其他领域的研究，包括公共外交、国际新闻传播、政府传播机制、文化全球化与民族文化、媒体的全球化与本土化及民主化、国家形象等。所以全球化研究是从两个层次进行的，第一层次是对全球化本身的研究，包括全球化与国家权力、全球化与多元化等；第二个层次实际上是在全球化背景下研究国际传播的方方面面。

黄旦（2002）对新闻学界著名的杂志《新闻与传播研究》、《新闻大学》、《现代传播》、《国际新闻界》1999—2001 年关于全球化的文章进行归纳，发现呈现出以下特点：第一，以西方的媒介尤其是美国的媒介为研究对象；第二，重点是媒介集团，尤其是新近实行兼并的大媒介集团；第三，最终关注这些集团对世界各国尤其是发展中国家的影响。当全球化在第二个层次上进行研究时，“很容易看出，当‘全球化’成为一种认识框架和背景时，中国的新闻传播学者几乎无一例外地运用‘机遇和挑战’的既定话语结构，区别仅在于论述中对此二者的偏重不同。另一个特点是，无论挑战还是机遇，大多数文章都不是建立在充分的调查或资料数据基础上，而是以宏观的抽象概括和预测为主”。因此他总结出中国新闻与传播领域关于全球化研究的基本逻辑思维走势是“全球化—媒介集团—扩张—文化帝国主义—机遇和挑战”①。

此后的研究也大致沿用了这个逻辑，只是最后上升到全球化背景下中国的国际传播战略，如胡南认为经济全球化时代国际传播意识由对抗转向服务和市场化，国际传播呈现出多元化倾向，使得国家对国际传播的控制与管理难度增大，中国国际传播的战略构想应该实现从防御型向主动型国际传播理念的转变。②

2. 国家形象

国家形象概念是中国学者在 20 世纪 90 年代提出的一个独特概念，从此成为中国学者研究的一个热点问题，1999 年 12 月，清华大学国际传播研究中心召开了“21 世纪中国国际形象的构建”研讨会。关于国家形象的论著也非常多，其

---

① 黄旦．全球化：中国新闻传播学者的理解与构想——转型期中国媒介研究扫描．新视野，2002（11）．

② 胡南．经济全球化背景下的中国国际传播战略构想．经济视角，2011（5）．

中以北京广播学院出版社出版的系列国家形象有关著作为代表，如刘继南等的《国际传播与国家形象》（2002）。近年不断有新的著作出现，如2005年张昆的《国家形象传播》，2011年胡晓明的《国家形象：探究中国国家形象构建新战略》、李智《中国国家形象：全球传播时代建构主义的解读》等。2011年1月胡锦涛主席访美期间在纽约时报广场播放的中国国家形象宣传片，更使对中国国家形象的热议进入高潮。

具体的研究集中在对国家形象定位、媒体传播与国家形象的关系、文化软实力与国家形象、中国国家形象的建构、大型媒介事件与国家形象推广、其他国家形象塑造的经验等方面，主要从国际关系学、公共关系学、心理学、社会学、传播学等学科切入，各种研究总体的结论是“我国的国家形象存在诸多问题，国家形象有待改善”①。

国家形象研究存在的问题主要表现在：第一，对国家形象的定位不清，将国家形象与民族形象混为一谈，出现“泛化”或者“狭义化”② 两种极端，泛化是将中国所有的一切都上升到国家形象的高度来认识，狭义化是研究者集中于传播学领域。第二，过于强调意识形态，“主要建立在‘西方—东方’、‘发达国家—发展中国家’二元对立的思维模式基础上”③，集中在对西方妖魔化的批判。第三，大多是对策性研究，而理论上升不够。“对于国家形象的构建几乎是在理论缺失的状况中进行的，一方面‘成果’数量颇丰，另一方面，从理论的系统和高度来看，研究总体还显得相当滞后。”④ 第四，研究方法主要是描述性的定性研究，缺乏量化研究。目前中国的研究已经从二元对立的固有模式向外拓展，趋向多元化，对策研究更具可操作性。

中国国家形象的研究注重从政府的角度，或者从西方人眼中看中国，因而出现了过分注重意识形态或者妖魔化的倾向，而缺乏从企业和公众的角度进行研究，实际上西方早就对企业形象、公众形象进行了研究。

3. 公共外交

中国近年来公共外交的实践成绩斐然，极大地提升了中国的国际地位和影响力。2009年7月，胡锦涛主席在第十一次驻外使节会议上发表重要讲话，论述了公共外交在中国外交工作中的重要地位和作用，稍后国务院新闻司的“公共外交处”升格为“公共外交办公室”，从而使公共外交研究走向新的台阶。公共

① 李彦冰，荆学民．国家形象传播研究的几个问题．国际新闻界，2010（6）．

② 李正国．当前国内学术界对国家形象的研究现状．宁夏党校学报，2006（1）．

③ 孙卫华，王晓璐．国家形象传播研究的成果与不足．传媒观察，2012（1）．

④ 李正国．当前国内学术界对国家形象的研究现状．宁夏党校学报，2006（1）．

外交的研究与国家形象的研究不同，由两位从事公共外交实践的权威人物参与，即外交部部长杨洁篪和前国务院新闻办主任赵启正，使公共外交的研究很好地将理论与实践结合起来。

赵可金的著作《公共外交的理论与实践》（2007）对公共外交的历史条件、核心理论、组织体制、资源基础、具体形态以及实践操作等方面进行了系统的考察，被认为是国内第一本系统研究公共外交理论与实践的学术专著。

2011 年赵启正的著作《公共外交与跨文化交流》对国家文化软实力、国家形象、异国文化传播、网络外交等热点问题进行了深入浅出的理论阐述，辅助以很多生动的案例。杨洁篪对公共外交的概念和中国特色的公共外交进行了总体的概述，认为公共外交“通常由一国政府主导，借助各种传播和交流手段，向国外公众介绍本国国情和政策理念，向国内公众介绍本国外交方针政策及相关举措，旨在获取国内外公众的理解、认同和支持，争取民心民意，树立国家和政府的良好形象，营造有利的舆论环境，维护和促进国家根本利益”①。中国是以中国特色社会主义理论特别是中国特色外交理论为指导，以促进中国与世界的共同发展、共同繁荣为目标。韩方明出版了第一本有关公共外交的教科书——《公共外交概论》，而欧亚、王朋进的《媒体应对：公共外交的传播理论与实务》则从媒体的角度论述公共外交的传播。

论文方面，对公共外交的研究主要从国际关系和国际传播两个视角进行，涉及公共外交与国家形象、国际软实力、对外宣传以及对他国公共外交的经验介绍等。具体的研究主要集中在中国公共外交发展的困境和原因、中国公共外交特征、有中国特色公共外交的架构、公共外交的话语体系及策略等方面，而且当前的研究已经从以政府为主体的公共外交扩展到全民外交。

三、中国式国际传播理论

中国学者在研究国际传播的过程中提出了一些有中国特色的概念和理论，成为国际传播亚洲学派的重要组成部分。

1. 妖魔化

1995 年 12 月初，美国阿尔弗莱德新闻基金会的一本内部小册子收录了李希光在美国写的文章《美国传媒是如何妖魔化中国人民的》，提出“妖魔化中国”这一命题，并很快成为美国政界、学术界和新闻界的一个热门话题。1996 年，李希光和刘康等人写的《妖魔化中国的背后》在中国出版，迅速成为热销书目，《华盛顿邮报》曾发表整版书评，多家权威媒体都进行报道与评论，“妖魔化中国”

① 杨洁篪．努力开拓中国特色公共外交新局面．求是，2011（4）．

成了一个流行的概念，也是中国读者在面对西方批评中国时最常用的定性用语。

"妖魔化"最初专指"那些让人在政治上、道德上、种族上和文化上产生厌恶和仇恨中华民族的新闻报道和言论，比如，'中国威胁论'的宣传、支持西藏和台湾独立的言论、把中国人形容成屠杀少数民族的法西斯的报道等"。但是后来这个词被滥用在任何负面的、贬义的报道上。李希光澄清说"我从不认为报道和揭露中国的腐败问题、艾滋病问题属于'妖魔化'"①。

台湾、香港等学者也承认美国媒体对内地甚至台湾报道存在妖魔化的现象，但是美国的新闻界不承认这种现象，认为他们的新闻理念就是坚持客观报道，负面新闻具有新闻价值所以才经常成为报道的内容，即使在美国国内的报道也是一样的，美联社北京分社社长韩村乐（Charles Hutzler）说："我认为美国媒体的驻外记者的任务无非是采访和报道。例如驻华记者，我们采访政治、经济、商业以及社会新闻，并且在遵循着客观、公正、准确的原则。在这个过程中，我不觉得中国相对其他国家受到了任何不公平的对待。"② 但是美国显然不得不认可这个概念，而且随着中国民族情绪的强烈增长，美国政界和新闻界也提出"中国妖魔化美国"的反命题。

2. 关氏模式

关世杰在其著作《国际传播学》（2004）中提出了一个中国国际传播模式的构想（如图 9 - 1 所示）。

两个大的方框代表两个国家，其核心突出了国家机关和文化，即国际传播的硬件和软件力量；在一国内部，传播的具体过程是传播者生产出各类信息，通过渠道、出境策略，把信息传播到另一国家；一国接收外国信息的过程中，外国信息通过入境控制关口到达接受者，继而产生效果。这些过程中各要素都受国家机关和文化的影响。而在国际传播的过程中，又受到国际组织、国际法、国际关系与国际形势等因素的影响。在模式中双向的箭头表示某些因素的影响是互动、双向的。

---

① 肖欣欣，刘鉴强．中美传媒在相互"妖魔化"吗？——中美主流媒体记者、专家学者对话录．新闻记者，2001（3）．

② 肖欣欣，刘鉴强．中美传媒在相互"妖魔化"吗？——中美主流媒体记者、专家学者对话录．新闻记者，2001（3）．

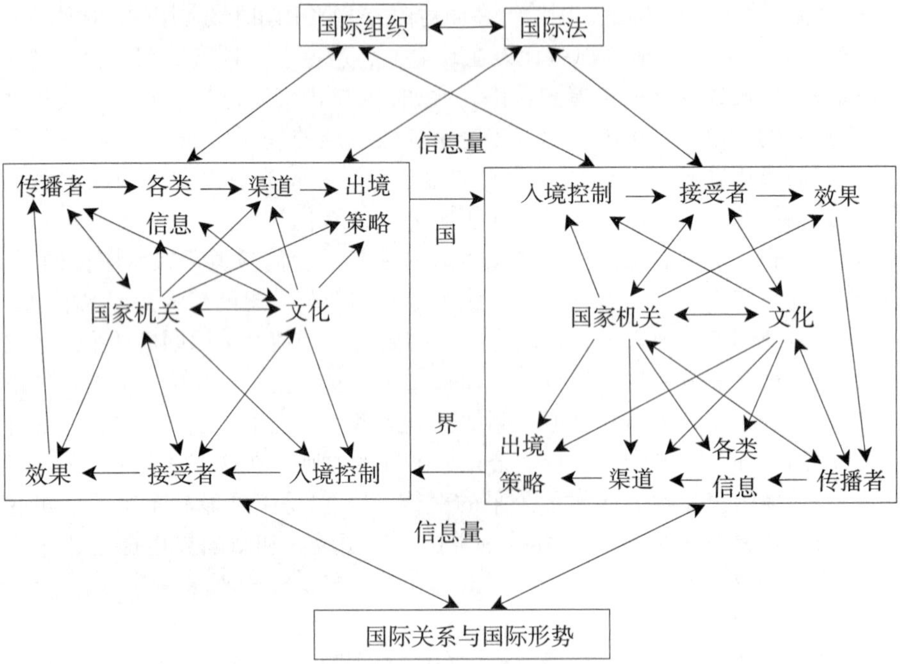

图9-1 中国国际传播模式①

这种传播模式被有些研究者称为“关氏模式”②，认为他提出了中国特色的国际传播模式，因而具有重要意义。它突出了国际传播的跨国界、跨文化特点，揭示了影响国际传播的国内外因素，体现了国际传播的互动和反馈，反映了国际传播中的不平衡问题。但也存在不足，即忽视了技术和经济因素，过高强调了国家机关的作用，因此李银波建议增加技术和经济因素，将“国家机关”改为“政治”因素。

3. 过滤式传播和二次编码

程曼丽2006年在论文《国际传播学学科体系建立的理论前提》中，认为国际传播从世界范围的研究来看，呈现涉猎广泛、重心各异、话题多元的特点，整体上缺乏相对统一的理论架构和话语体系，她对国际传播的基本问题进行了一些前提性的厘定，包括国际传播的概念、主体、原则、方法、体系架构等。

在国际传播的原则中，她提出了“过滤式传播”的特点，认为国际传播与

---

① 关世杰．国际传播学．北京：北京大学出版社，2004. 32.

② 李银波．论国际传播的“关氏模式”．新闻界，2008（1）.

国内传播不同，“国际传播更多的是一种国家行为，与国家利益密切相关，因而整体上呈现出趋利避害的‘过滤式传播’的特点。……而在国际传播领域，特别是当个体、群体利益与国家整体利益发生冲突时，所有的原则都要让位于一个更大的原则——国家利益原则”①。任何国家都会对出入境信息进行管理和控制，包括设立专门的国际性传播机构及信息发布行为的控制等。

在对国际传播手段进行研究时她提出了二次编码的初步想法，认为一般性的信息传播，只需将原始信息经采编变成可接受的信息，通过媒介传播出去就可以了。而国际传播是一种远距离的信息传播，其受众因所在国社会制度、文化传统以及语言文字的不同而与国内受众有很大差异。所以，在进行国际传播时，传播者应根据特殊需要，“在一般性编码、释码的基础上，对信息进行二次处理，即进行跨文化的编码、释码——这不仅意味着要将一种语言文字转换成另一种语言文字，还意味着要以对象国受众能够接受的话语方式和表现形式进行传播”。程曼丽在其著作《国际传播学教程》中将其明确命名为“二次编码”，“首次编码是将原始信息转换为可被一般受众接受的信息，二次编码则是将可被一般受众接受的信息，转变为可被他国受众或全球受众接受的信息。简言之，二次编码就是语言的转换和文化的对接”②。除了一部分信息的编码由传播者直接完成外，绝大部分信息的二次编码由媒介完成。二次编码理论说明了国际传播信息内容的特殊表现和处理形式，主要体现了跨文化的特点。

4. 公共外交模式

2011 年前国务院新闻办主任、现中国人民大学新闻学院院长赵启正在其著作《公共外交与跨文化交流》中提出公共外交的主要形成机制是一种四者关系的互动，即政府对政府、政府对民众、民众对民众、民众对政府之间的信息流动都是公共外交的内容，如图 9－2 所示：

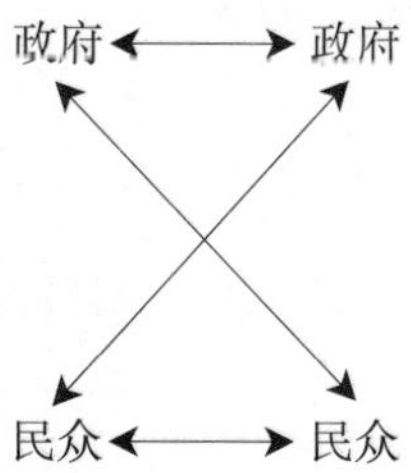

图 9－2　赵启正公共外交模式

① 程曼丽．国际传播学学科体系建立的理论前提．北京大学学报（哲学社会科学版），2006（6）．

② 程曼丽．国际传播学教程．北京：北京大学出版社，2006.118.

这个模式比较简单地列举了公共外交主体和对象以及他们之间的关系，但是过于简单，没有具体说明公共外交的传播和实施过程。为此，周庆安进行了补充和完善，提出一个如图9－3所示的模式：

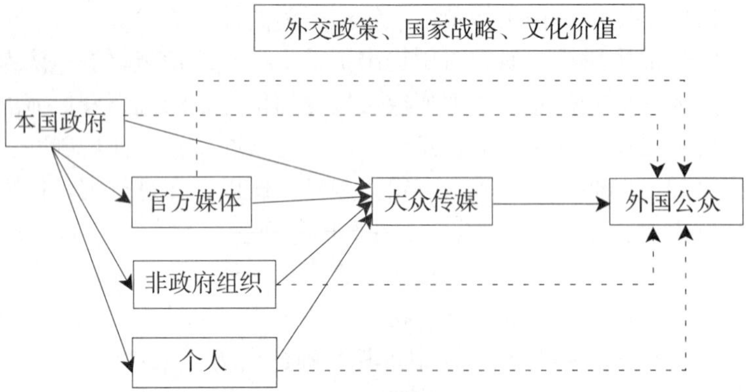

图9－3　周庆安公共外交模式①

这是一种单向度的模式，政府或非政府主体输出信息，通过全球性大众传媒的阐释，改变外国公众或国际舆论的态度。在实施过程中，实线部分可以理解为目前公共外交最主要的信息流通渠道，虚线部分则是公共外交的次要方式，即面对面的传播，而整个公共外交受到外交政策、国家战略、文化价值等影响和制约。

总体上来说，中国对国际传播的研究有自己的重点方向，既有国际政治、国际关系、经济学等学科的学者研究国际传播宏观的背景以及历史演进，也有新闻传播学界和业界的学者对媒体的国际传播进行具体的研究，从各个方面论证如何提升中国的国际传播能力。

第三节　加强中国国际传播

随着中国经济的快速发展，文化在综合国力竞争中的地位和作用更加凸显，增强中国的国际传播能力和文化软实力，进而提高中国国际影响力的任务更加

① 周庆安．从传播模式看21世纪公共外交研究的学术路径．现代传播，2011（8）．

紧迫。

2011年在南京召开的全国第二届对外传播理论研讨会上，中宣部副部长、中央外宣办主任、国务院新闻办公室主任、国家互联网信息办公室主任王晨发表了主旨演讲，认为“当前和今后的对外传播工作应该更加重视三个方面的问题：一是要发挥好‘中国制造’和‘中国人’在塑造和传播国家形象中的重要作用，进一步全方位地提高国民素质，提高产品质量，让‘中国制造’和‘中国人’成为传递中国形象的主要载体；二是要更加重视对外传播话语体系建设，既不自说自话，也不盲目照搬；三是要更加重视理论研究，重点研究和把握传播工作正在面临的突出问题，积极迎接未来挑战，尤其要加大对新媒体的研究”[①]。

从这些要求可以看出，加强国际传播的研究不是某个部门或行业单方面的问题，而是需要全社会积极努力、互相配合，才能提高国际传播的综合实力。

一、中国国际传播的现状

1. 国际环境中的刻板形象

中国国际传播面临比较复杂和艰难的外部环境，随着中国经济的快速发展，中国不仅一跃成为世界第二大经济实体，而且成了全球范围内一支重要的政治和军事力量，中国在国际上的地位日益提高，影响力也越来越大。

国际社会对中国综合实力的提高基本上是认可的，美国民调研究机构皮尤研究中心公布的2011年度“全球民意调查”显示，绝大部分西欧人相信中国已经或是即将超越美国，成为世界头号强国。同时，多数被调查者认为中国在经济发展上“做得不错”，但也对中国日益上升的军事实力感到担心。美国《华尔街日报》2011年7月14日发表评论说，这种对中国超级大国地位的新看法无疑反映了全球对中国不断增长的经济实力的认可。在22个国家中，认为中国经济发展是好事的国家有13个，同时，多数受访国家对中国日益增长的军事实力感到担忧。[②] 结合前几年的多次全球民意调查，可以看出其他国家一方面承认中国经济实力的逐渐强大，另一方面又对中国的崛起感到担忧，甚至认为这种崛起对世界的影响是负面的。

而进入21世纪以来世界政治局势动荡不安，很多国家政权发生更替，天灾人祸频繁发生。美国和欧洲经济危机导致国内民怨四起，削弱了它们在国际上的

---

① 王眉．世界新格局下的中国国际传播——全国第二届对外传播理论研讨会综述．对外传播，2011（12）.

② 纪双城，杨帆．皮尤调查：西欧看好中国超美国．环球时报．http：//intl. ce. cn/zgysj/201107/15/t20110715_ 22545297_ 1. shtml，2012 -04 -02.

竞争力。同时中国的崛起严重影响到美国世界第一大国的地位，以美国为首的西方国家对社会主义中国具有很深的偏见，散布各种“中国威胁论”、“中国崩溃论”、“中国傲慢论”、“中国责任论”等负面论调，甚至要“做空中国”。“我国现行政治体制屡遭西方舆论的指责，有关中国的议题屡遭西方的‘泛政治化’传播，中国在部分国际社会公众心目中负面、刻板的形象制约了中国与国际社会的进一步相互融合。”①

西方既成的国际传播格局和强大的国际传播体系使得整个国际话语体系由西方主导，“美联、路透、法新三大通讯社占据全球国际新闻发稿量的4/5；传播于世界各地的国际新闻，90%以上由西方媒体提供，其中又有70%由西方传媒巨头所垄断”②。国际舆论呈现“西强我弱”的状况，中国的国家形象严重被扭曲、“误读”，甚至被妖魔化，这与中国国家发展的客观现实是不相符的，也严重影响到中国在世界人民心目中的形象。因此如何向世界展现一个发展快速但又不平衡的中国，消除各种负面影响，有效引导国际舆论，塑造和传播真实的中国形象与文化，是目前中国国际传播迫切需要去做的事情。

2. 中国政府对国际传播的重视

随着中国国力的增强和重大国际活动的举办，中国政府日渐重视国际传播，2008年是中国举世瞩目的一年，西藏“3·14”事件、汶川地震、奥运会等都使中国成为世界关注的焦点，也是中国政府正式开始加强国际传播的一年，其后中国政府和领导人在多种场合对国际传播提出了目标和战略。

首先，提出加强国际传播能力的要求。自2008年下半年以来，胡锦涛、李长春在多个场合强调加强国际传播的重要性，并对国际传播的发展提出具体的要求。2008年中央电视台建台50周年，胡锦涛主席寄语中央电视台“要加强国内、国际传播能力建设，打造国际一流媒体”。中共中央政治局常委、主管宣传的李长春在央视建台50周年大会上指出：“在国内外重大突发事件的报道中，争取第一时间发出我们的声音、传播我们的观点，赢得话语权、掌握主动权，不断增强我国主流媒体的权威性和影响力。”③ 2009年中央出台了《2009—2020年我国重点媒体国际传播能力建设总体规划》，提出增强国际传播能力、打造国际一流媒体是中国媒体今后发展的方向。

其次，明确提出了建立覆盖全球的国际传播体系。党和国家领导人在不同的场合多次提出要建立“国际一流的传播体系”。2009年11月26日，国务院新闻

---

① 崔守军．中国国际传播的逻辑困境与模式转换．国际展望，2010（6）．

② 郭纪．新闻自由与媒体责任——当今国际新闻传播秩序透视．求是，2009（16）．

③ 李长春．努力构建现代传播体系　提高国内国际传播能力．光明日报，2008－12－23．

办公室主任王晨在第一届传播理论研讨会上明确提出，我国应建立覆盖全球的国际传播体系。“新形势、新任务要求我们必须高度重视和大力加强国际传播能力建设。在全球经济遭受金融危机冲击、信息技术迅速发展、国际舆论形势发生新变化的形势下，要充分认识提高国际传播能力的重要性，增强扩大对外传播能力的紧迫感和责任感；科学分析当前国际传播形势，积极应对面临的机遇和挑战；适应国际传播发展需要，建设覆盖全球的国际传播体系。”① 中宣部部长刘云山也曾撰文指出，发展和中国国际地位相称的传播能力已成为“十分紧迫”的战略任务，“切实增强国内国际传播能力，构建传输快捷、覆盖广泛的现代传播体系”②。

再次，转变国际传播观念，逐渐改变以往的政治宣传手段，强调比较中性的“传播”概念。长期以来，中国的国际传播就是对外宣传，过分强调自己的主观愿望，强制推行中国的政治理念，却不考虑国际受众的文化和心理，导致国际传播效果不彰。中央有关部门早在1997年底就发出通知，以后“宣传”一词在英译中不再用 propaganda 而改用 publicity，标志着中国政府对公共外交的重视。2008年中国官方话语中“对外宣传”在较多场合演变为“对外传播”③，减少了政治宣传的色彩。在具体的传播手段方面，提高对国际传播规律的认识和把握，考虑海外受众的特点，讲究实际效果，避免照抄照搬对内宣传的做法。李长春提出了对外传播的“三贴近”原则，“要深入研究国外受众心理特点和接受习惯，贴近中国和世界发展的实际，贴近国外受众对中国信息的需求，贴近国外受众的思维习惯，利用现代传播技巧，运用国外公众听得懂、易接受的方式和语言，努力提高新闻报道的原创率、首发率、落地率，增强对外传播的吸引力和影响力”④。将“外宣”与“内宣”统筹起来，树立内外一体的传播理念。“要统筹国内国际两个大局，统筹对内宣传和对外宣传，着力提升国家形象，着力加强传播能力建设，着力构建大外宣格局，使我国在形象上更有亲和力、道义上更有感召力。”⑤

3. 中国目前国际传播能力

经过30多年改革开放，中国的媒介力量已经得到极大的发展，体制上也在

---

① 王晨．中国应建设覆盖全球的国际传播体系．http：//www. china. com. cn/info/zhuanti/2011dejcbllyt/2011 -10/21/content_ 23692774. htm，2012 -04 -08.

② 刘云山．回顾与展望．求是，2009（1）.

③ 丁柏铨．时代变迁与中国对外传播理论和实践的发展．中国地质大学学报（社会科学版），2011（4）.

④ 李长春．努力构建现代传播体系　提高国内国际传播能力．光明日报，2008 -12 -23.

⑤ 刘云山．解放思想　开拓创新　奋发进取　扎实做好今年宣传思想文化工作．时事报告，2010（2）.

向市场化转型，一些经营性的新闻出版机构转型成为现代企业，事业型管理、市场化经营的媒介也组建了大型的传媒集团，在境内外与国际传媒进行竞争。近年来，新华社、中央电视台、中国国际广播电台等中央级媒体都在不断加强自身的国际传播能力建设。一些地方的报纸、广播、电视、出版机构等也在进行资源整合，做大做强，组织大型的媒介集团“走出去”，到海外传播中国的文化。

中国报纸、广播、电视的对外传播现状已经在前面章节中谈论过，这里只谈一下通讯社的情况。新华社已经发展成为具有先进技术和经济实力的世界性通讯社，在海外拥有162个分社，国际雇员近3 000人。2011年是新华社建社80周年，李从军社长说：“80年来，新华社不断拓展媒体业态，从建社之初以传统通讯社业务为主，发展到目前融通讯社业务、报刊业务、网络业务、新媒体业务、电视业务、金融信息业务和多媒体数据库业务为一体的全媒体业务形态，为新华社提升传播力和影响力、更加有效地参与全球媒体竞争奠定了坚实的基础。”[①] 20世纪90年代以来，新华社国际新闻发稿量大幅度增加，对外报道在世界新闻竞争中逐渐占据优势，1990年日均发稿40条，1998年增加到68.7条。[②] 进入21世纪以来，在国际传媒格局进行局部调整的环境下，新华社加速推行“阵地前移”战略，“一是编辑部前移。即在海外打造若干区域性‘新华社’，把驻外总分社、大分社建设成为具有一定独立性和较强辐射力的重要区域性现代媒体实体机构”，“二是营销前移。赋予驻外总社、大分社营销自主权”，“三是终端前移，建设新华社自己的终端，包括报刊、电视台、图片库和其他各种新兴媒体终端，必要时在海外进行收购兼并；完善海外新闻信息采集网络，增强对重大国际问题和热点问题的反应能力，提高国际新闻自采能力”。[③] 2010年1月1日，中国新华新闻电视网（CNC）正式上星，向亚太地区和欧洲部分地区播出，新华社成为全球首家开办新闻电视网的世界性通讯社。2011年7月21日其英语台（CNC World）在英国天空广播公司平台正式播出。

中国新闻社（中新社）是以对外报道为主要新闻业务的国家级通讯社，是以台港澳同胞、海外华侨华人和与之有联系的外国人为主要服务对象的国际性通讯社。建有多渠道、多层次、多功能的新闻信息发布体系，每天24小时不间断向世界各地播发文字、图片、网络、视频、手机短信等各类新闻信息产品。相比

---

① 《中国记者》编辑部．继承优良传统 加快构建国际一流现代全媒体机构．中国记者，2011（11）．

② 程曼丽，刘江．将中国的声音传向世界——新华社国际新闻报道的历史沿革探析．中国记者，2011（3）．

③ 程曼丽，刘江．将中国的声音传向世界——新华社国际新闻报道的历史沿革探析．中国记者，2011（3）．

中国其他媒体而言，中新社的语言风格明显不同，从而形成不同于“新华体”的“中新体”，更加注重国际视角与亲和力，编发新闻快速、及时、客观，风格平和严谨，广受境内外媒体欢迎，具有极强的新闻辐射能力。中新社是亚洲上网最早的中文媒体，中新网也是国内重要的新闻网站。中新社每两年主办一次“世界华文传媒论坛”，是规模最大的全球华文传媒领袖峰会，已先后在南京、武汉、长沙、成都、上海等地举办过5届。

不过，中国离传媒强国还有一定差距，中国国际环境面临的困境是“中国国家形象的‘客观现实’与西方媒体的‘妖魔建构’之间的矛盾”①，而在内部存在着国际传播能力与中国的国际地位不相符的困境，“西强我弱”的总体舆论格局尚无太大改变。当前中国国际传播战略基本属于“防御型国际传播模式”，在国际传播中仍然是西方攻击——中国辩解但仍不被接受的境地，在西方构建的强大话语体系下，中国仍处于舆论弱势，很难消除西方主流媒体对中国的“妖魔化建构”的负面影响。有学者认为“当前中国国际传播战略应作与时俱进的积极调整，从‘防御型国际传播模式’向‘主动型国际传播模式’逐渐转换，依靠中国经济快速发展积累下来的物质成果，利用现代化的传播技术，主动出击，扩大中国的全球媒介投射力和影响力”②。

二、中国媒体国际传播能力的建设

加强中国国际传播能力，提升中国文化软实力，是中国媒体目前主要的战略任务。媒体是国际传播的主要执行者，所以中国媒体在国际上的竞争力和效果是国际传播能力的重要体现。

1. 建立强大的国际新闻传播体系

加强中国国际新闻现代化建设，建立与中国日益增强的经济实力相应的强大传播体系，是中国有效参与国际新闻传播竞争的重要前提。目前中国的传媒经济实力日益丰厚，在传播基础与规模方面，已经接近国际一流媒体的发展水平。中国国际传播初步形成了“以大众传播为主体，以文化交流、文化贸易为辅助；以中央级媒体为核心，以地方媒体为协助；以中国媒体为主领，以国际合作媒体为补充”③ 的国际传播新格局，国际传播体系雏形初现。

根据《2009—2020我国重点媒体国际传播能力建设总体规划》，国际视频发稿平台被列为国际传播能力建设的重要措施之一，是向世界讲述中国故事的平

---

① 崔守军．中国国际传播的逻辑困境与模式转换．国际展望，2010（6）．

② 崔守军．中国国际传播的逻辑困境与模式转换．国际展望，2010（6）．

③ 张毓强．2009：中国国际传播事业三个重要转变．国际新闻界，2010（2）．

台，是让世界更及时、更全面了解中国的平台。2011年5月25日，中央电视台正式启用国际视频发稿平台，并推出基于互联网的"国际视频全球发布系统"。试运行以来，已有68个国家的700多家电视机构播出过国际视频发稿平台的新闻素材。[①] 中新社的中新网也设有供稿平台。

但是中国国际新闻传播实力仍与西方国家有一定差距，王庚年等的著作《建设现代综合新型国际一流媒体研究》（2011）中，第五章从数字和定量研究分析介绍了中国主流国际传播媒体总体实力及其与国际一流媒体的差距。从国际背景来看，中国传媒缺乏国际竞争力主要是因为体制问题，还需要在新闻体制和机制上进行不断改革，淡化国际新闻传播机构的官方色彩，使之在国际上能够机动灵活地以市场规律与西方传媒对垒，敢于就国际事件独立地表达自己的见解，在报道时效上与西方传媒竞争，树立在世界上的传媒公信力，这样才能成为赢得国际信赖的媒体。同时还要在经济上加大投入，进一步促使国内传媒力量的整合，打造国际级的传媒集团，使其有力量与国际传媒抗衡。

2. 改变话语表达方式

中国国际传播效果不佳的另一重要原因是中国的话语方式不符合外国受众的接受习惯，很多时候是从自身的主观愿望出发去选择，不了解外国受众的喜好，"很多从事对外宣传工作的采编人员对国内情况了解不透，对国外需求了解不深，体现在稿件上就是选题不对路"，"我们的对外报道最常见的是报道概念和数字，甚至是一些空话、套话。老生常谈的问题至今仍未得到根本改变，空泛的文章怎么能打动外国人"[②]？赵启正认为，中国国际报道的许多文章理论性太强，而且有的报道总是想在一篇文章里把所有的道理都讲完，导致效果太差。全国政协委员、凤凰卫视董事局主席刘长乐认为，中国人喜欢逻辑思维，偏好婉转表达，重视整体观念，人际交往中比较重义；西方人则注重形象思维，喜欢直来直去，提倡个人主义，比较看重利。[③] 所以，如何改变话语表达方式，真实地表达中国，并将中国的声音有效地传播出去，是增强国际传播效果的主要方法。近些年来中国媒体一再强调要讲中国故事，是说在选题上要以报道中国的新闻为主，因为中国媒体占有天时地利，这是竞争的优势。但是如何讲好中国故事，还需要继续探讨适宜的话语体系，真正做到润物细无声，媒体不仅要"走出去"，而且要"走进去"，要入耳入心。

讲中国故事的方式方法上，首先，不能生硬地讲大道理，而要以人性化的故

---

① 张庆．央视启用国际视频发稿平台．光明日报，2011-05-26（6）．

② "三贴近"原则是提高外宣质量的关键——中国新闻社总编辑郭招金．对外大传播，2004（4）．

③ 梁益畅．国际传播的三个维度．中国记者，2010（4）．

事或其他文艺方式婉转地表达出来。赵启正说，我们的价值观、理论、观点一定不能生硬地传播，要通过外国人喜欢的人性化故事的方式来传递。刘长乐亦表示，我们不能每天喋喋不休、反复地讲道理，可以通过文化、艺术传播等方式来扩大讲故事的空间。[①] 其次，学习西方新闻学叙事形态，“建立面向西方受众的报道规范，改善英文写作技巧，突出新闻性，淡化宣传味”[②]。再次，加强国际受众分析，了解国际受众的心理、文化习惯，尊重对外传播规律。

3. 与国际传媒机构的交流与合作

随着全球信息一体化趋势的加强，各国新闻媒体之间的交流也必然增多。中国的新闻媒体应采取积极主动的态度，加强与各国媒体不同层次的交流与合作，纠正国外新闻界对中国的模糊认识与偏见，是扩大中国国际影响力的重要途径之一。

当前中国大部分媒体将对外传播的主要对象限定为海外华人，实际上反映了一个现实：中国媒体很难走进西方主流社会。为了解除西方主流社会的戒心，中国媒体正在采取“借船出海”的策略，利用“中文热”在西方主流媒体上开一个中文新闻的窗口，或者与西方媒体进行合作采访。2009 年开始，新华社发起举办世界媒体峰会的号召，至今已在北京举办两次，以后还将会在世界各地举办，这是媒体间进行合作的有利机会，利用峰会平台深化与各成员的交流合作，学习西方先进的媒体管理经验和报道理念。要充分利用海外华文媒体的资源，由于它们已经比较熟悉所在国的文化，利用它们可以帮助中国主流媒体走入西方社会。中国的很多主流媒体如新华社、中新社、中央电视台等在西方大城市都有记者站，但是受到长期对中国观念和看法的影响，另外他们也担心自己的话被误解，西方主流社会一般不愿意接受中国官方媒体的采访。所以对一些主流社会的采访报道就要通过华文媒体去做，它们长期与西方主流社会打交道，容易被接受。此外，还可以利用外国人讲中国故事，适当加大中国媒体驻外机构雇佣当地雇员的力度，使国际新闻采访和报道更容易落地。

4. 加强新媒体建设

中国外文局对外传播研究中心主任姜加林说，就国际传播能力而言，中国要在传统媒体领域实现对西方媒体的超越是十分困难的，但新媒体的出现为我们在国际传播能力方面赶超西方提供了契机。[③] 在新媒体的使用和发展上，中国几乎与西方同步，而且在技术方面有赶超的趋势，天河 1 号和天河 2 号超级计算机的

---

① 梁益畅．国际传播的三个维度．中国记者，2010（4）．

② 张毓强．2009：中国国际传播事业三个重要转变．国际新闻界，2010（2）．

③ 文建．群贤毕至献良策　精益求精争一流．中国记者，2010（7）．

问世使中国成为掌握世界顶级计算机技术的国家之一。

由于使用网络、手机等新媒体的国际公众越来越多，而且新媒体具有跨越时空的特性，更加有利于弱势力量进行国际传播，利用新媒体参与国际传播竞争是中国媒体绝佳的机遇。目前，中国媒体已经基本上完成上网的任务，很多媒体也逐渐与电信技术结合，向移动传播方向发展。现在最关键的是新媒体时代的受众对信息的主动性、选择性更强，为了满足受众的多样化需求，如何有针对性地提供其感兴趣的内容；此外，新媒体对信息的时效性要求也更高。新媒体使得新闻没有国内国际之分，任何国内发生的事情都会迅速通过国际网络传播开来，如果仍然采用以往的对敏感新闻压或拖的办法，只会让西方媒体先入为主形成误导，或者是造成网络谣言盛行，所以对重大事件要在第一时间及时通过新媒体手段报道，并进行适当的引导，对事情的来龙去脉进行解释。

三、整合国际传播力量

国际传播能力是文化软实力的重要组成部分，需要整个国家各个层面的配合和努力，才能塑造一个良好的中国国家形象的客观现实，同时增强国际传播的实力。

1. 政府公共外交

政府无疑是国际传播的主体力量，政府行为本身就是国际传播的主要内容，直接形成了国家的形象。所以政府一方面要实施有效的公共外交手段，在国际舞台上展现积极的中国形象；另一方面要利用各种渠道积极宣传中国的正面形象，制定有利于推动中国传媒走向世界的传播政策。

在政府公共外交中，使用西方常用的广告方法比直接的政治宣传效果好，近年来中国国家形象宣传片的国际传播效果就是很好的例子。2011 年初在胡锦涛主席访美前一天，《中国国家形象片·人物篇》在美国纽约时报广场上展示，20 多天 8 000 多次高密度传播，引发了全球媒体特别是国内媒体的关注和争论。虽然国内媒体高度赞扬，但竟有不少美国人产生的是“中国人来了，而且来了这么多”的想法。[①] 在此之前，面对西方非常大规模所谓的“中国商品威胁论或中国商品质量问题”，商务部 2009 年底在欧美媒体上推出的“中国制造”广告片，围绕“中国制造，世界合作”这一主题，没有出现任何一个国际知名的中国品牌，只是强调中国企业为生产高品质的产品正不断与海外各国公司加强合作，反而产生了较好的反响。香港浸会大学学者孔庆勤的调查称“中国制造”广告片

---

① 李程骅．政府新闻学视角中的对外传播体系重构．现代传播，2012（1）．

效果不错，国家形象片反令对华负面观点上升，他认为原因在于形象片试图改变受众观点，易导致其不快，而“中国制造”的“广告踏实，用事实说话”。[①] 当然也有美国媒体称“中国制造”效果有限。网友普遍认为，直接在西方媒体上刊登广告，是在西方人认可的游戏规则下、以他们能接受的方式做形象宣传，这将比政府层面的交流沟通效果更佳。[②] 在中国媒体上是不能刊登意见广告的，而在美国政府选举时，各党派可以利用广告来进行竞选宣传，甚至攻击对手。

另外，政府也要善于利用新媒体进行政府形象宣传，中国从1999年起就推行政府部门信息化建设，至今从中央到地方所有的政府部门都建立了自己的网站，中共中央和地方党委的网站也逐渐设立。时效性更强、随时传播的微博也是近年来新兴的传播方式，2010年广东省公安厅及21个地级市公安局集体开通公安微博，主动应对网络舆论，这种做法也推广到其他省市，很多政府官员都开通了微博。新浪网副总编孟波说目前有50多个国家的大使馆在新浪微博上开设了账号，而我们的使领馆在国外并没有开[③]，说明中国政府国际传播的观念还不强。

2. 全民参与

中国国际形象需要全民来塑造和传播，公民通过留学、旅游、移民、交外国朋友等方式参与到国际传播中来，其在国外的一举一动直接影响国家的形象，在国内的整体形象也会被西方媒体进行概括，因此，需要提高全民素质，培养自觉维护国家形象的意识。

在网络时代，中国已经成为世界上第一网民大国，中外网民直接在网上进行各种论战、交锋，网民的形象也成为中国形象的代表。中国现在虽然是世界上第一网民大国，但是在国际舆论中很少能够听到中国的声音，一个主要原因是语言问题，另一个是网络普及率只占总人口的36%，远远不及美国的78%~80%。而且随着中国网民人数的增加，按照中国总人口文化水平的比例，网民文化水平肯定是呈下降的趋势，实际上目前的网民在国际事件中往往呈现出非理性的状态，如在2011年日本地震和海啸时仍表现出狂热的民粹主义、缺乏人文关怀等，所以提高网民的文化素养显得非常重要。国务院新闻办公室网络局副局长、中国互联网研究中心主任刘正荣认为，“要更加积极主动地进行碎片化的信息传播，争取在世界范围形成舆论的蝴蝶效应；要充分发挥民间的力量和官方力量整合，

① 中国国家形象片产生负面影响．新快报，2011-11-17（A06）．

② 网友认可“中国制造”广告 呼吁不要成“绝响”．http://www.cnr.cn/allnews/200912/t20091203_505705985.html，2012-04-08．

③ 王眉．世界新格局下的中国国际传播——全国第二届对外传播理论研讨会综述．对外传播，2011（12）．

善于真实地讲述故事，而不是光讲道理；要培养年轻人的对外传播自觉意识”①。

有学者提出要利用汉语独特的传播特点，形成广泛的“华文传播圈”。② 汉语拥有世界上1/4的使用人口，海外华人分散在世界各地，共同的语言与文化使海内外华人的联系与互动在网络时代更趋活跃。在近年来的一些重大涉华舆论中，华人的舆论力量已经显示出来，如在反对西方对西藏“3·14”事件的歪曲报道和奥运会火炬传递遇阻事件中，海内外华人所造成的国际舆论响遍世界，引起震动。中国国际传播机构也可以借助“华文传播圈”，由华语圈逐步走向世界。

3. 加强对国际传播的研究

国际传播有其独特的规律，需要深入研究总结。国际传播早在20世纪60年代就已经在西方国家形成独立的研究体系和理论框架，但中国在80年代末到90年代才逐渐引进西方的国际传播理论和研究范式。相比来说，中国的研究仍然处于起步阶段，很多著作都是对国际传播活动的总结，缺少系统的理论概括，更缺乏理论创新和深度研究；对跨国界传播的研究经历了从对外宣传到对外传播、国际传播、跨文化传播、全球传播、世界传播研究的竞相兴起，显得比较杂乱而不统一。

刘国强认为国际传播方面的研究存在两方面的问题：第一，在研究内容上显得单薄。对以国家为传播主体所进行的策略研究占相当大的比例，虽有一定成果，但重复率高、成果碎片化，难以形成具有说服力和实践指导意义的体系。第二，研究方法单一，理论来源单薄。研究方法以思辨式居多，定量和实证性的论述非常少。在理论来源上，片面地借用西方理论，不能使研究本土化。③ 虽然其所言并非完全准确，但反映了目前中国国际传播研究存在的普遍性问题。

学术界和业界应该加大对国际传播研究的力度，为国际传播提供正确的决策参考。首先是总结中国国际新闻传播的经验与教训，为以后的国际传播提供借鉴；其次，加强国际传播领域的理论研究，并且结合国情提出有特色的中国范式的国际传播理论；第三，“根据国际新闻传播规律和不断变化的国际局势，为机构制定行之有效的传播策略，收集和分析反馈信息，及时纠正和调整传播过程中

---

① 王眉．世界新格局下的中国国际传播——全国第二届对外传播理论研讨会综述．对外传播，2011（12）．

② 宋昭勋．全球化下中国国际新闻传播对策思考．http：//academic. mediachina. net/article. php？id = 1077，2012 - 06 - 08．

③ 刘国强．跨国传播研究的发展与展望．新闻战线，2009（4）．

的偏差，监测和评估传播效果”①。值得一提的是，在国际传播效果评估中使用受众调查法是很困难的事，不能盲目照搬一般传播学的教科书。程曼丽认为受众调查不宜作为国际传播研究的主要方法，而应该结合内容分析等方法综合使用②。

今天，中国已经成为了国际政治、经济、文化甚至军事舞台上的重要角色，从而奠定了已颇具规模的中国国际传媒从边缘走向世界舞台中心的基础。在当今全球信息一体化的传播环境中，中国国际传播既面临历史性的机遇，又面临严峻的挑战。加强中国国际传播能力，提升中国国际正面影响力不是一蹴而就的事，需要长期的艰难工作，更需要认真探索国际传播的规律，建立与中国日益强大的经济实力相应的强大的国际传播体系，转变旧的国际传播观念，学习西方有益的国际传播技巧，最终掌握国际话语的主动权，形成有利于中国的国际舆论。

① 宋昭勋．全球化下中国国际新闻传播对策思考．http：//academic. mediachina. net/article. php？id = 1077，2012 - 06 - 08.

② 程曼丽．国际传播学学科体系建立的理论前提．北京大学学报（哲学社会科学版），2006（6）.

附　录

表 1：中央电视台国际频道开播时间及播放地区

（来源：http：//blog. cntv. cn/html/73/806173-1087. html）

频道名称	开播时间	覆盖地区
中文国际频道	1992 年 10 月 1 日	全球各地
英语国际频道	1999 年 9 月 25 日	全球各地
西班牙语国际频道	2007 年 10 月 1 日	全球各地
法语国际频道	2007 年 10 月 1 日	全球各地
阿拉伯语国际频道	2009 年 7 月 25 日	北非及中东
俄语国际频道	2009 年 9 月 10 日	12 个独联体国家、东欧地区和波罗的海 3 国
葡萄牙语国际频道（预计）	2011 年	全球各地
英语新闻国际频道（预计）	2011 年	全球各地

表 2　CCTV－4 整频道落地国家和地区（121 个国家和地区）

（来源：http：//blog. cntv. cn/html/73/806173-1087. html）

洲际（数量）	国家/地区
亚洲（26）	中国香港，中国澳门，日本，韩国，菲律宾，泰国，新加坡，马来西亚，越南，柬埔寨，老挝，印度尼西亚，阿拉伯联合酋长国，土耳其，叙利亚，黎巴嫩，伊朗，伊拉克，约旦，沙特阿拉伯，卡塔尔，科威特，文莱，蒙古，吉尔吉斯斯坦，马尔代夫
欧洲（45）	法国，德国，俄罗斯，哈萨克斯坦，英格兰，苏格兰，爱尔兰，威尔士，葡萄牙，西班牙，挪威，瑞典，芬兰，丹麦，爱沙尼亚，拉脱维亚，立陶宛，荷兰，波兰，白俄罗斯，比利时，卢森堡，捷克，斯洛伐克，乌克兰，摩尔多瓦，列支敦士登，瑞士，奥地利，匈牙利，罗马尼亚，意大利，摩纳哥，安道尔，圣马力诺，斯洛文尼亚，南斯拉夫，克罗地亚，波黑，马其顿，阿尔巴尼亚，保加利亚，希腊，马耳他，塞浦路斯
北美（2）	美国，加拿大

（续上表）

洲际（数量）	国家/地区
中南美洲（12）	法属圭亚那，巴拿马，智利，秘鲁，巴西，多米尼克，古巴，玻利维亚，墨西哥，荷属安德列斯群岛，洪都拉斯，圭亚那
大洋洲（5）	新西兰，澳大利亚，巴布亚新几内亚，马绍尔群岛，斐济
非洲（31）	南非，毛里求斯，莫桑比克，佛得角，埃及，马达加斯加，喀麦隆，安哥拉，贝宁，布隆迪，乍得，科特迪瓦，刚果（布），刚果（金），吉布提，赤道几内亚，加蓬，加纳，冈比亚，几内亚比绍，肯尼亚，利比里亚，尼日利亚，卢旺达，塞内加尔，塞拉利昂，圣多美和普林西比，坦桑尼亚，多哥，乌干达，赞比亚

表 3　CCTV NEWS 整频道落地国家和地区（126 个国家和地区）

（来源：http：//blog. cntv. cn/html/73/806173-1087. html）

洲际（数量）	国家/地区
亚洲（30）	中国澳门，中国香港，韩国，菲律宾，泰国，新加坡，马来西亚，越南，印度，印度尼西亚，文莱，尼泊尔，斯里兰卡，马尔代夫，孟加拉，蒙古，缅甸，柬埔寨，老挝，以色列，阿拉伯联合酋长国，土耳其，叙利亚，黎巴嫩，伊朗，伊拉克，约旦，沙特阿拉伯，卡塔尔，科威特
欧洲（46）	法国，德国，俄罗斯，哈萨克斯坦，英格兰，苏格兰，爱尔兰，威尔士，葡萄牙，西班牙，挪威，瑞典，芬兰，丹麦，冰岛，爱沙尼亚，拉脱维亚，立陶宛，荷兰，波兰，白俄罗斯，比利时，卢森堡，捷克，斯洛伐克，乌克兰，摩尔多瓦，列支敦士登，瑞士，奥地利，匈牙利，罗马尼亚，意大利，摩纳哥，安道尔，圣马力诺，斯洛文尼亚，南斯拉夫，克罗地亚，波黑，马其顿，阿尔巴尼亚，保加利亚，希腊，马耳他，塞浦路斯
北美（2）	美国，加拿大
中南美洲（6）	古巴，多米尼克，格林纳达，荷属安德列斯群岛，圭亚那，特利尼达和多巴哥
大洋洲（7）	澳大利亚，新西兰，瓦努阿图，汤加，萨摩亚，斐济，巴布亚新几内亚
非洲（35）	南非，乌干达，莫桑比克，毛里求斯，埃及，喀麦隆，坦桑尼亚，卢旺达，几内亚，尼日利亚，马达加斯加，佛得角，安哥拉，贝宁，布隆迪，乍得，科特迪瓦，刚果（布），刚果（金），吉布提，赤道几内亚，加蓬，加纳，冈比亚，几内亚比绍，肯尼亚，利比里亚，莫桑比克，塞内加尔，塞拉利昂，圣多美和普林西比，坦桑尼亚，多哥，赞比亚，莱索托

表4 CCTV-F 整频道落地国家和地区（37个国家和地区）
（来源：http：//blog. cntv. cn/html/73/806173-1087. html）

洲际（数量）	国家/地区
欧洲（5）	法国，俄罗斯，罗马尼亚，西班牙，波兰
非洲（29）	马达加斯加，毛里求斯，喀麦隆，佛得角，安哥拉，贝宁，布隆迪，乍得，科特迪瓦，刚果（布），刚果（金），吉布提，赤道几内亚，加蓬，加纳，冈比亚，几内亚比绍，肯尼亚，利比里亚，莫桑比克，尼日利亚，卢旺达，塞内加尔，塞拉利昂，圣多美和普林西比，坦桑尼亚，多哥，乌干达，赞比亚
美洲（3）	美国，加拿大，圭亚那

表5 CCTV-E 整频道落地国家和地区（14个国家）
（来源：http：//blog. cntv. cn/html/73/806173-1087. html）

洲际（数量）	国家/地区
欧洲（4）	西班牙，俄罗斯，波兰，罗马尼亚
北美（1）	美国
中南美洲（9）	墨西哥，古巴，玻利维亚，智利，巴西，巴拿马，洪都拉斯，圭亚那，荷属安德列斯群岛

表6 CCTV-A 整频道落地国家和地区（22个国家）
（来源：http：//blog. cntv. cn/html/73/806173-1087. html）

洲际（数量）	国家/地区
亚洲（12）	也门，阿曼，巴林，叙利亚，巴勒斯坦，阿拉伯联合酋长国，黎巴嫩，伊拉克，约旦，沙特阿拉伯，卡塔尔，科威特
非洲（10）	埃及，苏丹，利比亚，阿尔及利亚，科摩罗，索马里，摩洛哥，吉布提，突尼斯，毛里塔尼亚

表7 CCTV-R 整频道落地国家和地区（7个国家）
（来源：http：//blog. cntv. cn/html/73/806173-1087. html）

洲际（数量）	国家/地区
欧洲（5）	俄罗斯，乌克兰，爱沙尼亚，拉脱维亚，摩尔多瓦
亚洲（2）	蒙古，吉尔吉斯斯坦

表 8 CCTV 部分节目时段落地国家和地区（45 个国家和地区）

（来源：http：//blog. cntv. cn/html/73/806173-1087. html）

洲际（数量）	国家/地区
亚洲（18）	中国澳门，中国香港，日本，韩国，菲律宾，泰国，新加坡，马来西亚，马尔代夫，巴基斯坦，孟加拉，蒙古，缅甸，沙特阿拉伯，卡塔尔，伊拉克，阿联酋，越南
欧洲（4）	英国，波兰，匈牙利，瑞典
北美（2）	美国，加拿大
中南美洲（7）	哥伦比亚，秘鲁，阿根廷，苏里南，特立尼达与多巴哥，圭亚那，危地马拉
大洋洲（4）	新西兰，澳大利亚，斐济，汤加
非洲（10）	津巴布韦，纳米比亚，肯尼亚，坦桑尼亚，安哥拉，尼日利亚，巴达加斯加，塞舌尔，法属留尼旺，利比里亚

参考文献

［1］［美］罗伯特·福特纳. 国际传播："地球都市"的历史、冲突与控制. 刘利群译. 北京：华夏出版社，2000.

［2］李少南. 国际传播. 台北：黎明文化事业公司，1994.

［3］李瞻. 国际传播. 台北：三民书局，1986.

［4］刘继南，周积华，段鹏等. 国际传播与国家形象. 北京：北京广播学院出版社，2002.

［5］任金州. 电视外宣策略与案例分析. 北京：中国广播电视出版社，2003.

［6］黎斌. 国际电视前沿聚焦. 北京：中国传媒大学出版社，2007.

［7］蔡帼芬. 国际传播与媒体研究. 北京：中国传媒大学出版社，2002.

［8］徐光春. 中华人民共和国广播电视简史（1949—2000）. 北京：中国广播电视出版社，2003.

［9］关世杰. 国际传播学. 北京：北京大学出版社，2004.

［10］郭可. 国际传播学导论. 上海：复旦大学出版社，2004.

［11］郭庆光. 传播学教程. 北京：中国人民大学出版社，2002.

［12］［英］达雅·屠苏. 国际传播：延续与变革. 董关鹏主译. 北京：新华出版社，2004.

［13］［加］文森特·莫斯可. 传播政治经济学. 胡正荣译. 北京：华夏出版社，2000.

后　记

鉴于目前有关国际传播的著作大部分是实践和对策的描述，本书主要致力于理论的专题研究，力图使人能够弄清楚国际传播涉及的内容和框架结构。当然，本书也对国内外国际传播情况进行了一些介绍和研究，随着时间的变化，这些情况可能会发生变化，但是对以往的总结仍然是以后研究的基础。本书第八章由暨南大学新闻与传播学院研究生杨朝娇（第一节）、陈燕慧（第二、三节）写作，杨朝娇还做了前期的校对工作，在此一并感谢。

侯东阳

2012 年 8 月于暨南大学

图书在版编目（CIP）数据

国际传播学／侯东阳著．—广州：暨南大学出版社，2012.6
（高等院校新闻传播学研究生教材）
ISBN 978－7－5668－0214－9

Ⅰ.①国…　Ⅱ.①侯…　Ⅲ.①传播学　Ⅳ.①G206

中国版本图书馆 CIP 数据核字（2012）第 104649 号

…………………………………………………………………………

国际传播学

著　　者　侯东阳

出 版 人　徐义雄
策划编辑　杜小陆　史学英
责任编辑　史学英　林芳芳
责任校对　何　力
出版发行　暨南大学出版社（广州暨南大学　邮编：510630）
网　　址　http：//www.jnupress.com　http：//press.jnu.edu.cn
电　　话　总编室（8620）85221601
　　　　　营销部（8620）85225284　85228291　85228292（邮购）
排　　版　弓设计
印　　刷　广东省农垦总局印刷厂
开　　本　787mm×960mm　1/16
印　　张　17
字　　数　333 千
版　　次　2012 年 6 月第 1 版
印　　次　2012 年 6 月第 1 次
印　　数　1—3000 册
定　　价　35.00 元